中国古代东北民族体育文化研究

隋东旭 著

社会科学文献出版社
SOCIAL SCIENCES ACADEMIC PRESS (CHINA)

本书为国家社会科学基金青年项目"东北古代边疆民族体育文化研究"（项目批准号：14CTY028）最终成果

序

  东旭博士的新著《中国古代东北民族体育文化研究》即将付梓。书中所言的"体育"，系指体育活动，也就是指人类在发展过程中逐步开展起来的有意识地对自己身体素质的培养或娱乐的各种活动，而"体育文化"则是指人类在开展这些体育活动中所形成的精神文明或观念文化。东旭博士将这些体育活动和体育文化置于古代东北民族的大背景下加以研究探讨，意义深远，价值重大。

  第一，现代意义上的东北史研究，已经历时120余年。中外学者对东北史各个领域的探索，却呈现一定的不平衡性。具体地说，政治层面，论述和研究东北边疆民族及民族政权与中央王朝关系的论著多，研究东北边疆民族起源、发展、演变、影响的论著多，等等。经济层面，论述和研究东北地域经济和民族经济特点的论著多，研究经济类型与社会变迁的论著多，等等。文化层面，论述和研究东北地域整体性特点的论著多，研究东北古代民族个案文化面貌的论著多，等等。毋庸讳言，对东北体育及体育文化、音乐及音乐文化以及文学及大学样式等的研究，就明显不足，特别是通史性质的综合系统性的研究，尤其薄弱。东旭博士此著，对东北古代民族体育及在此基础上所形成的文化进行了历史性的综合研究，庶几弥补了这一领域研究的不足。这对丰富东北史的研究内容，以及东北史的学科建设都是大有贡献的。

  第二，祖国的东北地区自古就是多民族聚居区，在漫长的历史年代里，东北地区的汉族和少数民族创造出了丰富多彩的地域文化。这些地域文化特征鲜明，博大精深，并且是中华民族传统文化的重要构成和有机组成部分。而东北民族的体育及体育文化，则是东北地域文化的重要内容之一。这些源远流长的体育活动和体育文化，也是东北地域文化最重要的表征之一。仅就体育文化而言，其中就蕴含了东北少数民族自强不息的奋斗精神，团结友善的集体精神，敢于斗争的勇武精神，开放包容的合作精神等。所以，研究古代东北民族所创造的东北地域文化，体育活动及体育文化是不可或缺的。东旭博士此著，从一定意义上说，弥补了东北地域文化研究的短板。而从另一方面说，对于我们传承民族精神、赓续中华文明、树立文化自信，提供了一个方面的历史依据。

第三，东北地区虽然位处祖国版图的东北一隅，却并不闭塞，也不保守，特别是和中原内地在政治、经济、文化上的联系既繁且密，具体到体育活动和体育文化的交流也是如此。所以，东北地区古代民族所开展的体育活动和所形成的体育文化，既自有特点，也深受中原内地文化的影响。有时亦反过来影响到中原内地。统而言之，如秽貊族系的貊服骑射、肃慎族系的箭术及骑射、渤海人的马球、室韦族的"骑木而行"、契丹和女真族的角抵，诸如此类，地方特征鲜明，又不乏文化交流的影子。东旭此著，在充分依据历史文献记载和考古发掘材料的基础上，均进行了自成一家之言的新论断，这对于我们更深刻地认识和了解东北地区古代民族，以及构建东北区域体育史的学科基础和学科框架，都是大有裨益的。

东旭博士在中国体育史领域已耕耘多年，属这一领域研究的后起之秀。2013年他考入东北师范大学历史文化学院，在我的指导下攻读历史学博士学位，在学期间即立志要写出一部有分量的东北体育史专著。现在，宏愿已成现实。作为导师，我深感欣慰。在为东旭博士感到高兴的同时，我还想到当前东北史研究的大不易，受方方面面原因的影响和掣肘，一些领域的研究论著不好发表和出版，影响了学者的积极性，特别是青年学者。东旭博士是一位有责任感和使命感的青年学者，对学术的追求矢志不渝，不畏困难和阻碍，坚决做这一学术园地的开拓者。作为导师，我感到欣慰的同时，更感欣喜。相信学界同仁，也会有这样的心情，也会有这样的期盼。

寥寥数语，算作我阅读此书后的读后感吧。"路漫漫其修远兮，吾将上下而求索"，以此语与东旭博士共勉。是为序。

李德山

2020年7月31日于长春·东北师范大学

目 录

绪 论 | 001

    一 研究内容、方法与价值 | 001

    二 学术史回顾 | 005

    三 概念的界定 | 011

    四 古代东北民族文化发展概述 | 018

第一章 东胡族系各民族的体育文化发展 | 022

    第一节 东胡的体育文化 | 022

    第二节 鲜卑的体育文化 | 024

    第三节 乌桓与乌洛浑的体育文化 | 041

    第四节 奚族的体育文化 | 045

    第五节 契丹的体育文化 | 048

    第六节 室韦的体育文化 | 076

    第七节 蒙古族的体育文化 | 080

    第八节 东胡族系各民族体育文化发展的总体特征 | 110

第二章　秽貊族系各民族的体育文化发展 | 113

第一节　秽、貊的体育文化 | 113

第二节　夫余的体育文化 | 114

第三节　沃沮的体育文化 | 117

第四节　豆莫娄的体育文化 | 120

第五节　秽貊族系各民族体育文化发展的总体特征 | 121

第三章　肃慎族系各民族的体育文化发展 | 123

第一节　肃慎的体育文化 | 123

第二节　挹娄的体育文化 | 125

第三节　勿吉的体育文化 | 128

第四节　黑水靺鞨的体育文化 | 130

第五节　粟末靺鞨与渤海国的体育文化 | 135

第六节　女真的体育文化 | 154

第七节　满族的体育文化 | 171

第八节　肃慎族系各民族体育文化发展的总体特征 | 195

第四章　古代东北其他民族的体育文化发展 | 198

第一节　孤竹族的体育文化 | 198

第二节　古燕族的体育文化 | 199

第三节　《逸周书》所见古代东北民族的体育文化 | 201

第五章　古代东北民族体育文化发展的总体特征 | 203

　　第一节　古代东北民族体育文化的融合性和继承性 | 203

　　第二节　古代东北民族体育文化的地域性 | 211

　　第三节　古代东北民族体育文化的互动性 | 215

结　语 | 219

参考文献 | 221

附　录 | 242

后　记 | 255

绪　论

东北地处边疆，自古以来就是多民族的聚居之地，也是民族文化相互交融、民风习俗特色鲜明的地域。远至夏周之际，这里已形成诸多部族或民族，如孤竹、令支、屠何、俞人、周头、青丘等；而后，在漫长的历史进程中，又有山戎、东胡、秽、貊、乌桓、鲜卑、夫余、失韦、靺鞨、女真、蒙古、满、达斡尔、鄂伦春等几十个古今民族。他们同移居或戍守在这里的汉民族人民一道，共存于东北这片肥沃而富饶的土地上。饮食的融合、服饰的融合、语言的融合、风俗的融合，甚至通过联姻而实现的血脉的融合，其中自然离不开体育文化的融合和衍进。这些民族在冰天雪地里驰骋、在沃野林海中穿梭、在荒漠草原上奔驰、在江河湖海里搏击，伴随着生产方式、军事手段、宗教信仰、娱乐活动等社会文化生活的不断变革和进步，创造了中国古代东北民族独特的体育文化，在中华民族源远流长的体育文化长河中泛起独到的波澜，成为一道独好的风景。本书的研究愿景，即通过梳理古代东北民族体育文化的发展、演进与历史逻辑，完整再现中国东北地区古代先民在漫长的历史进程中所创造的灿烂的体育文明，掀开这段尘封的历史之神秘的面纱，去进一步探寻体育的衍变和文化的传承路径，从而为中国古代东北民族传统体育和地方古文化的研究、发展开辟新的视角。

一　研究内容、方法与价值

（一）研究内容

在中国漫长的历史进程中，东北总是成为民族纷争的矛盾焦点，甚至是影响中国历史进程的关键地区。这不仅仅是因为这里族源复杂、民族众多，更重要的是，历史上多个民族都勃兴于东北，从这里走向中原；多个王朝也都"龙兴"于此，不断开创中国历史的新纪元。古代东北地区的民族文化，内涵极其丰富，并独具特色，是其他边疆地区所无可比拟的，对中国文化发展和中华民族文化进步的贡献也是无与伦比的。

古代东北民族，数目众多，但由于文化发展水平的不同，各个民族的体育活动也不尽相同；与此同时，即使在同一民族内部，某种体育活动在不同历史时期也存在着形式、内容、规则等方面的差异和变化。因此，本书研究的内容之一，就是结合古代东北民族发展史、疆域史、文化史等相关学科理论，全面考证古代东北民族体育文化的表现形式，梳理不同历史时期、不同民族的体育文化内容，探究古代东北民族体育文化的发展、演进与历史逻辑，尽可能地还原古代东北民族体育文化的全貌，进而总结和揭示其发展演变的历史特征和规律。

此外，从文化交流层面来看，一方面，以汉文化为主体的高势位的中原文化不断向东北地区传播，并受到东北地区相对低势位文化的受容，体育文化同样是这种文化交流的组成部分。另一方面，由于文化交流的双向性，历史上从来都不存在单向的文化交流，因此东北地区的体育文化实际上也影响了中原体育文化的发展。因此，本书的研究内容之二，就是对不同历史阶段各民族体育文化特征进行具体分析，进而总结古代东北民族体育文化与中原体育文化的互动关系。

同样的，一种文化现象的产生，需要一定的诱因与历史条件，因此本书的研究内容之三，就是探讨古代东北民族体育文化的形成基础和条件。具体而言，我们将通过对古代东北民族体育文化的挖掘和整理，探寻它的时空存在形态、它自身的规则及形式演变，探寻它形成发展的自然原因、社会原因以及未向高度发展的限制因素，在这些探寻中，总结古代东北民族体育作为一种文化存在的内部特征和外部特征，从而寻觅一条其传承和发展的可行性途径，丰富民族传统体育文化的内涵。

（二）研究方法

1. 逻辑进路

笔者的研究，既属于体育史、文化史研究领域，还属于东北地方史、民族史的研究范畴。从以往学界的研究成果来看，对于古代东北民族体育文化通史性质的研究，目前为止尚未见针对此问题进行系统研究的成果出现。因此，如何将古代东北民族体育文化发展的全貌系统地、逻辑地进行展现，如何从理论上与方法上更加深入地对此问题进行归纳与探讨，是本书研究所面临的一个重要任务。

基于这些认识，在研究思路上，本书的研究在不同的维度上同时进行。

第一，在纵向维度上，以古代东北地区的历史进程为主线，以行政建制、政权过渡和文化发展为背景，结合不同历史时期东北疆域的变化和民族的融合、嬗变，全面考证古代东北民族的体育文化，突出文化进化的过程。力求打破单纯敷陈史实、列举体育项目这样的传统研究，强调从多角度分析体育文化产生的基础、共性特征以及文化的互动关系。

第二，在横向维度上，从文化传播学的角度，重点就古代东北民族体育文化交流的两个重要阶段即播化与涵化的过程进行研究，结合"推拉理论"（Push-Pull theory）分析中原体育文化对古代东北民族体育文化的影响与文化迁出地的推力以及与迁入地拉力的关系，探寻汉文化圈的"中枢指向"（Central Direction），探寻低层次文化拥有者对高层次文化的"追忆共同体"（Anamnaestic Coreceptor），逻辑地概括其民族性、多源性、继承性以及融合性等特征。

第三，由于古代东北各民族文化发展水平不同，其与中原文化的交流亦有密有疏，史料中关于体育文化的相关记载有多有少，因此笔者在框架设计上，不刻意苛求各族系间按完全一致的体例对体育文化进行梳理，而是遵从史料和研究的需要，结合历史分期和体育内容两方面进行考证。

2. 研究方法

（1）文献法：通过查阅相关文献，挖掘、整理本书所需的必要的史料，了解当下相关研究的最新成果、最新视角和最新方法，为古代东北民族体育文化的实证和内涵研究奠定理论基础。

（2）二重证据法：采取内证和互证相结合的历史学研究法，重视传世文献和出土文献的收集整理（例如古墓壁画、岩画、出土实物等），使古代东北民族体育文化的考证更加科学、严谨，具体问题的研究更为细致、深入、准确。

（3）历史比较法：将与体育文化相关联的历史现象进行比较对照，判断异同、分析缘由，把握历史发展进程的共同规律和特殊规律，分析时代背景和制约因素，总结中国古代东北民族体育文化形成的基础和特征。

（4）田野调查法：依托地缘优势，深入黑龙江省牡丹江市、齐齐哈尔市、杜蒙县、辽宁省新宾县、内蒙古自治区赤峰市等文化源头和少数民族聚居地，实地考察渤海文化、红山文化、女真文化、蒙元文化等东北古民族遗址、遗迹及文物等文化遗存，为本书提供口碑资料和田野调查资料的支撑。

（5）宏观与微观相结合的研究方法：微观层次，对古代不同历史时期东北民族体育文化的类别、形式进行深入、全面的挖掘和整理；宏观层次，中国古代的东北地区虽独居一隅，但东北区域文化在历史上属于中原文化的亚文化，中原文化的"渗透压"作用十分强大，因此我们在进行具体研究的同时，始终把握大的历史文化背景的影响。

（三）研究价值

理论层面上，本书之所以将研究视角放于古代东北，既是由于目前学术界对此历史阶段、对此区域民族体育文化的专题研究尚显薄弱，更是由于此研究对于管窥东北地区古代先民的体育活动和社会文化生活、促进东北民族体育史和文化史的发展至关重要，对于丰富东北民族、民俗体育文化资源意义重大。

（1）本书丰富了区域体育史和东北地方古文化史的研究内容。体育是文化的重要组成部分，体育折射了人类生产生活方式的改变和社会的进步。对古代东北民族体育文化的研究，也是对东北边疆地区古文化进行更深入、更细致的挖掘，以完美展现古代东北地方文化发展的全貌。

（2）本书积极助力中国古代体育史，特别是民族体育史和断代体育史的纵深研究。中国体育史的研究虽然起步较晚，但在史学发展的大背景下，其理论成果层出不穷，研究视野不断扩大。本书是体育学、历史学理论的交织和渗透，因此，无论从方法学上，还是从思维角度上，都为体育史的进一步发展提供了广阔的理论空间。

（3）本书为民俗学研究，特别是为民俗体育文化研究提供了参考和借鉴。民族文化、民俗文化、民间文化，是文化学研究领域普遍关注的问题，它们既互为从属，又有清晰界限，但在研究上却能相互参考和借鉴。本书属于民族体育文化的研究范畴，同样将对民俗体育文化的发展研究起到推波助澜之作用。

从实践层面而言，从历史和文化的角度对古代东北民族体育文化进行全面、系统、深入的研究，就是要整体呈现古代东北民族在漫长的历史道路上创造的灿烂的体育文明，探索其发展的轨迹，揭示其发展的规律，从而丰富民族体育文化的内涵，推动民族体育文化的传承和发展。

二 学术史回顾

本书是一个基于体育史、文化史、民族史、东北史研究的综合性论著，更涉及体育学、民族学、社会学、历史学等相关学科领域，因此，本书在研究过程中关注了多学科领域的研究成果，参考了多方面的研究资料。

（一）国内研究现状

古代东北民族体育文化是东北地方古文化的重要组成部分，目前此方面的研究尚未引起学界的重视，至今尚无学者对其进行系统的专门研究，仅有一小部分体现在体育史著或民族史著中，迄今尚未见全面、系统的专著问世。仅黄聪先生的《中国古代北方民族体育史考》[1]以东北、大漠南北、西北广大地区为研究区域，以匈奴、突厥和东胡三大系统的民族为研究对象，对中国古代北方民族体育进行了研究。他认为，古代北方民族体育经历了起源和萌芽、初步发展、全面发展、兴盛与衰落四个阶段。他还通过对摔跤和马球的个案研究，探讨了古代北方民族体育文化的发展、演变、交流和对社会发展的贡献。但此研究对于古代东北民族体育文化而言，无论是从地域范围，还是研究对象上，都略显宽泛。并且，古代东北民族在其研究内容中仅见一小部分。

在古代东北诸民族体育内容研究方面，比较有代表性的是甘少杰《古代室韦、蒙古族体育活动的特点及影响》[2]，该文对古代室韦、蒙古族的体育活动进行了研究，其中有关汉唐时期两族的体育文化对笔者的研究有所助益；孟凌云《渤海国的体育游戏》[3]阐述了唐代渤海国体育游戏的发展情况；丛密林《鹿棋考》[4]，通过对文献和考古史料的发掘对鹿棋的起源进行了考证，该文认为鹿棋起源于东胡族系的蒙古先民；韩丹《中国古代东北民族的射柳活动考》[5]，该文

---

[1] 黄聪：《中国古代北方民族体育史考》，人民出版社，2009。
[2] 甘少杰：《古代室韦、蒙古族体育活动的特点及影响》，《渤海大学学报》（哲学社会科学版）2005年第3期。
[3] 孟凌云：《渤海国的体育游戏》，《吉林日报》2001年12月11日，第B02版。
[4] 丛密林：《鹿棋考》，《体育文化导刊》2011年第8期。
[5] 韩丹：《中国古代东北民族的射柳活动考》，《哈尔滨体育学院学报》2004年第1期。

对源于契丹族的射柳活动进行了研究；郝延省的《蒙古族围猎变迁考》[①]等多篇论著对蒙古族及其先民的体育活动进行了历史考证；陈立华在《满族体育文化论纲》[②]一书中对清入关前后满族文化进行了研究；等等。

在古代东北民族体育文化的交流和互动方面，21世纪以来，一些研究者在对魏晋南北朝时期体育文化给予关注的同时，也注意到了古代东北民族体育文化的发展问题。目前学界形成的一般共识是：魏晋南北朝时期频繁的战争与北方少数民族入主中原，在客观上促进了南北经济、文化的交流，随着各民族交流的日益频繁，北方各族体育文化也传播到了中原地区。相关研究主要有：姜雪婷《魏晋南北朝射箭文化及其社会性》[③]，该文对魏晋南北朝射箭文化的交流传播与射箭的目的进行系统的概括和梳理；周俊伟《两晋南北朝时期的体育发展特色研究》[④]指出，魏晋南北朝时期是中国传统体育发展的特色时期，诸多体育项目在这个时期被赋予新的内涵，为中国传统体育项目的发展奠定了基础；王俊奇的"中国体育文化史丛书"阐述了从先秦至明朝中国体育文化在不同历史阶段的表现形式和相互关系，是关于体育文化研究的通史性著作，其中有关"北方游牧民族历经千年的文明实践对草原文化的最终形成产生的深刻影响，并促进了与中原文化的交融"的论述对本书借鉴意义重大。

在东北少数民族体育文化的现状、传承及特征研究方面，许多学者也进行了专题研究，如赵忠伟等《东北地区少数民族传统体育的发展现状及其未来发展趋势》[⑤]一文认为，少数民族地区由于受到地理环境和人文环境因素的影响，其传统体育具有竞技性、生产性和娱乐性等特点；民族传统体育项目仍是少数民族地区人们健身、娱乐和促进生产的有效手段。朴刚等《东北少数民族传统体育的传承及其发展研究》[⑥]一文认为，继承和发展东北少数民族传统体育，必须遵循循序渐进、系统协同、讲求效益、互补多赢的原则；与此同时，他还对世居东北的10个少数民族、200多个民族传统体育项目进行了系统研究和归类。

---

① 郝延省：《蒙古族围猎变迁考》，《内蒙古社会科学》（汉文版）2017年第2期。
② 陈立华：《满族体育文化论纲》，民族出版社，2016。
③ 姜雪婷：《魏晋南北朝射箭文化及其社会性》，《体育文化导刊》2009年第1期。
④ 周俊伟：《两晋南北朝时期的体育发展特色研究》，《科教新报》2011年第8期。
⑤ 赵忠伟等：《东北地区少数民族传统体育的发展现状及其未来发展趋势》，《武汉体育学院学报》2006年第9期。
⑥ 朴刚等：《东北少数民族传统体育的传承及其发展研究》，《天津体育学院学报》2004年第2期。

本书属于体育文化史研究范畴，因此对相关的体育文化与历史类的学术成果亦加以参考。其代表性成果主要有：饶远《中国少数民族体育文化通论》[1]，程大力《体育文化历史论稿》[2]，牛亚莉《体育文化论》[3]，王俊奇《先秦体育文化史》[4]、《秦汉三国体育文化史》[5]、《唐宋体育文化史》[6]、《宋代体育文化史》[7]、《魏晋南北朝体育文化史》[8]、《辽夏金元体育文化史》[9]、《明朝体育文化史》[10]，杨向东《中国古代体育文化史》[11]，易剑东《体育文化学》[12]，陈康等《体育考古学导论》[13]，王京龙《战国百家争鸣与中华传统体育精神构架》[14]，等等。

另外，除以上专门针对体育历史与文化问题进行研究的成果之外，一些东北史研究领域的相关成果也都不同程度地对本书研究的问题有所涉及，其中较有代表性的主要有李治亭《东北通史》[15]，薛虹等《中国东北通史》[16]，傅斯年《东北史纲初稿》[17]，佟冬主编《中国东北史》[18]，王景泽、李德山主编《中国东北边疆史》[19]，张博泉《东北地方史稿》[20]，程妮娜《东北史》[21]等。这些东北史研究论著，对古代东北民族体育文化虽然论及无多，但从宏观方面对本书研究提供参考和借鉴。

本书研究的是古代东北民族体育文化，因此参考了许多相关民族史研究著

---

[1] 饶远：《中国少数民族体育文化通论》，人民出版社，2009。
[2] 程大力：《体育文化历史论稿》，四川大学出版社，2004。
[3] 牛亚莉：《体育文化论》，甘肃人民出版社，2005。
[4] 王俊奇：《先秦体育文化史》，北京体育大学出版社，2013。
[5] 王俊奇：《秦汉三国体育文化史》，北京体育大学出版社，2012。
[6] 王俊奇：《唐宋体育文化史》，北京体育大学出版社，2010。
[7] 王俊奇：《宋代体育文化史》，北京体育大学出版社，2009。
[8] 王俊奇：《魏晋南北朝体育文化史》，北京体育大学出版社，2010。
[9] 王俊奇：《辽夏金元体育文化史》，人民出版社，2011。
[10] 王俊奇：《明朝体育文化史》，北京体育大学出版社，2015。
[11] 杨向东：《中国古代体育文化史》，天津人民出版社，2000。
[12] 易剑东：《体育文化学》，北京体育大学出版社，2006。
[13] 陈康等：《体育考古学导论》，中国社会科学出版社，2016。
[14] 王京龙：《战国百家争鸣与中华传统体育精神构架》，人民出版社，2012。
[15] 李治亭主编《东北通史》，中州古籍出版社，2003。
[16] 薛虹等：《中国东北通史》，吉林文史出版社，1991。
[17] 傅斯年：《东北史纲初稿》，岳麓书社，2011。
[18] 佟冬主编《中国东北史》，吉林文史出版社，2006。
[19] 王景泽、李德山主编《中国东北边疆史》，吉林文史出版社，2011。
[20] 张博泉：《东北地方史稿》，吉林大学出版社，1985。
[21] 程妮娜：《东北史》，吉林大学出版社，2001。

作。目前，中国古代民族史研究已经相当深入，著作亦多，笔者主要关注的有：吕思勉《中国民族史两种》[①]、林惠祥《中国民族史》[②]、王钟翰《中国民族史》[③]、傅斯年《民族与古代中国史》[④]、罗贤佑《中国历代民族史》[⑤]、文史知识编辑部编撰《中国古代民族志》[⑥]、黄烈《中国古代民族史研究》[⑦]、田继周《中国历代民族史·秦汉民族史》[⑧]、林幹《中国古代北方民族史新论》[⑨]、姚大力《北方民族史十论》[⑩]、费孝通《中华民族多元一体格局》[⑪]，等等。

古代东北民族史研究的相关成果也是本书的重要参考文献。中国东北民族史的研究目前已经取得了较为丰硕的成果，对古代东北民族的族系、源流、分布、演变、发展等问题都进行了较为深入的探讨，从更广阔的视域对东北民族体育文化予以关注。这类研究分成两个部分，一部分是基于对东北民族全局视野的民族通史研究，另一部分是针对单一民族的民族史研究。

民族通史研究目前比较有代表性的有：孙进己《东北民族源流》[⑫]、李德山《中国东北古民族发展史》[⑬]、顾奎相主编《东北古代民族研究论纲》[⑭]、张博泉、魏存成《东北古代民族·考古与疆域》[⑮]、林幹《中国古代北方民族通论》[⑯]、蒋秀松等《东北民族史纲》[⑰]、傅朗云等《东北民族史略》[⑱]，等等。

对于单一民族的民族史研究，笔者依据古代东北民族的族系划分加以简述。依学界惯例，中国古代东北民族主要分为肃慎、东胡与秽貊三大族系。肃

[①] 吕思勉：《中国民族史两种》，上海古籍出版社，2008。
[②] 林惠祥：《中国民族史》，上海书店，2011。
[③] 王钟翰：《中国民族史》，中国社会科学出版社，1994。
[④] 傅斯年：《民族与古代中国史》，上海人民出版社，2014。
[⑤] 罗贤佑：《中国历代民族史》，社会科学文献出版社，2007。
[⑥] 文史知识编辑部编撰《中国古代民族志》，中华书局，1993。
[⑦] 黄烈：《中国古代民族史研究》，人民出版社，1987。
[⑧] 田继周：《中国历代民族史·秦汉民族史》，社会科学文献出版社，2007。
[⑨] 林幹：《中国古代北方民族史新论》，内蒙古人民出版社，2007。
[⑩] 姚大力：《北方民族史十论》，广西师范大学出版社，2007。
[⑪] 费孝通：《中华民族多元一体格局》，中央民族学院出版社，1989。
[⑫] 孙进己：《东北民族源流》，黑龙江人民出版社，1983。
[⑬] 李德山：《中国东北古民族发展史》，中国社会科学出版社，2003。
[⑭] 顾奎相主编《东北古代民族研究论纲》，中国社会科学出版社，2007。
[⑮] 张博泉、魏存成：《东北古代民族·考古与疆域》，吉林大学出版社，1998。
[⑯] 林幹：《中国古代北方民族通论》，内蒙古人民出版社，2007。
[⑰] 蒋秀松等：《东北民族史纲》，辽宁教育出版社，1993。
[⑱] 傅朗云等：《东北民族史略》，吉林人民出版社，1983。

慎系民族主要包括肃慎、挹娄、勿吉、靺鞨（黑水靺鞨和粟末靺鞨）、女真、满族，针对这些民族进行研究的主要有：金毓黻《渤海国志长编》[①]、孙进己《女真史》[②]、孙进己等《女真民族史》[③]、杨保隆《肃慎挹娄合考》[④]、王承礼《渤海简史》[⑤]、李德山《黑水靺鞨史论》[⑥]、朱国忱等《渤海史稿》[⑦]、李殿福等《渤海国》[⑧]、张高《渤海国管窥》[⑨]、魏国忠《渤海国史》[⑩]、王承礼等《渤海国的历史与文化》[⑪]、朱国忱等《渤海遗迹》[⑫]、孙进己《高句丽渤海研究集成》[⑬]等。

东胡系民族主要包括东胡、鲜卑、乌桓、奚、契丹、乌洛浑和室韦，关于这些民族的研究成果，主要包括：林幹《东胡史》[⑭]、额尔德木图《东胡人的历史与文化》[⑮]、刘学铫《鲜卑史论》[⑯]、孙危《鲜卑考古学文化研究》[⑰]、马长寿《乌桓与鲜卑》[⑱]、林幹等《东胡乌桓鲜卑研究与附论》[⑲]、孙进己等《契丹民族史》[⑳]、孙秀仁等《室韦史研究》[㉑]、孟广耀《蒙古民族通史》[㉒]、蔡美彪等《中国历史大辞典·辽夏金元史史卷》[㉓]等。

秽貊系民族主要包括秽、貊、夫余、沃沮以及豆莫娄等。关于夫余的研究，

[①] 金毓黻：《渤海国志长编》，辽阳金氏千华山馆，1934年铅印本。
[②] 孙进己：《女真史》，吉林文史出版社，1987。
[③] 孙进己等：《女真民族史》，广西师范大学出版社，2010。
[④] 杨保隆：《肃慎挹娄合考》，中国社会科学出版社，1989。
[⑤] 王承礼：《渤海简史》，黑龙江人民出版社，1984。
[⑥] 李德山：《黑水靺鞨史论》，《史学月刊》2006年第5期。
[⑦] 朱国忱等：《渤海史稿》，黑龙江文物出版编辑室，1984。
[⑧] 李殿福等：《渤海国》，文物出版社，1987。
[⑨] 张高：《渤海国管窥》，中国社会科学出版社，2003。
[⑩] 魏国忠：《渤海国史》，中国社会科学出版社，2006。
[⑪] 王承礼等：《渤海国的历史与文化》，延边人民出版社，1991。
[⑫] 朱国忱等：《渤海遗迹》，文物出版社，2002。
[⑬] 孙进己：《高句丽渤海研究集成》，哈尔滨出版社，1997。
[⑭] 林幹：《东胡史》，内蒙古人民出版社，2007。
[⑮] 额尔德木图：《东胡人的历史与文化》，内蒙古文化出版社，2007。
[⑯] 刘学铫：《鲜卑史论》，南天书局，1983。
[⑰] 孙危：《鲜卑考古学文化研究》，科学出版社，2007。
[⑱] 马长寿：《乌桓与鲜卑》，广西师范大学出版社，2006。
[⑲] 林幹等：《东胡乌桓鲜卑研究与附论》，内蒙古大学出版社，1995。
[⑳] 孙进己等：《契丹民族史》，广西师范大学出版社，2010。
[㉑] 孙秀仁等：《室韦史研究》，北方文物杂志社，1985。
[㉒] 孟广耀：《蒙古民族通史》，内蒙古大学出版社，2007。
[㉓] 蔡美彪等：《中国历史大辞典·辽夏金元史史卷》，上海辞书出版社，1986。

主要参考的是杨军《夫余史研究》[①]以及范恩实《夫余兴亡史》[②]等。关于秽族与貊族的研究，目前学界成果无多，以笔者所见仅王绵厚《高句丽与涉貊研究》[③]，另有若干以论文的形式公开发表，集有一部《秽貊族起源与发展》[④]论文集，还有一部分论述散见于各种研究著作之中。目前而论，关于秽貊族系的研究是本书相对薄弱之处。

以上研究在研究视角、研究思路与研究内容上，为古代东北民族体育文化的研究奠定了较坚实的理论与实践基础，对本书的研究具有较强的启迪作用，但这些研究的对象多是古代东北地区的某一民族或几个民族的体育文化；在研究内容上，或是对某一民族的体育内容进行发掘，或是对某一体育项目的起源发展进行考证，或是从体育文化的视角探讨其现状和传承，或是在文化史、民族史的研究中有所关注，均未能全面、系统地展示中国古代东北民族体育文化的全貌，更未从体育发展的视角探讨其文化间的互动与交流。因此，针对相关问题的研究，无论是深度还是广度上都预留了很大的学术探究空间。

（二）国外研究现状

由于中国东北地区独特的地理位置与历史原因，国际史学界对中国古代东北地区民族的相关研究历来非常重视，国外学者在对东北古民族如高句丽、渤海、契丹、室韦、蒙古等民族的研究中，偶有提及蕴含于民俗、军事、祭祀、宗教、田猎、外交等其中的体育元素，对本书的研究具有参考意义。

日本方面，日本学者菅原道真《类聚国史》[⑤]记述了渤海国马球队远征日本的情形，那珂通世《支那通史》[⑥]中有对高句丽的相关考证，白鸟库吉《东胡民族考》[⑦]对汉唐时期的东胡系民族有所研究，爱宕松男《契丹古代史研究》[⑧]针对契丹族亦有专门阐释，滨田耕策《渤海国兴亡史》[⑨]针对渤海国的相关文化进行了论述。

---

① 杨军：《夫余史研究》，兰州大学出版社，2011。
② 范恩实：《夫余兴亡史》，社会科学文献出版社，2013。
③ 王绵厚：《高句丽与涉貊研究》，哈尔滨出版社，2004。
④ 邴正、邵汉明主编《秽貊族起源与发展》，吉林文史出版社，2007。
⑤ 〔日〕菅原道真：《类聚国史》，吉川弘文馆，1979。
⑥ 〔日〕那珂通世：《支那通史》，东文书社，1901年石印本。
⑦ 〔日〕白鸟库吉：《东胡民族考》，商务印书馆，1934。
⑧ 〔日〕爱宕松男：《契丹古代史研究》，内蒙古人民出版社，2014。
⑨ 〔日〕滨田耕策：《渤海国兴亡史》，吉川弘文馆，2001。

早期的韩国一些学者的观点基本上比较客观而且具备一定的参考价值,代表性的著作如申滢植《〈三国史记〉研究》[1]、朴性凤《东夷传高句丽关系史料之研究》[2]等。

苏俄方面,С. Л. 涅斯捷罗夫等《帽儿山墓地——阿穆尔河中游的中世纪时代遗存》[3]一文重点研究了室韦部落、靺鞨部落及女真民族在阿穆尔河（黑龙江）沿岸的文化遗存,其所披露的大量的考古学材料,为研究渤海、室韦诸族与中原的文化关系提供了借鉴。А. Л. 奥克拉德尼科夫《滨海遥远的过去:滨海边疆区古代史与中古史纲要》,"书中通过考古资料的研究,认为从远古时代起苏联远东地区就受着农业文化高度发达的中国影响;远东地区民族与中国存在着血缘关系……进而得出中国是远东文化故乡的结论"。[4] 其他方面,美国学者魏特夫用"征服王朝论"的观点来解释契丹民族与汉民族的关系,这一理论后又被若干日本学者借题发挥,显然又偏离了学术研究的轨道。

国际体育史学界于1994年成立了东北亚体育史学会,繁荣和发展了东北亚地区的体育历史与文化,但有关东北民族体育文化的研究多集中于当代民族或世居民族,而对古代东北民族体育文化的研究,成果不多。

总之,国外此方面的研究尚显薄弱,而且大多并不是有关本书的专题研究,但相关问题的探讨,则能从更广阔的视角为本书的研究提供参考和借鉴。需要指出的是,出于种种原因,在使用这些资料时,我们需要坚持科学、严谨的学术态度,运用马克思辩证唯物主义观点去粗取精、去伪存真。

三　概念的界定

（一）古代东北疆域

从历史上看,"东北"作为一个方位名词,是一个动态的地理概念,从先

---

[1] 〔韩〕申滢植:《〈三国史记〉研究》,一潮阁,1981。
[2] 〔韩〕朴性凤:《东夷传高句丽关系史料之研究》,庆熙大学,1981。
[3] 〔苏〕С. Л. 涅斯捷罗夫等:《帽儿山墓地——阿穆尔河中游的中世纪时代遗存》,《东北亚历史与考古信息》1992年第1期。
[4] 李德山:《六至九世纪东北边疆民族与中央王朝关系史研究》,博士学位论文,东北师范大学,2006,第44页。

秦至清，其疆域边界始终处于变化之中，随着中原王朝在这一地区的管理与东北各民族的分布情况变化而变化。但无论其如何变化，东北作为一个具备指向意义的名词，其基本内涵是中原的东北方向，也就是说，从一个统一中国的视角来看，如果中原地区是历史上政治与文化的中心区域，那么东北所指，就是国家在东北方向的控制范围。而"古代"，按照中国历史学研究中传统的分期，泛指19世纪中叶以前，即1840年鸦片战争以前的奴隶制社会和封建制社会时代，甚至延伸至原始氏族时代。当然，有的学者也提出东北史的研究其历史断代应该以第二次鸦片战争时，中俄《瑷珲条约》和《北京条约》的签订为历史分期。虽然本书研究的主要问题是古代东北民族体育文化，属于东北史的研究范畴，但古代东北民族体育文化的发展和演进离不开与中原文化的互动和交流，抑或说，正是在以汉文化为主体的高势位文化的拉动下，古代东北民族体育文化才得以进步和繁荣。因此，本书研究的时间范畴遵循中国史研究中传统的历史分期，即自中国夏商周时代开始，到1840年鸦片战争爆发为止。

中国最早的关于在东北地区设置行政建制的记载，是战国时期燕国秦开伐东胡，史载："自造阳至襄平，置上谷、渔阳、右北平、辽西、辽东郡以拒胡。"[①] 其中辽东、辽西两郡以及右北平的一部分处于今辽宁地区，其地望大致为今朝鲜半岛和辽宁省的全部地区以及今吉林省南部地区。秦并六国后，于天下设三十六郡，东北地区仍设辽东、辽西、右北平三郡，其管辖范围并没有发生太大变化。燕秦对东北地区的经略，奠定了东北地区作为一个行政管辖区域的基础，后世历代东北疆域，大体由此发展而来。

两汉时期，汉王朝继承了燕秦所设之辽东、辽西、右北平三郡，并在此基础上有所增设。汉武帝元朔元年（前128）设苍海郡，元封三年（前108）"灭朝鲜，分置乐浪、临屯、玄菟、真番四郡"[②]，复于汉昭帝时"罢临屯、真番以并乐浪、玄菟"[③]。汉王朝自此对东北地区的直接管辖范围达到顶峰，基本涵盖了图们江流域、松花江流域的全部地区和朝鲜半岛汉江流域以北地区，最北可至今黑龙江省一部。除上述主要位于今东北地区南部的汉王朝直接管辖区域之外，结合当时东北地区诸民族的分布情况，汉代东北区域的大致范围当为："东可至日本海；南及东南为今辽宁省全部与朝鲜半岛汉江流域以北；西当为'世居

---

① 《史记》卷110《匈奴列传》，中华书局，1959，第2886页。
② 《后汉书》卷85《东夷列传》，中华书局，1965，第2817页。
③ 《后汉书》卷85《东夷列传》，中华书局，1965，第2817页。

辽左'的东胡民族居地,当为'今辽西大、小凌河地区';北部则为鲜卑、乌桓活动区域,其中北部鲜卑大致在今吉林、黑龙江与内蒙古交界之处,而乌桓居地,'当位于大兴安岭南端浅山区'。"[1]

魏晋南北朝时期,东北地区基本沿袭了秦汉时期的行政郡县设置。除此之外,针对当时生活在今吉林、黑龙江两省与今内蒙古自治区东部的各边疆民族以及鲜卑、乌桓等民族,则另设东夷校尉、护鲜卑校尉、护乌桓校尉等进行管辖,东北地区的大体区域,与秦汉时期相比并无太大变化。

而至隋唐时期,"中原王朝对东北的行政区划,从原有的南部向北部即吉黑两省发展,并使全地区的行政区域完善起来,从而确立了东北疆域版图的基本框架和规模"[2]。具体而言,唐王朝基本改变了秦汉至魏晋时期的东北郡县设置,并在原有直接管辖范围的基础上,对分布在东北地区的各边疆民族施行羁縻政策,将之纷纷纳入其直接管辖范围。与此同时,针对在东北区域居住的诸多民族,唐王朝多将之纳入直接管辖范围。如在今辽宁省西部辽河上游地区的西拉木伦河流域和老哈河流域,在隋唐时期是契丹居地,唐王朝于此分设营州都督府与松漠都督府;在奚族居住的老哈河流域,设饶乐都督府;在霫族居住的今西拉木伦河以北至大兴安岭地区,设寘颜州、居延州;在室韦族居住的嫩江流域,设室韦都督府;先后在靺鞨人居地设置行政管理机构,主要有黑龙江下游的黑水都督府、牡丹江下游的忽汗州都督府以及今俄罗斯东南部滨海地区的越喜州都督府;渤海国建立后,又封渤海郡王,领五京、十五府、六十二州,是当时东北地区最大的边疆民族羁縻政权。从各都护府的设置来看,唐王朝对东北地区各民族的管辖是直接而有效的,整个东北地区的统治机构建设也是系统而完备的,整个东北边疆都已经被纳入唐王朝的直接统治,管辖区域已经从秦汉时期的辽东、辽西和朝鲜半岛,向北扩展到东北全境。也因而于此,隋唐时期的东北区域,在秦汉时期构建的基础之上,其北部边界已经扩展到今俄罗斯境内的贝加尔湖地区。

自辽代开始,"东北"由一个地理方位名称转变为行政区域名称。辽朝统一北方后,承袭北宋的行政区划,以"路"为最高行政区划单位。据《辽史·道宗本纪》记载,辽朝设有"东北路统军司",《辽史·兵卫志》也记载辽朝设有"东

---

[1] 李路:《汉代东北边疆民族文化与汉文化交流研究》,博士学位论文,东北师范大学,2014,第31页。
[2] 李治亭主编《东北通史》,中州古籍出版社,2003,第4页。

北路女直兵马司"等。而据《辽史·圣宗本纪》记载，辽朝还曾经设有"东北路详稳司"，有学者认为，这是东北路统军司的前身。[①] 由此可见，辽朝已将"东北"由方位名称引为建制名称，并成为特定区域的统一行政名称。辽朝"东北"的范围大致涵盖今吉林省西部嫩江以东、第一松花江以北，直至大兴安岭南北地区。也可以说，其范围是现今东北地区的东北部。金承辽制，仍以"东北路"设立机构和官职，进一步强化了"东北"一词的建制行政意义。实际上，辽、金两代已把今东北地区看成一个独立的行政区域。

元朝虽然没有在东北地区以"东北"命名机构和官职，却在辽、金的基础上，扩大了"东北"的指向范围。据《辽海丛书》之《大元一统志·开元路》记载："开元路，南镇长白之山，北浸鲸川之海，三京故国，五国旧城，亦东北一都会也。"开元路治所在今吉林省农安县，以此为中心，南至今日本海和渤海、黄海，北至今松花江下游及黑龙江流域，东南至今长白山，当时人们用"东北一都会也"指称开元路，可见，开元路所辖区域广袤，已不再是辽、金时期所指的东北地区的东北部了。有学者研究指出："故《元一统志》所说的'东北'，确已涵盖了今东北三省。"[②]

明清两朝在东北地区设置的行政机构，如辽东都指挥使司、奴尔干都指挥使司，还有盛京将军、吉林将军、黑龙江将军等，虽然也没有以"东北"一词命名的，但此时的"东北"已是两层含义，既是方位名称，又是行政区域的概念，明清两朝皆是如此。如《辽东志·序》所载："辽东乃东北之雄藩，国家之重镇。"《小方壶斋舆地丛钞》第一帙第六册载（清）何秋涛《艮维窝集考》："东北方曰艮维，吉林、黑龙江两省，时居艮维之地。"如此种种，皆可为证。

"东北"一词由地理方位名称到行政区域名称的变化，并兼具地理方位及行政区域含义的演变过程，基本如上文所述。金毓黻先生指出："方位之称，原有辨乎正位之义；区域之设，更为建官施政之准。"辽代及其以后，"东北"一词在其所指的东北地区，便将"方位之称"与"建官施政"的区域机构之设有机结合了起来，一直延续至现今，仍是如此。这样，从历史学的角度看，古代的东北就是一个动态的地理方位和行政区域概念，它的盈缩和大小，与历代中央王朝统治力的强弱密切相关。中央王朝统治力强大，东北地区的范围就广阔；

---

① 参见王雪萍、吴树国《辽代东北路统军思考》，《中国边疆史地研究》2014年第1期。
② 参见李治亭主编《东北通史》，中州古籍出版社，2003，第2页。

反之，则狭小。

本书研究的空间范围着眼点在现代意义上东北的核心区域，即今东北三省和内蒙古东部的"一盟三市"，但除此以外的地区，将以"历史的东北"为史实依据加以观照。

（二）古代东北民族及族系

所谓古代东北民族，指的是历史上主要居住于或曾经主要居住于中国东北地区的各民族。依据学界通行的族系划分方式，中国古代东北民族，主要分为四大族系。它们分别是：第一，秽貊族系，主要包括秽、貊、夫余、沃沮、豆莫娄等民族；第二，肃慎族，主要包括肃慎、挹娄、勿吉、靺鞨（粟末靺鞨和黑水靺鞨）、女真、满族等；第三，东胡族系，主要包括东胡、鲜卑、乌桓、奚、乌洛浑、室韦、契丹、蒙古等民族；第四，华夏族系，主要为汉族。历史上，这些族系与民族之间，既相互联系又相对独立，他们的民族文化既表现出各自不同的传统风貌，又呈现整体性的趋同趋势，表现出区域内多民族文化协同发展的鲜明特征。在古代东北，这四大族系中的秽貊族系、肃慎族系和东胡族系的各民族，皆起源或主要居住于东北地区，而本书研究的主要对象，就是这三大族系中各民族的体育文化发展；关于以汉民族为主体的华夏族系，因其源自中原，其体育文化的表现和内涵与中原汉族大体一致，因此，笔者将不予累述。

（三）体育的内涵与外延

"体育"一词，英文作"physical education"，即所谓"身体教育"，它并非中国的源生词语，而是始自欧洲。体育作为一种文化现象虽然在世界上都有着悠久的历史，但由于各国的历史与文化不尽相同，在人体运动上的表达方式是存在显著差异的，在"体育"一词出现之前，长期以来并没有统一的名称将诸多活动形式和运动方式加以概括，但体育的文化现象和内容是广泛存在的，如英语中的"Sport""Game"，中国古代的"导引""武术""蹴鞠""捶丸"，等等。而在古希腊，用来表达与"体育"相近概念的词是"体操"（Gymnós），其本义是"裸体技艺"的意思，表现了古希腊人以裸体为美的审美倾向，其含义当然不同于现在的体操,包括当时所有的与身体有关的操练,如拳击、奔跑、跳跃、投掷、角力等,这一名称在其后的西方世界是相对有影响力的。18世纪末,德国体育之父古茨穆茨将承袭自古希腊的拳击、奔跑、跳跃、投掷、角力与后来列为教育内容的打猎、游泳、爬山、赛跑、跳跃等活动进行分类、综合,在《青年体操》一书中将之统称为"体操",而"体操"作为泛指身体运动的专有名词亦成为西方教育界长期沿用的词语之一。同样在18世纪,1760年,日内瓦人巴勒克泽尔写了一篇题为《论儿童的体育》(Dissertation Sur L' Education physique DBS Enfants)的文章,文中出现"体育";1762年,法国著名思想家卢梭出版了著名的教育论著《爱弥儿》(又名《论教育》,*Émile ou De l'éducation*),书中亦使用了"体育"(L'éducation physique)一词来描述其对爱弥儿的身体教育过程,认为身体教育是教育活动中不可缺少的组成部分,影响巨大,"体育"一词开始在世界各国流传开来。[1] 此后相当长的一段时间里,"体操"和"体育"两个词在西方世界长期并存,相互混用,直到20世纪初才逐渐在世界范围内统一称为"体育"。

中国的"体育"一词,于20世纪初期翻译自日文。但日语中的"体育",同样不是日本的源生词,而是舶来品,大约于19世纪70年代翻译自欧洲,即前文所引之"身体教育"。日语中对于这一词语的翻译并非从一开始就固定下来,而是经历了一个日文化过程,曾先后被译作"身体(の)教育""体教""身教"。直至1878年,由近藤镇三固定为"体育"(スポーツ)。在中国,"体育"一词最早由日本转译至国内是在20世纪初期,1901年,《教育世界》曾载《关小学校体育及卫生注意法》译文;1902年,《杭州白话报》曾连载日本人西川政宪《国民体育学》译文;1903年,上海《政艺通报》曾刊登《无锡体育会简章》;1904年,在湖北幼稚园开办章程中提到应该对幼儿进行全面教育时说:"保全身体之健旺,体育发达基此。"[2]

从起源上看,"体育"一词,无论英文作"Physical education",还是法语作"L'éducation physique",都是"身体教育"的意思,即体育作为一种身体活动,与教育高度相关,是教育的下位概念,是教育体系中的一个专门领域,并进一

---

[1] 由于巴勒克泽尔与卢梭在观点和原理上完全一致,因此卢梭认为巴勒克泽尔的文章是抄袭他的。见〔法〕卢梭《爱弥儿》,李平沤译,商务印书馆,1982,第23页尾注。

[2] 参考《"体育"一词在中国的由来》,《体育教学》1994年第4期;董安生:《体育一词的由来和中国体育用语的状况》,《山西大学学报》(哲学社会科学版)1987年第2期。

步成为标记学校中身体教育的专门术语。从其中译文来看，体者，身体也；育者，在甲骨文中作上母下子，其本义为生养，在中国古代汉语中与"毓"通，《易·渐》所谓"妇孕不育，失其道也"，即此义。后引申为培养、教育义，如汉人匡衡《祷高祖孝文孝武庙文》云"思育休烈，以章祖宗之盛功"[1]，唐人韩愈云"思翔春风，仁育群品"[2]等皆属此类。由是观之，中国"体育"的最初译文，显然在字词含义上与国际保持了一致，就是"身体教育"之意。但需要引起我们注意的是，随着社会的发展进步与人类文化活动的逐渐丰富，"体育"一词已经具备了更为广泛的含义，其目的和范围都已经超出了"身体教育"的范畴，从而出现了"广义体育"和"狭义体育"的区别。当其作狭义解释时，仍取其本意"身体教育"；而当其作广义解释时，则已经不仅包括其本义，竞技运动、休闲娱乐和身体锻炼也被纳入其意义范畴。在当代社会，一般而言，我们认为广义体育"是一种复杂的社会文化现象，它以身体与智力活动为基本手段，根据人体生长发育、技能形成和机能提高等规律，达到促进全面发育、提高身体素质与全面教育水平、增强体质与提高运动能力、改善生活方式与提高生活质量的一种有意识、有目的、有组织的社会活动"[3]，由此可见，其内涵与外延与20世纪初期已不可同日而语。

从广义体育的概念来看，其具备如下几个基本特征。第一，作为一种社会文化现象与活动，体育具有社会性，它应是某一社会内部成规模的人群所共同进行的一种社会行为。第二，体育活动的基本目的与参与者的身体素质及运动能力提高密切相关，因此其具备竞技性，与此同时，因其基本工具是人体本身，因此又具备大众性、普适性，所以就有了竞技体育和大众体育之分别。第三，由体育的本义来看，体育活动同样承载着社会教育的部分功能。第四，作为一种生活方式，体育还承担提高参与者生活水平的社会功能，参与体育活动可以使人的生存状态在一定程度上受到积极的影响，其中体育休闲的娱乐性就是重要的表现之一。由是观之，在人类所有社会活动中，一切以人类身体或智力为工具，具备竞技性或大众性，以提高人的生存状态为目的，并承载着一定文化与教育功能的社会性活动，我们都可以统称为体育。就本书而言，我们并

---

[1] 《汉书》卷73《韦贤传》，中华书局，1962，第3121页。
[2] （唐）韩愈：《顺宗实录五》，中华书局，1985。
[3] 熊斗寅：《"体育"概念的整体性与本土化思考——兼与韩丹等同志商榷》，《体育与科学》2004年第2期。

不将视角仅仅放在狭义体育的范畴之内,而是从广义体育的角度来进行分析与阐述。

中国古代的体育活动,与早期的西方世界一样,并没有一个统一的名称。但根据体育的具体内涵与外延,我们认为历史上出现过的如"导引""骑射""蹴鞠""百戏""乐舞""角抵""武术""军事训练""狩猎""登山畋游""博戏""棋类"等活动,都是历史上在中国古代社会中长期存在的、社会性的体育活动,都具备了体育活动的基本特征,即为增强参与者的身体素质、运动能力、娱乐效果而实施的自我身体训练,它们具有竞技特点或技巧、娱乐性质以及健身健体功能。这些活动内容虽然曾经是生存技能、生产活动、军事手段、宗教行为等,即便它们需要经过漫长的历史演进才以一种独立的形态屹立于体育文化之林,但这是时代赋予体育的社会功能,这与我们今天印象中的源于地中海文明的现代体育的产生过程是异曲同工的,就具体体育内容而言,古代奥林匹克运动会、田径运动、篮球运动、足球运动莫不如是,其在产生之初都有特定的历史意义和社会功能,都是经过了长期的演进和改变,才能以体育姿态而存在。因此,上述中国古代体育内容具有将之作为一种社会文化而进行整体考虑的研究意义。

四 古代东北民族文化发展概述

中国古代东北民族,总体而言,其文化发展相对于汉族是比较落后的,在生产力发展水平、社会文化演进乃至社会政治运行方式等方面皆是如此。当中原地区已经处于以儒家文化为主要社会意识形态、以中央集权制和郡县制为主要管理手段、以规模化的农场经营为代表的社会生产方式并取得社会生产力极大发展的历史进程中时,相当一部分东北古民族的社会发展仍显得原始而迟缓。

如两汉时期的乌桓与鲜卑族,据《后汉书·乌桓鲜卑列传》记载,其"俗善骑射,弋猎禽兽为事。随水草放牧,居无常处。以穹庐为舍,东开向日。食肉饮酪,以毛毳为衣……大人以下,各自畜牧营产,不相徭役"[1]。由此可见,两汉时期,这两个民族尚处于并不发达的游牧生产阶段,社会生产效率很低,

---

[1] 《后汉书》卷90《乌桓鲜卑列传·乌桓》,中华书局,1965,第2979页。

风俗习惯也相对原始。即使在东汉檀石槐时期，鲜卑已经成为中国北方草原地区的霸主，势力不可谓不强大，然而《三国志》引《魏书》中仍然记载："鲜卑众日多，田畜射猎，不足给食。后檀石槐乃案行乌侯秦水，广袤数百里，停不流，中有鱼而不能得。闻汗人善捕鱼，于是檀石槐东击汗国，得千余家，徙置乌侯秦水上，使捕鱼以助粮"[1]，说明其社会生产力的发展尚无法满足其社会成员日常饮食之需求。乌桓更是"贵少贱老，其性悍骜，怒则杀父兄，而终不害其母……父兄死，妻后母执嫂；若无执嫂者，则己子以亲之次妻伯叔焉，死则归其故夫"[2]，表现出一种相对蛮荒的精神文化风貌，文明程度极低。又如，同为游牧民族的室韦，《隋书·北狄列传·室韦》载其："气候多寒，田收甚薄，无羊，少马，多猪牛。"[3] 又《北史·室韦列传》云其："饶獐鹿，射猎为务，食肉衣皮，凿冰没水中而网取鱼鳖。地多积雪，惧陷坑阱，骑木而行，俙即止。"[4] 可知其社会生产力较为低下，农业和畜牧业不能满足温饱的需求，从而需要以渔猎为生产方式加以补充。再如沃沮，虽有"其土地肥美，背山向海，宜五谷，善田种"[5]之记载，但从相关考古资料来看，在位于今吉林省珲春市汪清县一带，很有可能是汉代沃沮遗存的遗址之中，其生产工具尚主要以石制和骨制为主[6]，这就必然极大地限制了其社会生产的效率。挹娄同样如此，《三国志·魏书·乌丸鲜卑东夷传·挹娄》载其："其俗好养猪，食其肉，衣其皮。冬以猪膏涂身，厚数分，以御风寒"，又云其"唯挹娄不法俗，最无细纪也"，可知其社会发展之落后与精神文化之贫瘠。[7]

当然，古代东北诸民族之中，亦不乏较为先进者。如夫余，据《三国志·魏书·乌丸鲜卑东夷传·夫余》记载，夫余的居地"多山陵、广泽，于东夷之域最平敞。土地宜五谷，不生五果"，说明夫余的居住地具备发展农业的优良自然条件。目前，吉林省内以吉林市为中心分布的，以西团山文化、汉书文化为代表的疑为汉代夫余遗址中，大多发现了大量铁制农具，主要为镰、锸、镬、

---

[1] 《三国志》卷30《魏书·乌丸鲜卑东夷传》注引，中华书局，1959，第838页。
[2] 《三国志》卷30《魏书·乌丸鲜卑东夷传》注引，中华书局，1959，第832页。
[3] 《隋书》卷84《北狄列传·室韦》，中华书局，1973，第1882页。
[4] 《北史》卷94《室韦列传》，中华书局，1974，第3130页。
[5] 《三国志》卷30《魏书·乌丸鲜卑东夷传·沃沮》，中华书局，1959，第846页。
[6] 参见王亚洲《吉林省汪清县百草沟遗址发掘简报》，《考古》1961年第8期；李云铎《吉林珲春南团山、一松亭遗址调查》，《文物》1973年第8期；高青山等《东北古文化》，春风文艺出版社，1992，第166页；见李云铎《吉林珲春南团山、一松亭遗址调查》，《文物》1973年第8期。
[7] 《三国志》卷30《魏书·乌丸鲜卑东夷传·挹娄》，中华书局，1959，第847~848页。

锛、凿等样式，其形制与中原地区并无二致，说明夫余人已经深入地学习并引进了汉族农耕文化。另外，从相关的考古发掘资料来看，夫余人的制陶业、金属冶铸业、纺织业乃至建筑业都已经发展到一定的水平，进入了城邦农业社会。又《三国志·魏书·乌丸鲜卑东夷传·夫余》载，"食饮皆用俎豆，会同、拜爵、洗爵，揖让升降"，说明在夫余社会中已具备一套系统的礼仪规则，具体到会客、授予爵位、朝会乃至祭祀等场合都有固定的礼仪，这很显然是中原礼仪文化在东北地区传播的结果。

而鲜卑则是较为特殊的一个民族，从历史记载来看，其在两汉时期的社会发展是相当落后的，游牧业是其社会生产的主要方式，农业很不发达，即使在势力最强盛之时，其社会内部的粮食产出也难以满足社会成员的饮食需求，且其社会文化显得相对粗犷。但在檀石槐死后，大约在魏晋之际，鲜卑分支慕容氏迁徙到辽西地区生活，随着与汉民族接触的逐渐深入，其开始了农业化转型进程，进而迅速地由游牧型社会转型为一个典型的农耕社会。大量汉族移民的涌入，使汉族人口在慕容鲜卑社会中占据了大多数，达到了"流人之多旧土十倍有余"[①]的程度。汉族人口的到来，使中原文化以非常直接的形式在慕容鲜卑社会中传播开来，更兼统治者的大力推行，儒家文化开始在其社会中广泛普及，成为其社会意识形态之主流，无论是统治阶层还是下层百姓皆从中原文化中汲取了无数营养，以至"路有颂声，礼让兴矣"[②]。至三燕时期，慕容鲜卑入主中原一隅，在文化与政治上进入了中华文化的正统序列，其社会文化取向与中原地区几乎不分彼此，从而模糊了华、夷之间的界限。到了北魏时期，后起之拓跋鲜卑更是如此。北魏统一中国北方，孝文帝改革之后，鲜卑民族走上了全面汉化的道路，随着与汉民族亲密无间的深入接触，最终形成了"鲜汉民族共同体"，为魏晋南北朝时期的民族与文化大融合奠定了坚实的基础。而鲜卑民族也整体性地融入中华民族之中，与汉民族水乳交融、不分彼此。

又如唐代靺鞨民族，其一部粟末靺鞨于武周圣历元年（698）在东北地区建立了政权，其首领大祚荣于唐玄宗开元元年（713）被册封为渤海郡王，建立渤海国。渤海国鼎盛时期，其地域"南比新罗，以泥河为境，东穷海，西契丹……地方五千里"[③]，地跨今东北大部、朝鲜半岛以及俄罗斯远东地区。渤海

---

① 《晋书》卷109《慕容皝载记》，中华书局，1974，第2823页。
② 《晋书》卷108《慕容廆载记》，中华书局，1974，第2806页。
③ 《新唐书》卷219《北狄列传·渤海》，中华书局，1975，第6179页。

国还效仿唐王朝的政治与经济制度，下辖五京、十五府、六十二州，是唐王朝中央集权制度的缩影。渤海国的物产亦十分丰饶，据《新唐书·北狄列传·渤海》记载："俗所贵者，曰太白山之菟，南海之昆布，栅城之豉，扶余之鹿，鄚颉之豕，率宾之马，显州之布，沃州之绵，龙州之绸，位城之铁，卢城之稻，湄沱湖之鲫。果有九都之李，乐游之梨。"[①] 可见其富庶发达之境况。此外，渤海国还十分积极主动地学习与效仿中原文化之精髓，"其王数遣诸生诣京师太学，习识古今制度，至是遂为海东盛国"[②]，作为中原官修史书之《新唐书》做如此记载，充分说明渤海国文化昌明之风姿，其与中原文化之亲近已得到当时中原知识分子的高度认可，"海东盛国"亦为极高之赞誉。

　　如前所述，中国古代东北各民族文化发展有高有低，文化发展水平并不均衡，呈现一定的落差。有的民族还没能顺应时代的潮流发展壮大自身，就逐渐消失在我们的视线中；有的民族则抓住了历史的机遇，积极地与汉民族进行交融，学习中原地区的文化，从而成为东北地区为数不多的强族；还有的民族以异常积极的态度投入一场伟大的民族融合与文化融合运动之中，为中华民族的形成与发展做出了不可磨灭的贡献；其中亦不乏入主中原、建立政权的蒙古族和满族，在中原汉文化强大的高势位下，这些民族的统治者一方面积极汲取着汉文化发展的精华和养分，另一方面又努力地固守着本民族的传统和特色，这些都为探讨古代东北民族体育文化提供了广阔的背景和重要的参考，为本书奠定了坚实的基础。

---

① 《新唐书》卷219《北狄列传·渤海》，中华书局，1975，第6183页。
② 《新唐书》卷219《北狄列传·渤海》，中华书局，1975，第6182页。

第一章

东胡族系各民族的体育文化发展

古代东北东胡族系的各民族主要包括东胡、鲜卑、乌桓、奚、乌洛浑、契丹、室韦、蒙古等民族。这些民族基本是由北方游牧民族发展而来的,历史上主要分布于东北的辽西至内蒙古东部的沙地与草原一带,其社会文化以游牧文化为主。总体而言,这些民族的体育文化是依托游牧文化而衍生的,往往呈现出以骑射体育为核心的发展全景,有着非常鲜明的民族与地域特征。

第一节 东胡的体育文化

东胡,是先秦时期活跃于中国东北地区的一个游牧民族,是东夷族系的分支,大约在秦汉交际之时为匈奴冒顿单于所灭。按《史记·匈奴列传》索引引服虔云:"东胡,乌丸之先,后为鲜卑。在匈奴东,故曰东胡。"[1] 又王国维《观堂集林·西胡考》载:"汉人谓西域诸国为西胡,本对匈奴与东胡言之。"[2] 说明东胡族称的由来,就是其居地在匈奴的东方。

一 东胡的骑射体育文化

作为游牧民族,先秦东胡社会体育文化发展必然是以骑射活动为核心构成的。在汉初东胡为匈奴所灭后,有两个民族从东胡社会中分离出去。其一为乌

---

[1] 《史记》卷110《匈奴列传》,中华书局,1959,第2885页。
[2] 王国维:《观堂集林》上册,中华书局,2010,第606页。

桓族,《后汉书·乌桓鲜卑传》:"乌桓,本东胡也。汉初,匈奴冒顿灭其国,余类保乌桓山,因以为号焉。"其二为鲜卑族,自东胡为冒顿所灭,遂"远窜辽东塞外,与乌桓相接,未常通中国焉"[①]。这两个民族都是典型的游牧民族,那么原本与之一体的东胡族,擅长骑射并不足为奇。

第一,东胡人擅长狩猎,甚至可以捕猎熊一类的大型凶猛动物,说明东胡人必然掌握了比较高超的射箭技术,不然以当时的生产技术是很难做到的。又据《晋书·慕容廆载记》,相传鲜卑前身东胡强盛之时有"控弦之士二十余万",这里的"控弦之士"显然指的是骑射兵种,古史记载多有夸大之词,故此二十余万之数不得尽信,但东胡曾经拥有一支规模庞大的骑兵,是毋庸置疑的。这种情况的出现,说明将骑马活动与射箭活动紧密结合,已经成为先秦东胡民族一种社会性的体育文化现象。

第二,根据考古资料,东胡的"青铜器相当发达……既有一组显示其文化特征的大件容器,如南山根M101出土的环耳圜底鼎、犬形耳球腹鬲、马纹钮双联罐及豆形器等,又有种类繁多、颇具特点的青铜兵器,如各种形式的曲刃短剑、犬纹銎式戈、銎筒锥、双联剑鞘、柱脊柳叶形镞、三棱翼有铤镞、顶附方鼻的铜盔等。而富有特色的马具、生产工具及装饰品,如鹿首或铃首镳、双螭形銮铃、两端附倒刺的马衔及凸面中央附鼻钮的'镜形饰';扇刃方銎斧、銎筒附加重冠的斧、镐,柄底边带齿的刀及一端作扁刃的四楞形锥;人面形、兽形铜牌,双尾形、连珠形铜扣等"[②]。这些马具、青铜兵器的大量出土,一方面佐证上文中骑射技艺的存在和发展程度,另一方面说明东胡人已经发展出基于青铜兵器的器械武术活动。这种器械武术活动除了个人操练之外,考虑到东胡民族庞大的骑兵规模,因此必然已经以战阵、战场协作的形式体现出来,从而发展出形式多样的军事体育内容。但其具体表现,由于资料的缺乏,我们已不得而知了。

二 东胡的狩猎体育文化

作为游牧民族,狩猎活动是东胡人日常兼具生产功能的活动内容。按《逸

---

① 《后汉书》卷90《乌桓鲜卑列传·鲜卑》,中华书局,1965,第2985页。
② 靳枫毅:《夏家店上层文化及其族属问题》,《考古学报》1987年第2期。

周书·王会解》："东胡黄罴"①，东胡应该参加了"成周之会"，并向周王朝进献了黄罴②，据其出土文物可大略考证东胡的社会文化生活。夏家店上层文化遗址出土有羊、牛、马、猪等动物的骨架，南山根遗址上层和红山后墓葬除上述的家畜类动物外，还有狐、兔、鹿、鸟等动物骨骼的出土，这应是东胡社会畜牧、狩猎业发达的反映。考古资料同样显示，东胡社会中两性分工已很明显，在夏家店上层遗址墓葬中，女性墓出土有骨针、骨梭、铜饰和陶纺轮等，而男性墓中随葬铜镞和骨镞；红山后墓葬中，女性墓随葬陶鬲、骨锥、青铜扣和陶纺轮，男性墓随葬青铜镞；朝阳十二台子2号墓，女性墓随葬青铜锥、青铜牌，男性墓随葬青铜短剑、青铜斧、青铜镞。可见，当时东胡女子主要从事纺织业和家务劳动，而男子多从事射猎活动，并已经掌握了兵器的使用技艺，只是这种武艺活动的水平我们臆测应该是很低的。

东胡被匈奴灭亡后，族群分化成了三部。其一，是被匈奴冒顿单于所掳掠的一部，西汉时汉王朝官员卢绾叛入匈奴，匈奴封其为"东胡卢王"③，他所管理的可能是这一部被掳掠的东胡人。其二，东胡的一支分裂出来成为乌桓，在前文提及的《后汉书·乌桓鲜卑列传》中已有记载。其三，另一个同源弱势民族也独立成了鲜卑，鲜卑本为依附于东胡的弱小民族，自东胡为冒顿所灭，遂"远窜辽东塞外"，因此，尽管史料中关于东胡体育文化的记载相当稀少，但我们可以从其后世鲜卑、乌桓的若干体育文化表现中窥见端倪。其具体分析详见后文，于此不赘。

第二节　鲜卑的体育文化

鲜卑是东北地区的古老民族，鲜卑之名，在文献中最早见于《楚辞》与《国语》。按《楚辞·大招》："小腰秀颈，若鲜卑只。"④ 又按《国语·晋语》："昔成王盟诸侯于岐阳，楚为荆蛮，置茅蕝，设望表，与鲜卑守燎，故不与盟。"

---

① 《逸周书》，中部备要本，清乾隆五十一年（1786）抱经堂丛书影印本。
② 靳枫毅：《夏家店上层文化及其族属问题》，《考古学报》1987年第2期。
③ 《史记》卷93《韩信卢绾列传》，中华书局，1959，第2639页。
④ （宋）洪兴祖：《楚辞补注》，中华书局，2009，第222页。

韦昭注云:"鲜卑,东夷国。"①这说明,至少在战国时期,鲜卑应该就已经存在了,是东夷民族的分支。早期的鲜卑是一个典型的游牧民族,自战国以降,至汉末时期檀石槐建立鲜卑部落联盟,鲜卑一直以松散的游牧部落形态存在着,他们的社会经济与文化都与游牧活动密不可分,随着鲜卑与中原地区汉族的不断深入接触,汉文化开始影响并逐渐改造着鲜卑的民族文化。到了北魏时期,由于鲜卑的南迁与魏文帝汉化政策的全面施行,鲜卑与汉民族逐渐融为一体,不分彼此。在这种从北方草原游牧文化向中原农耕文化转型的过程中,鲜卑民族的体育文化也随之发生了变化。

一 鲜卑的骑射狩猎体育文化

鲜卑民族的生产群居方式及其所处的自然地理条件等因素决定了早期的鲜卑体育活动"主要表现为游牧经济下的狩猎骑射"②。汉初时,鲜卑"远窜辽东塞外,与乌桓相接,未常通中国焉"③,其与中原地区的交流并不多,因此关于早期鲜卑社会发展情况的记载在文献中保存得较少,一直到东汉时期才开始逐渐丰富,而在这些文献中,关于鲜卑早期体育文化发展状况的记载也并无直接描绘,因此我们只能通过一些其他资料对之进行间接的考察。

早期鲜卑的民族体育内容,最为主要的表现就是以骑射为中心的体育活动。按《三国志》引《魏书》:"鲜卑亦东胡之余也,别保鲜卑山,因号焉。其言语习俗与乌丸同。"④这说明汉代时期的乌桓与鲜卑在习俗乃至社会日常生活中是十分相似的。按《后汉书·乌桓鲜卑列传·乌桓》记载,汉代的乌桓:"俗善骑射,弋猎禽兽为事。随水草放牧,居无常处。以穹庐为舍,东开向日……男子能作弓矢鞍勒,锻金铁为兵器。"鲜卑与乌桓一样,都是游牧民族,其生存的自然环境使骑射成为他们不得不精通的全民性的生产与生活技能。

从史料记载来看,鲜卑发展骑射活动的条件是比较优越的。按《后汉书·乌桓鲜卑列传·鲜卑》:"禽兽异于中国者,野马、原羊、角端牛,以角为弓,

---

① (春秋战国)左丘明:《国语》,齐鲁书社,2005,第228~229页。
② 黄聪:《中国古代北方民族体育史考》,人民出版社,2009,第61页。
③ 《后汉书》卷90《乌桓鲜卑列传·鲜卑》,中华书局,1965,第2985页。
④ 《三国志》卷30《魏书·乌丸鲜卑东夷传·鲜卑》注引,中华书局,1959,第836页。

俗谓之角端弓者。"①从这条史料中,我们可以看到,鲜卑盛产大量优质的马匹,他们的日常生活几乎离不开马、牛、羊等牲畜,这为鲜卑人锻炼自己的骑射能力创造了良好的物质条件,使他们几乎可以从小就对骑马产生浓厚兴趣。鲜卑人还发明了极具民族特色的骑射工具,即"角端弓",这种以牛角为原料制作的弓,因其原料易于获取且结实耐用,从而保证了鲜卑人对弓箭需求的供给。另前文引《后汉书·乌桓鲜卑列传·乌桓》中记载了乌桓人可以自行制作弓矢鞍勒,并可以锻金铁为兵器,汉代的鲜卑人应该也是如此,掌握了熟练的制作骑射工具的技能。

骑射在早期鲜卑的社会生活中有着非常重要的意义。汉代的鲜卑是一个游牧民族,其社会发展尚处于部落时期,社会生产力发展比较有限,几乎不太从事农业生产,这就使狩猎成为他们社会中非常重要的生产方式和食物来源。在内蒙古扎赉诺尔鲜卑墓中曾发现有刻着猎人射鹿图像的骨饰板以及雕有羊形状的羊形饰牌[2],充分说明了狩猎在鲜卑社会生活中的重要地位。

从东汉中后期开始,随着鲜卑在汉王朝北方草原地区的逐步扩张,势力愈发壮大,人口逐渐增多,但其生产力发展相对中原地区而言,大幅度落后的状况并没有得到根本性的改变,过度依靠游牧与狩猎的经济模式使鲜卑社会出现了"种众日多,田畜射猎不足给食"[3]的情况,因此,不得不"东击倭人"开发捕捞业以补充粮食不足。但无论狩猎、游牧还是捕捞,从根本上来看,仍然是一种粗放的生产方式,在生产效率上也很难满足鲜卑人对粮食的迫切需求。与此同时,随着鲜卑的扩张,他们与周边其他民族的接触越来越频繁与深入,不断有其他民族的人口被掳掠并充实到鲜卑部族之中去,鲜卑逐渐变成了一个族源复杂的部落集团。[4]在这一与外族频繁接触的过程中,很多其他民族和地区的文化被引入鲜卑社会之中,尤其是东汉时期的鲜卑曾经掳掠了大量的汉族人口,以及与汉族关系十分密切的像高句丽等族的人口,并与他们进行了频繁而深入的交往,使中原地区以儒家文化为代表的汉文化逐渐被鲜卑接受,并潜移默化地改造鲜卑社会。如《三国志·魏书·乌丸鲜卑东夷传·鲜卑》载,曹魏"黄初二年,比能出诸魏人在鲜卑者五百余家,还居代郡"。说明东汉至曹魏时期的

---

① 《后汉书》卷90《乌桓鲜卑列传·鲜卑》,中华书局,1965,第2985页。
② 郑隆:《内蒙古扎赉诺尔古墓群发掘简报》,《考古》1961年第12期。
③ 《后汉书》卷90《乌桓鲜卑列传·鲜卑》,中华书局,1965,第2994页。
④ 参见马长寿《乌桓与鲜卑》,广西师范大学出版社,2006,第22~29页。

鲜卑，经常掳掠汉族以充实其社会人口。又如十六国前燕慕容鲜卑社会，八王之乱后"百姓流亡，中原萧条，千里无烟，饥寒流陨，相继沟壑"[1]，从慕容廆时期开始，慕容氏即对中原流民采取蓄意引纳，"禀给遣还，愿留者即抚存之"[2]，因而"流亡归附者日月相继"[3]，至慕容皝时，仅辽西即"流人之多旧土十倍有余"[4]，使慕容氏治下汉族人口的数量已经远远超过鲜卑族，其中亦不乏大量的汉族知识分子。这些汉族人为慕容鲜卑社会带来了更加先进的文明，农耕经济迅速成为其社会的主要经济模式，儒家文化也在慕容鲜卑社会中迅速铺陈开来，以至"路有颂声，礼让兴矣"[5]。诚如魏收所云："秦赵及燕，虽非明圣，各正号赤县，统有中土，郊天祭地，肆类咸秩，明刑制礼，不失旧章。"[6]至北魏时期，鲜卑文化则完成了与汉文化相交融的过程，鲜卑民族本身逐渐与汉民族融为一体，鲜卑民族的社会文化也发生了翻天覆地的变化，除社会阶级组成以及尚保留的一些鲜卑民族传统外，其余方面已经与汉族社会没有不同。在这一过程中，体育文化作为一种社会文化现象，自然也随之产生了转变。

二 鲜卑的军事体育文化

除狩猎外，骑射对于鲜卑人而言还有着非常重要的军事意义。鲜卑崇尚武功，由于社会生产力的低下，很多生活必需品都难以自给自足，因此外出劫掠成为他们获取生活物资的一个重要途径。东汉时期的鲜卑，随着自身实力逐渐发展壮大，开始不断地对外征伐，针对汉王朝北方边郡的劫掠非常频繁。据《后汉书·和帝纪》载，仅和帝一朝，永元年间，鲜卑先后寇肥如、右北平、渔阳等地，辽东太守祭参因之下狱而死；又如灵帝时，据《后汉书·孝灵帝纪》记载："（建宁元年）十二月，鲜卑及涉貊寇幽并二州。""（建宁二年）十一月……鲜卑寇并州。""（建宁四年）冬，鲜卑寇并州。""（熹平元年）十二月……鲜卑寇并州。""（熹平二年）冬十二月……鲜卑寇幽并二州。""（熹平三年）十二月，鲜卑寇北地，北地太守夏育追击破之。鲜卑又寇并州。""（熹平四年）五月……鲜卑寇幽州。"

---

[1] 《晋书》卷109《慕容皝载记》，中华书局，1974，第2823页。
[2] （宋）司马光：《资治通鉴》卷87，《晋记九·怀帝永嘉五年十二月》，第2773页。
[3] 《晋书》卷108《慕容廆载记》，中华书局，1974，第2805页。
[4] 《晋书》卷109《慕容皝载记》，中华书局，1974，第2823页。
[5] 《晋书》卷108《慕容廆载记》，中华书局，1974，第2806页。
[6] 《魏书》卷108《礼志一》，中华书局，1974，第2745页。

"（熹平五年）十二月……鲜卑寇幽州。""（熹平六年）夏四月……鲜卑寇三边。"八月，遣破鲜卑中郎将田晏出云中，使匈奴中郎将臧旻与南单于出雁门，护乌桓校尉夏育出高柳，并伐鲜卑，晏等大败。……十一月……鲜卑寇辽西。"（光和元年）十二月……鲜卑寇酒泉。""（光和二年）十二月……鲜卑寇幽并二州。""（光和三年）冬闰月……鲜卑寇幽、并二州。""（光和四年）冬十月……鲜卑寇幽并二州。""（中平二年）十一月……鲜卑寇幽、并二州。"①

鲜卑的内寇，多以骑兵突袭的形式进行，得手之后随即在汉人步兵未及反应之前撤退，不以获取领土为目的，即所谓"寇抄"（又作"寇钞"）。鲜卑寇抄之频繁，使"幽、并、凉三州缘边诸郡无岁不被鲜卑寇抄，杀略不可胜数"②；东汉年间，如辽西、代郡、云中、玄菟、雁门、定襄、渔阳、高柳、朔方、辽东、幽州、并州、凉州等地，皆多次遭到鲜卑入侵劫掠。檀石槐掌权后，鲜卑更是"立庭于弹汗山歠仇水上，去高柳北三百余里，兵马甚盛，东西部大人皆归焉。因南抄缘边，北拒丁零，东却夫余，西击乌孙，尽据匈奴故地，东西万四千余里，南北七千余里，网罗山川水泽盐池"③。鲜卑成为汉王朝北方最大的边患，而到了轲比能时，鲜卑则"尽收匈奴故地，自云中、五原以东抵辽水，皆为鲜卑庭"④。

这种类似后世游击战一般的寇抄劫掠，对骑射技能要求非常之高，非弓马娴熟、武艺高超的军队不能为之。鲜卑也正是凭借其强大的骑兵军队，击破了匈奴，雄踞漠北。而强大的骑兵，如果没有平时频繁而系统的骑术训练和军事技能训练，是不可能形成的。

在文献记载中我们可以看到，在十六国时期，随着鲜卑社会的日益稳定繁荣，社会结构逐渐转型，鲜卑人传统的骑射体育也有了新的发展。按《魏书》记载，十六国时期代国昭成皇帝拓跋什翼犍建国五年（东晋咸康八年，342）："秋七月七日，诸部毕集，设坛埒，讲武驰射，因以为常。"⑤讲武，即讲习武事。《国语·周语上》："三时务农，而一时讲武。"韦昭注："讲，习也。"故"讲武"者，实乃"讲""习"结合，以"习"为主，相当于我们今天的军事操练。随着战争的需要及最高统治者对军事的重视，讲武上升为御驾亲临的军事检阅

---

① 《后汉书》卷8《孝灵帝纪》，中华书局，1965，第329～352页。
② 《后汉书》卷90《乌桓鲜卑列传·鲜卑》，中华书局，1965，第2990页。
③ 《后汉书》卷90《乌桓鲜卑列传·鲜卑》，中华书局，1965，第2989页。
④ 《三国志》卷30《魏书·乌丸鲜卑东夷传·鲜卑》，中华书局，1959，第831页。
⑤ 《魏书》卷1《序纪》，中华书局，1974，第12页。

及操练的礼仪活动。这是在文献中第一次出现关于鲜卑国家层面官方骑射训练的记载，透露出以下几点比较重要的信息。

第一，随着汉末檀石槐一统鲜卑各部，又经过长期的发展演变，鲜卑的社会结构日趋稳定，政治上对中央集权制度的社会向心力增强，因此鲜卑从国家整体层面开始推进社会文化的建设与巩固。第二，在这一背景下，骑射作为鲜卑社会中最有传统的一种社会文化、体育文化，开始得到统治者更进一步重视。讲武驰射成为鲜卑社会一种定期举行的集会与训练模式，说明骑射训练已经成为鲜卑社会的官方国家战略，骑射已经不仅仅是鲜卑社会民间盛行的文化样式，更得到了统治阶层自上而下的大力推动。第三，我们还应注意到，以官方定式的形式，将讲武与骑射并行不悖，这固然是在鲜卑人尚武民风深刻影响下的产物，更说明军事操练与骑射开始被鲜卑人有意识地结合，从而使鲜卑的骑射体育产生全新的内涵。

自此之后，在有关鲜卑的文献记载中开始频繁出现这种由统治阶层推动的讲武骑射活动，尤其是北魏时期。如北魏道武帝登国六年（391）："秋七月壬申，讲武于牛川，行还纽垤川。"[1] 明元帝永兴二年（410）："秋七月丁巳，立马射台于陂西，仍讲武教战。"[2] 太武帝始光三年（426）："秋七月，筑马射台于长川，帝亲登台观走马；王公诸国君长驰射，中者赐金锦缯絮各有差。"[3] 始光四年（427）："秋七月己卯，筑台于祚岭，戏马驰射，赐射中者金锦缯絮各有差。"[4] 太延五年（439）："秋七月己巳，车驾至上郡属国城，大飨群臣，讲武马射。"[5] 文成帝兴安二年（453）："秋七月辛亥……筑马射台于南郊。"[6] 和平四年（463）："秋七月壬午，诏曰：'朕每岁以秋日闲月，命群官讲武平壤。所幸之处，必立宫坛，糜费之功，劳损非一。宜仍旧贯，何必改作也。'"[7] 孝文帝太和五年（481）："春正月……己酉，讲武于唐水之阳……三月辛酉朔……讲武于云水之阳。"[8] 太和十八年（494）："八月……丁未，幸阅武台，临观讲武。"[9]

---

[1] 《魏书》卷2《太祖道武帝纪》，中华书局，1974，第24页。
[2] 《魏书》卷3《太宗明元帝纪》，中华书局，1974，第50页。
[3] 《魏书》卷4《世祖太武帝纪》，中华书局，1974，第71页。
[4] 《魏书》卷4《世祖太武帝纪》，中华书局，1974，第73页。
[5] 《魏书》卷4《世祖太武帝纪》，中华书局，1974，第89页。
[6] 《魏书》卷5《高宗文成帝纪》，中华书局，1974，第112页。
[7] 《魏书》卷5《高宗文成帝纪》，中华书局，1974，第121页。
[8] 《魏书》卷7《高祖孝文帝纪》，中华书局，1974，第150页。
[9] 《魏书》卷7《高祖孝文帝纪》，中华书局，1974，第174页。

如此种种，不胜枚举。这种以君主为首进行的讲武骑射活动的频繁出现，说明了鲜卑统治者对之的高度重视，武术与骑射已经不仅仅是以民风、民俗的形式出现在鲜卑社会中，更是被统治者上升到国家战略层面加以推广。

骑射、讲武以及武术，应该是早期鲜卑最为重要的军事体育活动形式。需要说明的是，这里提到的"武术"，还没有发展为我们今天所说的"注重武德修养和内外兼修，具有套路、对抗、功法等多种运动形式与传统文化内涵的民族体育"[1]这一形式。它应该还仅是古代军事技击术的层面，是"武术"产生的初级阶段。魏晋时，陈寿在《三国志》中用"武艺"这个词，对当时所有的包括习战射、晓五兵、舞剑戟等武技进行概括；宋元时，"武艺"发展为"十八般武艺"；而"武术"一词在民国初年才定名，发展至今，"武术"则是一个包含技击术又高于技击术这样一个包容性很强的词。本书中所说"武术"，更为确切地说应是陈寿在《三国志》中所说的"武艺"，只是我们按现在的统一称谓而写作"武术"。

三 鲜卑的射箭体育文化

随着鲜卑对汉文化的接触与了解愈加深入，鲜卑对汉文化的接受程度也越来越高，至北魏孝文帝时期更是开始其全面汉化的进程，到了隋唐时期，鲜卑则已经与汉族融为一体，不分彼此了。在这一历史进程中，儒家文化对鲜卑社会的影响越来越深入，鲜卑的射箭体育文化也与儒家文化开始结合在一起了，其文娱性、竞技性愈发显现，现仅就射箭而言，加以阐释。

射本为儒家六艺之一，如《周礼·保氏》云："养国子以道，乃教之六艺：一曰五礼，二曰六乐，三曰五射，四曰五驭，五曰六书，六曰九数。"[2]射在先秦时期既是一种战争技术，又是一种选拔武士的礼，在很多仪式中存在射礼，其流传非常久远。射的渊源最早应该可以追溯到远古时期人类的狩猎活动，商代时即已被广泛应用于军事战争和军事训练中了[3]，到了西周以后则被人们进一步地赋予了丰富的文化意义。按《礼记·射义》："事之尽礼乐而可数为以立德者，莫若射"，可知商周时的射礼已经成为人们修养德行的重要途径，在"礼"这

---

[1] 邱丕相主编《中国武术史》，高等教育出版社，2008，第4页。
[2] （清）孙诒让：《周礼正义》，中华书局，2013，第1010页。
[3] 崔乐泉主编《中国体育通史》，人民体育出版社，2008，第48页。

一社会秩序规则中有着重要意义。《礼记·射义》认为："射求正诸己，己正而后发，发而不中，则不怨胜己者，反求诸己而已矣。孔子曰：君子无所争，必也射乎？"可见儒家知识分子认为射箭这种活动非常符合儒家所倡导的修养身心的方式，从而使射箭"摆脱了外在修饰的色彩而转为内在的道德实践"[1]。射箭作为一种具备较强竞技性的礼仪活动，在商周至汉都非常流行，其类型有祭祀时进行的大射、天子宴飨诸侯时的宾射，于燕息时进行的宴射，普通百姓可以参与的常与乡酒之礼同时进行的乡射，在社会中上至贵族、下至平民，皆十分流行。

自鲜卑南下中原之后，这种射礼活动在鲜卑社会中开始频繁出现。"作为竞技的射箭，在魏晋南北朝时期，主要有朋射和单射两种形式。"[2]其中朋射是一种团体性质的射箭比赛，参赛者一般要分成两队，按双方各自射中的箭数记筹，筹数多者为胜，这种射箭比赛在北魏时期经常举行。如《北史·魏诸宗室》记载："初，孝武在洛，于华林园戏射，以银酒卮容二升许，悬于百步外，命善射者十余人共射，中者即以赐之。顺发矢即中，帝大悦，并赏金帛。顺仍于箭孔处铸一银童，足蹈金莲，手执划炙，遂列背上，序其射工。"[3]又《魏书·道武七王传》载："浑好弓马，射鸟，辄历飞而杀之，时皆叹异焉。世祖尝命左右分射，胜者中的，筹满，诏浑解之，三发皆中，世祖大悦。"[4]类似的记载尚有多处，说明朋射在鲜卑的上层社会中已经是非常流行的竞技与娱乐方式。单射作为一种单人进行的射箭活动，也是北朝时期鲜卑人喜爱的射箭竞技活动，《北齐书·元景安列传》载："肃宗曾与群臣于西园宴射，文武预者二百余人。设侯去堂百四十余步，中的者赐与良马及金玉锦彩等。有一人射中兽头，去鼻寸余。唯景安最后有一矢未发，帝令景安解之，景安徐整容仪，操弓引满，正中兽鼻。帝嗟赏称善，特赍马两匹，玉帛杂物又加常等。"[5]类似的有关单射活动的记载同样并不罕见。从这些记载来看，与汉族的射礼相比，鲜卑的射箭活动更加富有文娱色彩。

朋射与单射在北朝鲜卑社会中的流行，充分说明鲜卑人已经将其有着悠久

---

[1] 姜楠：《"射礼"源流考》，《北京理工大学学报》（社会科学版）2004年第3期。
[2] 杨绍华：《汉唐时期河洛地区体育文化研究》，博士学位论文，河南大学，2013，第48页。
[3] 《北史》卷15《魏诸宗室》，中华书局，1974，第568页。
[4] 《魏书》卷16《道武七王·广平王连》，中华书局，1974，第400页。
[5] 《北齐书》卷41《元景安列传》，中华书局，1972，第543页。

传统的射箭文化与儒家的射礼紧密结合在了一起，是儒家思想在鲜卑社会中深入传播的结果。这种结合使鲜卑的射箭活动得到了进一步发展，其形式更为多样，娱乐性、竞技性得到了加强，更使射箭在其原本作为生产技能、战争技能而存在的意义上，具备了更多、更深入的文化内涵。

四　鲜卑的其他体育文化

十六国北朝时期，随着鲜卑人生活地域的逐渐南移，与中原文化的融合越来越深入，鲜卑的社会生活开始趋于稳定，其传统的游牧生活逐渐为农耕定居生活所取代，社会经济与政治都在根本上发生了转型，开始向汉族靠近。在这种情况下，我们发现，鲜卑社会中的体育文化也产生了变化，体育活动不再局限于骑射及由骑射而衍生的传统活动项目，而是出现了很多新内容，呈现出百花齐放的发展态势，其内涵得到了极大的丰富，这在之前的文献资料中是不曾体现的。

黄聪先生曾考证了北朝时期鲜卑社会中出现的各种体育活动，除最为传统的骑射外，还有登山畋游、围棋、投壶与击壤、樗蒲与握槊、赛马、速跑、跳绳，以及百戏中的一些活动如角抵、高纽百尺、长趫、缘橦、跳丸、五案等体育项目[①]，在此分别予以介绍。

（一）登山畋游

登山畋游，即爬山田猎活动，目前文献资料中所见最多的，就是北朝时期帝王世家的登山田猎活动。据笔者统计，仅北魏文成帝一朝，关于文成帝登山畋游的记载就多达20余处。如兴安二年（453）："夏五月乙酉，行幸崞山"[②]，"秋七月辛亥，行幸阴山……筑马射台于南郊"[③]，"冬十有一月辛酉，行幸信都、中山，观察风俗"[④]；兴光元年（454）："夏六月丙寅，行幸阴山"[⑤]，"冬十有一月……戊戌，行幸中山，遂幸信都"[⑥]，太安元年（455）："夏六月……戊寅，

[①] 黄聪：《中国古代北方民族体育史考》，人民出版社，2009，第57~61页。
[②] 《魏书》卷5《高宗文成帝纪》，中华书局，1974，第112页。
[③] 《魏书》卷5《高宗文成帝纪》，中华书局，1974，第112页。
[④] 《魏书》卷5《高宗文成帝纪》，中华书局，1974，第113页。
[⑤] 《魏书》卷5《高宗文成帝纪》，中华书局，1974，第113页。
[⑥] 《魏书》卷5《高宗文成帝纪》，中华书局，1974，第114页。

帝畋于犊倪山"[1]；太安三年（457）："春正月壬戌，畋于崞山"[2]；"夏五月庚申，畋于松山"[3]；"六月癸卯，行幸阴山"[4]；"八月，畋于阴山之北"[5]。太安四年（458）："春正月丙午朔，初设酒禁。乙卯，行幸广宁温泉宫，遂东巡平州。庚午，至于辽西黄山宫，游宴数日，亲对高年，劳问疾苦。"[6] "二月丙子，登碣石山，观沧海，大飨群臣于山下，班赏进爵各有差。改碣石山为乐游山，筑坛记行于海滨。戊寅，南幸信都，畋游于广川。"[7] "三月丁未，观马射于中山。"[8] "六月丙申，畋于松山。"[9] "冬十月甲戌，北巡。至阴山……辛卯，车驾次于车轮山，累石记行。"[10] 太安五年（459）："六月戊申，行幸阴山。"[11] 和平二年（461）："二月辛卯，行幸中山。"[12] "三月……灵丘南有山，高四百余丈。乃诏群官仰射山峰，无能逾者。帝弯弧发矢，出山三十余丈，过山南二百二十步，遂刊石勒铭。"[13] 和平三年（462）："二月癸酉，畋于崞山，遂观渔于旋鸿池。"[14] "夏六月庚申，行幸阴山。"[15] 和平四年（463）："五月……壬寅，行幸阴山"[16]；"八月丙寅，遂畋于河西。"[17] 和平五年（464）："六月丁亥，行幸阴山。"[18]

从以上诸多文献记载可以看出，登山畋游，是北魏帝王十分喜爱的一种体育活动，开展得十分频繁，尤为值得一提的是，这一活动除了满足帝王本人的娱乐需求外，还经常被其赋予一定的政治意义。如《魏书·高宗文成帝纪》即记载，和平四年（463）："八月丙寅，遂畋于河西。诏曰：'朕顺时畋猎，而从

---

[1]《魏书》卷5《高宗文成帝纪》，中华书局，1974，第115页。
[2]《魏书》卷5《高宗文成帝纪》，中华书局，1974，第116页。
[3]《魏书》卷5《高宗文成帝纪》，中华书局，1974，第116页。
[4]《魏书》卷5《高宗文成帝纪》，中华书局，1974，第116页。
[5]《魏书》卷5《高宗文成帝纪》，中华书局，1974，第116页。
[6]《魏书》卷5《高宗文成帝纪》，中华书局，1974，第116页。
[7]《魏书》卷5《高宗文成帝纪》，中华书局，1974，第116页。
[8]《魏书》卷5《高宗文成帝纪》，中华书局，1974，第116页。
[9]《魏书》卷5《高宗文成帝纪》，中华书局，1974，第117页。
[10]《魏书》卷5《高宗文成帝纪》，中华书局，1974，第117页。
[11]《魏书》卷5《高宗文成帝纪》，中华书局，1974，第117页。
[12]《魏书》卷5《高宗文成帝纪》，中华书局，1974，第119页。
[13]《魏书》卷5《高宗文成帝纪》，中华书局，1974，第119页。
[14]《魏书》卷5《高宗文成帝纪》，中华书局，1974，第120页。
[15]《魏书》卷5《高宗文成帝纪》，中华书局，1974，第120页。
[16]《魏书》卷5《高宗文成帝纪》，中华书局，1974，第121页。
[17]《魏书》卷5《高宗文成帝纪》，中华书局，1974，第121页。
[18]《魏书》卷5《高宗文成帝纪》，中华书局，1974，第122页。

官杀获过度，既殚禽兽，乖不合围之义。其敕从官及典围将校，自今已后，不听滥杀。其畋获皮肉，别自颁赉。'"① 由登山畋游之所见所感而引申出政治措施，可知这一活动往往被帝王作为体察民情疾苦的手段，并由此可知这一活动在北魏政治生活中自有其特殊的功能。

（二）围棋

十六国北朝时期鲜卑社会中的围棋活动盛行。如北魏太武帝拓跋焘时，曾有如下故事：

> 上谷民上书，言苑囿过度，民无田业，乞减太半，以赐贫人。弼览见之，入欲陈奏，遇世祖与给事中刘树棋，志不听事。弼侍坐良久，不获申闻。乃起，于世祖前捽树头，掣下床，以手搏其耳，以拳殴其背曰："朝廷不治，实尔之罪！"世祖失容放棋曰："不听奏事，实在朕躬，树何罪？置之！"弼具状以闻。世祖奇弼公直，皆可其所奏，以丐百姓。弼曰："为臣而逞其志于君前者，非无罪也。"乃诣公车，免冠徒跣，自劾请罪。世祖遣使者召之。及至，世祖曰："卿其冠履。吾闻筑社之役，蹇蹶而筑之，端冕而事之，神与之福。然则卿有何罪？自今以后，苟利社稷，益国便民者，虽复颠沛造次，卿则为之，无所顾也。"②

太武帝因下棋竟险些耽误政事，可见统治阶层对围棋之痴迷。又如北魏孝文帝时有中山人甄琛，《魏书》对其有如下记载：

> 入都积岁，颇以弈棋弃日，至乃通夜不止。手下苍头常令秉烛，或时睡顿，大加其杖，如此非一。奴后不胜楚痛，乃白琛曰："郎君辞父母，仕宦京师，若为读书执烛，奴不敢辞罪，乃以围棋，日夜不息，岂是向京之意？而赐加杖罚，不亦非理！"琛惕然惭感，遂从许睿、李彪假书研习，闻见益优。③

---

① 《魏书》卷5《高宗文成帝纪》，中华书局，1974，第121页。
② 《魏书》卷28《古弼列传》，中华书局，1974，第691~692页。
③ 《魏书》卷68《甄琛列传》，中华书局，1974，第1509页。

甄琛嗜棋如命，日夜不休，直至奴仆当头棒喝方幡然醒悟，足见围棋在当时文人士子阶层的风靡。

(三) 投壶与击壤

投壶与击壤，皆为源自中原的体育活动，至晚在春秋战国时期就已经出现了，相传投壶起于战国之时，而"击壤"则更为早一些，这从"帝尧之世，击壤而歌"的典故中可以看出。

投壶，是一种传统礼仪和宴饮游戏，据郑玄注《礼记·投壶》："投壶者，主人与客燕饮讲论才艺之礼也。"① 又宋人吕大临《礼记传》云："投壶，射之细也。燕饮有射以乐宾，以习容而讲艺也。"② 可知投壶实际上是古代射礼的一种替代礼仪，因射礼具备一定的危险性，且需要相对广阔的场所，并非各种场合皆能举行，也并非所有参与者都能接受，因此产生了投壶这种相对温和的活动。投者，投掷也，投壶就是按照一定的规则，分宾主将手中四支无镞之矢投入壶中，以为礼仪、娱嬉。

南北朝时期的投壶活动，比春秋战国时期要复杂得多，据《颜氏家训》记载：

> 投壶之礼，近世愈精。古者，实以小豆，为其矢之跃也。今则唯欲其骁，益多益喜，乃有倚竿、带剑、狼壶、豹尾、龙首之名。其尤妙者，有莲花骁。汝南周碏，弘正之子，会稽贺徽，贺革之子，并能一箭四十余骁。贺又尝为小障，置壶其外，隔障投之，无所失也。至邺以来，亦见广宁、兰陵诸王，有此校具，举国遂无投得一骁者。③

其中记载了南朝梁、陈二国的投壶形式，尤以周碏、贺徽技术最高，并发明了新的规则。而这种演化了的投壶活动，已经被传入北朝社会。北齐神武帝高澄之子高孝珩、高孝瓘收藏有这种改进后的投壶器具，可知北齐的鲜卑化汉人统治阶层对这种活动是相当熟悉的。

击壤，一般认为是中国古代一种以土块击打土块类型的游戏，相传尧舜时

---

① (清) 朱彬：《礼记训纂》，中华书局，1996，第847页。
② (清) 孙希旦：《礼记集解》，中华书局，1989，第1387页。
③ (清) 王利器：《颜氏家训集解》，中华书局，1993，第594~595页。

就已经出现，据东汉王充《论衡·艺增篇》："传曰：有年五十击壤于路者，观者曰：'大哉，尧德乎！'击壤者曰：'吾日出而作，日入而息，凿井而饮，耕田而食，尧何等力！'"魏晋时曹植亦在其名赋《名都篇》记载道：

> 名都多妖女，京洛出少年。宝剑值千金，被服丽且鲜。斗鸡东郊道，走马长楸间。驰骋未能半，双兔过我前。揽弓捷鸣镝，长驱上南山。左挽因右发，一纵两禽连。余巧未及展，仰手接飞鸢。观者咸称善，众工归我妍。归来宴平乐，美酒斗十千。脍鲤臇胎鰕，炮鳖炙熊蹯。鸣俦啸匹侣，列坐竟长筵。连翩击鞠壤，巧捷惟万端。白日西南驰，光景不可攀。云散还城邑，清晨复来还。[①]

这里的"击鞠壤"，就是"击鞠和击壤"的意思，可知击壤活动源远流长。至北魏时，击壤活动仍然盛行，据《魏书·宣武帝纪》记载，永平三年（510）："诏曰：'朕乘乾御历，年周一纪，而道谢击壤，教惭刑厝。'"可知北魏帝王阶层在当时对击壤活动十分重视，而且击壤作为一种文化传统，还兼具劝民教化的作用。

（四）樗蒲与握槊

樗蒲，亦作摴蒲、摴蒱，又名蒲戏、蒱博，是中国古代博戏的一种，因博具中用于掷采的骰子最初用樗木所制而得[②]，其在中原地区出现甚早。十六国北朝时期，这种博戏已经在鲜卑社会中十分流行。如后燕时烈宗慕容宝即擅长樗蒲，据《晋书·慕容垂载记》："宝在长安，与韩黄、李根等因宴摴蒱，宝危坐整容，誓之曰：'世云摴蒱有神，岂虚也哉！若富贵可期，频得三卢。'于是三掷尽卢，宝拜而受赐，故云五木之祥。"[③]又如北魏时张僧皓："尤好蒲弈，戏不择人，是以获讥于世。"[④]可知樗蒱活动在鲜卑社会中是广泛流行的。

握槊，在古代是一种类似双陆棋的博戏，是一种棋盘游戏，以掷骰子的点

---

① （宋）郭茂倩编《乐府诗集》卷63《杂曲歌词三魏·曹植〈名都篇〉》，中华书局，1979，第三册，第912页。
② 见薛新刚等《中国古代休闲体育及社会之对待——以六朝之樗蒲为例》，《体育科学》2012年第10期。
③ 《晋书》卷123《慕容垂载记》，中华书局，1974，第3080页。
④ 《魏书》卷76《张烈列传·张僧皓》，中华书局，1974，第1687页。

数决定棋子的移动步数,首先把所有棋子移离棋盘者即可获得胜利。从文献记载来看,中国古代的握槊游戏应该源自西域。据《魏书·术艺传》记载:"此盖胡戏,进入中国,云胡王有弟一人遇罪,将杀之,弟从狱中为此戏以上之,意言孤则易死也。世宗以后,大盛于时。"[①]说明握槊并非源自中国的体育活动,其当从西域传入中原,又从中原传入鲜卑。

握槊在北朝时期的鲜卑社会是有所流传的,如"高祖时……赵国李幼序、洛阳丘何奴并工握槊"[②]。又北魏末年,鲜卑贵族尔朱世隆即十分喜爱握槊之戏,据《魏书·尔朱彦伯列传》记载:"世隆曾与吏部尚书元世俊握槊,忽闻局上欻然有声,一局之子尽皆倒立,世隆甚恶之。"[③]可知握槊在鲜卑社会是流传甚广的。

（五）跳绳

跳绳,这种游戏在唐朝时称"透索",宋朝时称"跳索",明朝时称"跳百索""跳马索",清末后才称为"跳绳"。最早出现的跳绳史料是汉代画像石上的跳绳图,说明至迟在汉代就已经有了跳绳活动。据《北齐书·幼主纪》载:

> 初河清末,武成梦大猬攻破邺城,故索境内猬膏以绝之。识者以后主名声与猬相协,亡齐征也。又妇人皆剪剔以着假髻,而危邪之状如飞鸟,至于南面,则髻心正西。始自宫内为之,被于四远,天意若曰元首剪落,危侧当走西也。又为刀子者刃皆狭细,名曰尽势。游童戏者好以两手持绳,拂地而却上,跳且唱曰"高末",高末之言,盖高氏运祚之末也。然则乱亡之数盖有兆云。[④]

这条记载说明,以"两手持绳,拂地而却上"为形式的跳绳活动,在北齐社会中已经出现了。北齐虽不是本书的研究范畴,但北齐作为一个鲜卑化的汉人政权,其治下鲜卑人口众多,那么,这种喜闻乐见的体育活动在鲜卑族群中有所流行也是十分可能的。

---

① 《魏书》卷91《术艺列传·蒋少游》,中华书局,1974,第1972页。
② 《魏书》卷91《术艺列传·蒋少游》,中华书局,1974,第1972页。
③ 《魏书》卷75《尔朱彦伯列传》,中华书局,1974,第1670页。
④ 《北齐书》卷8《幼主·高恒》,中华书局,1972,第114页。

（六）百戏

百戏，本为中原地区汉族民间表演、杂技艺术的泛称，一般认为当源自先秦时期的"讲武之礼"和公卿贵族节日宴庆的表演。春秋战国时期，原本作为军事训练和礼制教育的"讲武之礼"，后逐渐演变为"以为戏乐，用相夸视"[1]之用，成为国君和公卿贵族们节庆宴会上的娱乐表演。当时在上层社会的宴席聚会上不仅有各种乐舞表演，还有舞剑、角力（举重一类表演）、角抵（类似摔跤）、斗兽等表演活动[2]，至汉代则进一步丰富起来，其内容基本包含了各种娱乐消遣、杂耍和健身类活动。

北朝时期，百戏活动被传入鲜卑社会中。据《魏书·乐志》记载，北魏道武帝天兴六年（403）："诏太乐、总章、鼓吹增修杂伎，造五兵、角抵、麒麟、凰皇、仙人、长蛇、白象、白虎及诸畏兽、鱼龙、辟邪、鹿马仙车、高绝百尺、长趫、缘橦、跳丸、五案以备百戏。大飨设之于殿庭，如汉晋之旧也。太宗初，又增修之，撰合大曲，更为钟鼓之节。"[3]这条记载中出现了如此之多的百戏活动内容，说明鲜卑人对百戏活动的接受是全面而完整的，基本全面复制了汉民族百戏活动的形式。

我们应该注意到，上述这些体育活动，很多并非源生于鲜卑社会中，而是在中原地区最早出现的。如投壶与击壤，这两项活动最早在中原地区的春秋战国时期就有记载了。又如围棋，中原地区古时称"弈"，最早也是在春秋战国时期出现在历史记载之中。又如百戏，本为中原地区汉族民间表演艺术的泛称，按宋人高承《事物纪原》百戏条引《梁元帝纂要》云："百戏起于秦、汉曼衍之戏，后乃有吞刀、高绝、履火、寻橦等也。"[4]说明其自秦汉时期即已有之。这些活动都是鲜卑民族与汉族大规模接触之后才开始在其社会中出现的，汉文化在改变鲜卑民族文化的同时，也为鲜卑的体育文化带来了很多全新的内容，使鲜卑体育活动的内涵与外延、意义与形式都发生了翻天覆地的变化。

同时，北朝鲜卑的统治阶层也在不断地推动这种体育文化的融合与转型。

---

[1] 《汉书》卷23《刑法志》，中华书局，1962，第1085页。
[2] 郝勤：《体育史》，人民教育出版社，2006，第224页。
[3] 《魏书》卷109《乐志》，中华书局，1974，第2828页。
[4] （宋）高承：《事物纪原》，中华书局，1989，第494页。

如道武帝时即将本为汉族体育文化内容的百戏等活动在鲜卑社会中自上而下地进行推动，甚至成为宗庙定制，说明鲜卑体育文化的这种转型，是在统治者有意识的推动之下逐渐成型的，而这也是自汉末时期即已开始的鲜卑汉化进程所导致的一种历史必然。

（七）乐舞

鲜卑人还经常进行乐舞活动。《后汉书·乌桓鲜卑列传·乌桓》载乌桓"至葬则歌舞相送"，而鲜卑亦经常进行大规模的集会活动："其言语习俗与乌桓同。唯婚姻先髡头，以季春月大会于饶乐水上，饮宴毕，然后配合。"① 由于两族在风俗习惯上的相似，所以鲜卑应该与乌桓一样，是一个能歌善舞的民族。大规模的集会宴舞应该是鲜卑人经常进行的文娱活动，而舞蹈也是早期鲜卑人比较钟爱的一种体育活动形式。

五　鲜卑体育文化发展的主要特征

通过前文的梳理，我们可以发现，从春秋战国至南北朝，在这一段漫长的历史时期内，鲜卑民族的体育文化完成了一次比较彻底的转型，在形式与文化内涵上都发生了翻天覆地的变化，其转型之彻底，推行之坚决，不仅在东北民族之中，在中国历史上除汉族以外的其他所有民族间都是罕见的。在这种文化转型的过程中，北朝鲜卑相比于其早期社会，体育文化已经发生了极大的变化，这种变化是全民性的、社会性的，其根基在于鲜卑民族文化的转型。在这一历史背景下，鲜卑人关于体育的观念也产生了变化，正是这种坚决而彻底的转型，使鲜卑的体育文化融入了以儒家文化为代表的中原汉族文化，从而使鲜卑的民族传统体育焕发出了勃勃生机。

我们还发现，十六国北朝时期的鲜卑人开始自觉地、有意识地在其社会中推动体育文化的发展。在早期的鲜卑社会中是存在以骑射为代表的体育活动的，但这些体育活动往往并不是单纯地以身体教育为目的，反而更多以民风、民俗乃至生产与生活方式的形式体现出来，是一种类似于集体无意识的社会群体行为。而随着鲜卑社会发展的进步，这种情况得到了改变。鲜卑人，尤其是鲜卑

---

① 《后汉书》卷90《乌桓鲜卑列传·鲜卑》，中华书局，1965，第2985页。

社会的统治阶层，开始有意识地在其社会中对多种类型的体育活动进行推广，鲜卑体育活动的内涵与外延都扩展了，这说明十六国北朝时期的鲜卑人对于体育在社会精神文化中的作用有了更加充分的认识。十六国北朝时期的鲜卑体育，开始更加注重体育的竞技功能，如射箭、击壤等竞技活动在这一时期的鲜卑文献中开始大量出现，这在以往的资料中是没有的。激烈的对抗性与竞争性是竞技体育区别于大众体育最为本质的特征，竞技体育通过这两点来吸引竞技者的参与和民众的关注。竞技体育在鲜卑社会中的大量出现，说明体育在鲜卑社会中已经开始了其休闲化、文娱化的历史进程。

鲜卑的体育文化转型，从过程来看，其特点是非常鲜明的。

第一，鲜卑的体育文化转型，是自上而下的，是全民参与的，是社会性的。上至统治阶层，下至普通百姓，都积极而富有热情地参与到这次转型过程之中。这种转型既有将讲武骑射列为定制的从官方层面自上而下的推行，也有将投壶、击壤等他族文体活动融入鲜卑社会的自发于普通百姓之间的社会性运动。因此，鲜卑的体育文化转型既是官方推动的，又是民众自发的，其转型之彻底与坚决，在历史上是罕见的。如果没有这种全民性的参与，这种转型必然不会取得如此令人瞩目的成就。

第二，鲜卑的体育文化转型，不仅仅是单纯的体育活动内容的改变与丰富，更是一场发生在文化层面上的转型运动。不断地向先进文化汲取营养，吸收和学习其他民族的先进体育文化，是这场转型运动得以成功的文化保障。鲜卑的传统文化是游牧文化，而汉民族则是农耕文化、儒家文化，从文化发展层面的角度来看，中原文化相对于鲜卑文化来说毫无疑问属于先进文化。相比于鲜卑文化，汉文化在文化的内容上要更为丰富，对社会生产力的促进作用更强，对社会精神文明的建设也更加有力。而相比于汉文化，传统的鲜卑文化则显得相对原始，其文化土壤也相对贫瘠，对于其社会文化的理论总结与探索则近乎为零。我们知道，在不同文化相互交流、融合的过程中，相对落后的文化向先进文化进行学习、借鉴，是人类社会发展的根本推动力之一，也是符合历史发展潮流的自然选择。而鲜卑人正是在与汉族社会交流、融合的过程中，不断地将汉文化中的精髓成分有意识地推介、引入自身的社会生活中，不断地试图缩小乃至消灭鲜卑文化与汉文化之间的差距，才最终迎来了鲜卑社会文化的大发展。而体育文化，毫无疑问是这场文化转型的受益者。

第三，对汉文化的学习与借鉴，非但没有使鲜卑的民族传统体育走向没落，反而促使其有了全新的发展，在新的社会形态与历史背景下焕发出了勃勃生机。鲜卑人最为传统的体育活动就是骑射，我们知道，骑射在草原文化中更多是作为一种生存技能和生产方式而存在的，其生产功能要大于文化功能。而自鲜卑迁至中原地区居住之后，骑射游牧很显然不再适合担当社会主要生产方式的重任，向农耕生产转变是鲜卑人理应做出的历史选择。在这种情况下，骑射的社会功能的重要性显然下降了，其作为一种传统体育似乎开始面临危机。但事实上，在鲜卑人后续的发展中，这种情况并没有出现。在与汉文化的接触中，鲜卑人将儒家文化中的射礼与自己的骑射传统充分地结合起来，使射箭的形式更加多样，朋射、单射这种儒家射艺中比较常见的竞赛方式被广泛传播，并且往往与传统的骑射结合在一起进行，从而使射箭活动具备了更深层次的政治功能与文化意义。骑射体育非但没有逐渐没落，反而以全新的面貌愈加繁荣。

第三节　乌桓与乌洛浑的体育文化

一　乌桓的体育文化

乌桓，是汉至曹魏时期存在于中国东北地区的一个古代民族。据《后汉书·乌桓鲜卑列传·乌桓》记载："乌桓者，本东胡也。汉初，匈奴冒顿灭其国，余类保乌桓山，因以为号焉。"这说明乌桓与鲜卑一样，是秦汉年间东胡破灭后分裂出的一支，是东胡各分支中一个比较大的部落集团。

《后汉书·乌桓鲜卑列传·乌桓》记载了汉代乌桓的一些社会情况：

> 俗善骑射，弋猎禽兽为事。随水草放牧，居无常处。以穹庐为舍，东开向日。食肉饮酪，以毛毳为衣。贵少而贱老，其性悍塞。怒则杀父兄，而终不害其母，以母有族类，父兄无相仇报故也。有勇健能理决斗讼者，推为大人，无世业相继。邑落各有小帅，数百千落自为一部。大人有所召呼，则刻木为信，虽无文字，而部众不敢违犯。氏姓无常，以大人健者名字为姓。大人以下，各自畜牧营产，不相徭役……计谋从用妇人，唯斗战之事乃自决之……男子能作弓矢鞍勒，

锻金铁为兵器。其土地宜穄及东墙。东墙似蓬草，实如穄子，至十月而熟。见鸟兽孕乳，以别四节。俗贵兵死，敛尸以棺，有哭泣之哀，至葬则歌舞相送。①

在这段我们非常熟悉的文献中，主要记录的是汉代乌桓社会的基本情况，从中我们同样可以看到乌桓社会一些体育文化的发展情况。

第一，乌桓的社会体育文化与鲜卑一样，是以骑射活动为中心构建的，骑射对于乌桓有着不可替代的生产与军事意义。所谓"俗善骑射，弋猎禽兽为事"，正是游牧民族最为传统的社会文化表现形式，逐水草而居的游牧生活非弓马娴熟者不能为之。可以说，骑射是乌桓人日常生活、生产中最为基本的技能，骑射作为一种体育活动，已经贯穿乌桓人日常生产与生活的方方面面。乌桓人对于骑射的熟练，使乌桓骑兵天下闻名。西汉时，乌桓即常与匈奴联合，对汉王朝北方边郡不断寇抄，以致武帝时专门针对其用兵，设护乌桓校尉，并"因徙乌桓于上谷、渔阳、右北平、辽西、辽东五郡塞外，为汉侦察匈奴动静"②。乌桓内附后，据王沈《魏书》记载，东汉光武帝刘秀"建武二十五年，乌丸大人郝旦等九千余人帅众诣阙，封其渠帅为侯王者八十余人，使居塞内，布列辽东属国、辽西、右北平、渔阳、广阳、上谷、代郡、雁门、太原、朔方诸郡界"③；汉王朝将乌桓骑兵全部布置于北部边郡，为汉王朝镇守门户，可知乌桓骑兵战力之卓著。又据孙星衍辑《汉官一卷》记载，洛阳京都北军长水校尉下辖"员吏百五十七人，乌桓胡骑七百三十六人"④，可知乌桓骑兵曾担任京都近卫，此非能征善战者不能为。又曹魏时"冀州牧袁绍与前将军公孙瓒相持不决"，时乌桓元帅"蹋顿遣使诣绍求和亲，遂遣兵助击瓒，破之"⑤，可知当时的乌桓骑兵之盛，可以左右一场局部战争的胜败。又《魏略》曾记载曹魏时乌桓王鲁昔之事，云："太祖拔汉中，诸军还到长安，因留骑督太原乌丸王鲁昔，使屯池阳，以备卢水。昔有爱妻，住在晋阳。昔既思之，又恐遂不得归，乃以其部五百骑叛还并州，留其余骑置山谷间，而单骑独入晋阳，盗取其妻。已出城，州郡乃

---

① 《后汉书》卷90《乌桓鲜卑列传》，中华书局，1965，第2979~2980页。
② 《后汉书》卷90《乌桓鲜卑列传》，中华书局，1965，第2981页。
③ 《三国志》卷30《魏书·乌丸鲜卑东夷传》注引，中华书局，1959，第833页。
④ （清）孙星衍：《汉官六种》，中华书局，2012，第8页。
⑤ 《后汉书》卷90《乌桓鲜卑列传·乌桓》，中华书局，1965，第2984页。

觉，吏民又畏昔善射，不敢追。习乃令从事张景，募鲜卑使逐昔。昔马负其妻，重骑行迟，未及与其众合，而为鲜卑所射死。"①此段记载，充分表现了鲁昔个人武力之强大，骑射技艺之精湛以致令敌人心存忌惮。总而言之，"像乌桓这样的北方民族的骑手参与中原地区的军事作战，表现出了特有的骑射技能，对中国骑射文化的完善起了积极、有效的作用"②。

第二，围绕着骑射活动，乌桓人对于武术同样十分热衷。从《后汉书》的记载来看，乌桓的民风十分悍勇，日常争斗时有发生，所以能够公平处理这种争斗的人会被推举为大人。对于尚处于母系社会的乌桓来说，妇女在社会中的地位十分高，男子仅在争斗时可自行作主张，并以战死为荣，此民风彪悍之余亦足可见武艺在乌桓社会中的重要作用。乌桓的男子亦可以自行制作兵器，持械作战在乌桓社会中是习以为常之事。目前许多学者认为在辽宁西丰西岔沟古墓群中出土的大量铁剑为汉代乌桓遗物，这些铁剑的形制并不相同，分为木柄铁剑和铜柄铁剑。"其中铜柄铁剑又包含两种形制：一种为柄首左右曲环，形似双鸟回首。另一种为柄首做柱状，穿连七八个铜环，震之发响，风格别具。这种长剑是西岔沟遗存中富有特征的代表性器物。"③这些铁剑的发现与《后汉书》中乌桓"男子能作弓矢鞍勒，锻金铁为兵器"的历史记载是高度吻合的，并进一步证明乌桓人对武器、武艺的热衷。由于经常从事武艺活动，结合其娴熟的弓马技术，乌桓军队的战斗力自然卓著。东汉光武帝建武二十一年（45），"冬十月，遣伏波将军马援出塞击乌桓，不克"④，时乌桓军队的势力已令汉王朝军队难以迅速攻克。建武二十二年（46），乌桓曾"击破匈奴，匈奴北徙，幕南地空"⑤，可见，不可一世的匈奴军队亦曾败于乌桓之手。乌桓军队的这种强大，与其全民骑射、全民习武的社会风气是密不可分的。

第三，乌桓有人死下葬时以歌舞相送的传统，这说明乌桓人在日常生活中应该经常从事舞蹈这一体育活动。乌桓族舞蹈的具体形式史无明文记载，但从其社会发展状况与日常习俗等来看，应该不外露天群舞之类。舞蹈应该是乌桓人日常喜爱的一种文体活动。

---

① 《三国志》卷15《魏书·梁习列传》，中华书局，1959，第470页。
② 黄聪：《中国古代北方民族体育史考》，人民出版社，2009，第48页。
③ 林沄：《西岔沟古墓群族属问题浅析》，《黑龙江文物丛刊》1984年第1期。
④ 《后汉书》卷1《光武帝纪》，中华书局，1965，第73页。
⑤ 《后汉书》卷1《光武帝纪》，中华书局，1965，第75页。

总而言之，乌桓作为一个游牧民族，其社会体育文化是以骑射活动为中心构建的，骑射不仅是乌桓人最重要的生产技能，也是重要的军事技能，这种情况基本上是中国古代北方游牧民族在体育文化方面的共同之处。

二 乌洛浑的体育文化

乌洛浑，在历史记载中亦作"乌洛侯"（见《魏书·乌洛侯列传》《北史·乌洛侯列传》）、"乌罗护"（见《新唐书》《唐会要》）、"乌罗浑"（见《旧唐书·乌罗浑列传》）等，一般而言，我们认为这些名称皆是对其族称的同音异写形式。[①]清代纪昀等在惠栋《九经古义》总序中说："古者漆书竹简，传写为艰。师弟相传，多由口授，往往同音异字，辗转多歧。又六体孳生，形声渐备，毫厘辨别，后世乃详。古人字数无多，多相假借，沿流承袭，遂开通用之门。"[②]可知类似乌洛浑族名这种情况在历史记载中相当多见。根据李德山先生的研究，所谓乌洛浑，"其实就是'乌桓'一词的衍出，洛浑就是'桓'字的缓言"[③]，所以，乌洛浑实际上应该就是乌桓的同族。大约在曹魏时期，随着曹操亲征乌桓，大破乌桓于柳城，并斩杀蹋顿，乌桓势力遭到极为惨重的打击，有万余户被迁至中原地区。仍留在东北地区的乌桓人就逐渐发展成为奚、室韦或乌洛浑的一部分，亦有一部在唐代曾建立"乌丸国"。乌洛浑应该就是当时留在东北地区的乌桓人的一支。

乌洛浑既然实际上与乌桓同族，那么其民族体育文化应该与乌桓差异并不大。

据《魏书·乌洛侯列传》记载，乌洛侯的居地："其土下湿，多雾气而寒，民冬则穿地为室，夏则随原阜畜牧……好猎射。"[④]可知乌洛浑与乌桓同为游牧民族，因此其民族体育的核心自然亦为骑射活动。又《旧唐书·乌罗浑传》载其"风俗与靺鞨同"[⑤]。考靺鞨风俗，按《旧唐书·靺鞨传》："尤称劲健，每恃其勇，

[①] 可议者在"乌罗护"这一称谓，王德厚在《乌罗浑与乌罗护辨析》（《民族研究》1987年第4期）中认为，乌洛侯与乌罗护是两个不同的民族，乌洛侯当为一般认为的乌桓之后，而乌罗护实际上应为南室韦族之一部。然本书主旨并非对此进行辨析与考证，故存疑于此，对于这一问题，我们还是按照学界的一般观点，即乌罗护是乌洛浑的同音异写来进行处理。
[②] （清）惠栋：《九经总义》，文渊阁四库全书影印本。
[③] 李德山：《试论鲜卑史研究中的几个问题》，《社会科学战线》1993年第2期。
[④] 《魏书》卷100《乌洛侯列传》，中华书局，1974，第2224页。
[⑤] 《旧唐书》卷199《北狄列传·乌罗浑》，中华书局，1975，第5364页。

恒为邻境之患。俗皆编发，性凶悍，无忧戚，贵壮而贱老……夏则出随水草，冬则入处穴中……兵器有角弓及楛矢。其畜宜猪，富人至数百口，食其肉而衣其皮。"① 因此乌洛浑应该与靺鞨一样，其民族性情十分好战，游牧而居，擅长骑射，此亦为乌洛浑与乌桓一致之处。

除此之外，史籍记载中的一些资料值得我们注意。《魏书·乌洛侯列传》与《旧唐书·靺鞨列传》中的相关记载，皆说明乌洛浑有冬季挖掘地穴居住的传统。这说明乌洛浑的居地在冬季应该十分寒冷，极有可能存在降雪天气。据《魏书·乌洛侯列传》，乌洛浑的居地"在地豆于之北，去代郡四千五百余里"②；其地大致当在今嫩江流域附近，大体位于今内蒙古自治区、吉林省、黑龙江省交界一带。这一地区自古冬季寒冷，降雪丰富，因此，在这种自然环境下生存的乌洛浑人，极有可能在冬季进行一些冰雪运动，但其具体内容和形式，由于记载的极度缺乏，我们就不得而知了。

第四节　奚族的体育文化

奚，是北魏时期中国东北地区的一个古老民族，以北魏为界限，奚族的历史实际上可以分为两个部分。北魏之前的奚族，应该在商代就已经出现，目前发现的一些甲骨卜辞中即出现了"奚"字，其中有相当一部分是用作族称的记载③，说明至晚在商代奚族就已经成为一个民族。据李德山先生的研究，上古时期的奚族，其之所以称为"奚"，是因为其民族发型的缘故，因其风俗习惯梳辫子，甲骨卜辞中的"奚"字的上半部分，显然是发辫的图形，应该就是因奚族的发型而绘制。④ 商代的奚族，据《路史·国名纪甲》记载，"奚，郑樵云：鲁奚邑，今徐之滕东南六十里青丘村，有奚公家、奚公山。阳晔《徐州记》云：仲造车辙存焉"。文中"徐"即今江苏徐州，"滕"即今山东滕州，可知当时的奚族当居住于今山东省西南地区。

---

① 《旧唐书》卷199《北狄列传·靺鞨列传》，中华书局，1975，第5358页。
② 《魏书》卷100《乌洛侯列传》，中华书局，1974，第2224页。
③ 孙淼：《夏商史稿》，文物出版社，1987，第597页。
④ 李德山：《中国东北古民族发展史》，中国社会科学出版社，2003，第211页。

大约在商周之际，奚族的一支为了躲避奴役而往东北地区迁徙[1]，并长期与匈奴、东胡、突厥、契丹等族混居，故史籍中不见记载。直到北魏道武帝登国三年（388），大破契丹，奚族才与契丹相背离，成为一个单独的民族。当时的奚族又称"库莫奚"，《魏书》专门有《库莫奚列传》记载其民族事迹。

一 奚族的骑射体育文化

北魏时期奚族的体育文化在文献中并无明文记载，然据《新唐书·北狄列传·奚》："奚亦东胡种，为匈奴所破，保乌丸山。汉曹操斩其帅蹋顿，盖其后也。元魏时自号库真奚，居鲜卑故地，直京师东北四千里。"[2]可知《新唐书》的作者认为奚族与乌桓族是同一族，但是，这一观点与其他相关史料并不相符，如《北史·奚列传》云其为"其先东部胡宇文之别种也"[3]，《魏书·库莫奚列传》云其为"库莫奚国之先，东部宇文之别种也"[4]，《旧唐书·奚列传》云其为"匈奴之别种也"[5]，都与《新唐书》的记载不符。这一观点被古今中外众多学者批驳[6]，但我们也可以知道，在唐宋时期史学家的眼中，奚族的民族文化应该与乌桓族十分相似，不然断不可谬误至此。

因此，尽管文献中直接记载奚族体育活动的内容相当少见，但作为一个游牧民族，北魏时期奚族的体育文化与乌桓族有很大程度的类似应该是可以肯定的。

奚族体育活动最为核心的内容同样是骑射活动。据《魏书·库莫奚传》："其民不洁净，而善射猎，好为寇钞。登国三年，太祖亲自出讨，至弱洛水南，大破之，获其四部落，马牛羊豕十余万。"[7]又《新唐书·北狄列传·奚》："与突厥同俗，逐水草畜牧，居毡庐，环车为营……无赋入，以射猎为资。"[8]由是可知，奚族人的射猎技术十分高超，武力强悍。北魏道武帝击败奚族时，主要的

---

[1] 李德山：《奚族增考》，《民族研究》1989年第5期。
[2] 《新唐书》卷219《北狄列传·奚》，中华书局，1975，第6173页。
[3] 《北史》卷94《奚列传》，中华书局，1974，第3126页。
[4] 《魏书》卷100《库莫奚列传》，中华书局，1974，第2222页。
[5] 《旧唐书》卷199《奚列传》，中华书局，1975，第5354页。
[6] 除李德山认为奚族当源自商周时期鲁地奚国之外，冯继钦《有关奚族族源的两个问题》（《求是学刊》1984年第1期）认为奚族当源于东胡鲜卑宇文部，王玲《辽代奚族考略》（《民族研究》1983年第2期）亦主张奚族应为东胡鲜卑支脉，皆不从《新唐书》的记载。
[7] 《魏书》卷100《库莫奚列传》，中华书局，1974，第2222页。
[8] 《新唐书》卷219《北狄列传·奚》，中华书局，1975，第6173页。

战利品是数以十万计的牛羊马匹。《魏书·库莫奚列传》又载"高宗、显祖世，库莫奚岁致名马文皮"①，可知蓄养、骑乘马匹应该是奚族人日常生活的重要内容，因此不难想见其骑射技艺之精湛。

与其他游牧民族一样，骑射活动对于奚族而言，有着重要的社会意义。骑射是奚族人日常生产生活的根本，所谓"随逐水草，颇同突厥"②，游牧生活要求他们必须掌握熟练的骑射技术。

二 奚族的军事体育文化

骑射技术也是奚族军事能力的根本保障。历史记载中的奚族，经常对周边民族发动战争，道武帝即云"此群狄诸种不识德义，互相侵盗，有犯王略，故往征之"③；《旧唐书·奚列传》载其"好与契丹战争"④，可知奚族与周边民族争斗之频繁。又《隋书·奚列传》载其"每与契丹相攻击，虏获财畜，因而得赏"⑤，可知其社会风气对争斗掳掠十分热衷。《新唐书·北狄列传·奚》云其"喜战斗，兵有五部"⑥；《旧唐书·奚列传》载其"居有毡帐，兼用车为营，牙中常五百人持兵自卫"⑦，说明奚族有好战之风，亦具备成建制的五部军队，并且其军队长期保持战时状态。又《北史·奚列传》载其"（登国）二十二年，入寇安州，时营、燕、幽三州兵数千人击走之"⑧，表明奚族不仅与其周边其他民族纷争不断，亦与北魏王朝时有摩擦。如此频繁的用兵，以骑射为核心的军事训练自然就会成为奚族日常体育活动的根本环节。

此外，奚族的军队以游骑为主，因此，以马上军事技能为主的武术训练自然会成为奚族人的日常体育活动。与传统骑术不同的是，奚族的这种以战争技能训练为目的的武术训练，其目的性与实用性更强。

隋唐时期奚族的体育文化与北魏时期相比，见于史籍记载的并无太大变

---

① 《魏书》卷100《库莫奚列传》，中华书局，1974，第2223页。
② 《北史》卷94《奚列传》，中华书局，1974，第3127页。
③ 《魏书》卷100《库莫奚列传》，中华书局，1974，第2222页。
④ 《旧唐书》卷199《奚列传》，中华书局，1975，第5354页。
⑤ 《隋书》卷84《奚列传》，中华书局，1973，第1881页。
⑥ 《新唐书》卷219《北狄列传·奚》，中华书局，1975，第6173页。
⑦ 《旧唐书》卷199《奚列传》，中华书局，1975，第5354页。
⑧ 《北史》卷94《奚列传》，中华书局，1974，第3126页。

化。但值得注意的是，随着奚族社会的逐渐发展，其军事力量逐渐强大起来，最盛时有"胜兵三万余人，分为五部，每部置俟斤一人"[1]，这里自然离不开其传统的骑射体育所发挥的良好效果。奚族的军事实力迅速发展，其兵力虽不如唐王朝雄厚，然战斗力却不容小觑。

据《旧唐书·北狄列传·奚》记载：

延和元年，左羽林将军、检校幽州大都督孙佺，率兵十二万以袭其部落，师次冷陉，前军左骁卫将军李楷洛等与大辅会战，我师败绩。佺惧，不敢进救，遣使矫报大辅云："我奉敕来此招谕蕃将，李楷洛等不受节度而辄用兵，请斩以谢。"大辅曰："若奉敕招谕，有何国信物？"佺率军中缯帛万余段并袍带以与之。大辅曰："将军可南还，无相惊扰。"佺军渐失部伍，大辅乃率众逼之，由是大败，兵士死伤者数万。佺及副将周以悌为大辅所擒，送于突厥默啜，并遇害。[2]

由是观之，唐军有十二万之众，而奚族军队最多不过三万，却以唐军败绩告终，更有唐军统帅孙佺以贿赂向奚族首领李大辅请降之耻，其本人亦最终被擒致死，可知奚族军队战力之强。据此分析，除骑射技艺精湛的因素外，奚族军事武艺和战斗素养应是极高的，其军事体育的内容及形式必然十分丰富，军事操练的能力和水平必然十分高超，由骑射而衍生的军事体育活动早已超越了其本身的体育意义，成为奚族安身立命之根本。可以说，骑射及其相关活动是一种流淌在像奚族一样的游牧民族血液中的文化基因，并从根本上影响着他们的壮大发展和社会变迁。

第五节　契丹的体育文化

契丹，是起源于中国东北地区的一支游牧民族。契丹之名，最早见于《魏书·契丹列传》。此后，《北史》《隋书》《旧唐书》《新唐书》《旧五代史》《新五

---

[1] 《旧唐书》卷199《奚列传》，中华书局，1975，第5354页。
[2] 《旧唐书》卷199《奚列传》，中华书局，1975，第5355页。

代史》《唐会要》《五代会要》《册府元龟》《文献通考》《宋会要》等历朝史书，皆出现了对契丹民族历史活动的记载。

一般认为，契丹族原本当为鲜卑宇文部或匈奴的一个分支，与奚族"异种同类"①，所谓"种"，古代与"部"同义，所以"种"的意思就是"部落"②，因此《魏书》记载的实际上就是指契丹与奚族是不同部落的同一民族。《魏书·库莫奚列传》载奚族为"东部宇文之别种"，说明契丹与其一样，应该是宇文鲜卑的一个分支民族。契丹族最初当居住于奚族东部，大致位于西拉木伦河与老哈河流域，即所谓"俱窜于松漠之间"③，过着逐水草而居的游牧生活。

契丹在历史上曾建立了封建王朝辽国，自北魏时期契丹出现，至公元916年建立辽朝，契丹大致经历了如下的发展时期：在建立辽朝前，契丹经历了古八部时期、大贺氏部落联盟时期与遥辇氏部落联盟时期，而后便是辽朝时期。因此，我们对契丹民族体育文化的研究尤其是其骑射体育文化的发展以上述历史时期线索来进行考察。

一　契丹的骑射体育文化

（一）古八部时期的骑射体育文化

自公元4世纪末北魏初年至7世纪初期的隋唐之际，是契丹古八部时期。这一时期的契丹各部落长期处于分散活动的状态，并没有形成统一的部落联盟。所谓八部，即契丹民族中八个势力比较强大的部落，按《魏书·契丹列传》的记载，分别为悉万丹部、何大何部、伏弗郁部、羽陵部、日连部、匹絜部、黎部、吐六于部等。隋时契丹分十部，但存在时间很短，各部名称已不可考，这些部落与中原地区各有交流，但鲜见联合行动，甚至偶有"互相侵盗"④之事。

作为鲜卑宇文部的分支，八部契丹自然以游牧为主、狩猎为辅的方式生活，即所谓"畜牧畋渔以为食，皮毛以衣，转徙随时，车马为家"⑤，因此，以骑射为核心的体育活动自然会成为八部契丹社会体育活动的核心。

---

① 《魏书》卷100《契丹列传》，中华书局，1974，第2223页。
② 景爱：《契丹的起源与族属》，《史学集刊》1984年第2期。
③ 《魏书》卷100《契丹列传》，中华书局，1974，第2223页。
④ 《魏书》卷100《库莫奚列传》，中华书局，1974，第2222页。
⑤ 《辽史》卷32《营卫制中·行营》，中华书局，1974，第373页。

马匹，作为古代一种交通与运输工具，马力之强弱几可成为如契丹一般的游牧民族存亡之根本，因此，马匹在契丹民族中有着十分重要的地位，关于契丹八部的起源传说即足以证明这一点。据《辽史·地理志一》载："相传有神人乘白马，自马盂山浮土河而东，有天女驾青牛车由平地松林泛潢河而下。至木叶山，二水合流，相遇为配偶，生八子。其后族属渐盛，分为八部。"[1]契丹人自己的神话传说中，八部的起源就是骑乘白马的神人与乘坐青牛车的天女结合而来，可知马在契丹社会中地位之崇高。而契丹本身亦为善养马之民族，《魏书·契丹列传》记载八部契丹"各以其名马文皮入献天府，遂求为常"[2]，可知其所出产之马匹天下闻名。

对马匹的重视与长期的游牧生活，使契丹人精于骑术、射猎等马上技艺与军事技术。据历史记载，八部时期的契丹，与其周边民族互相攻击不断，常有纷争。对北魏王朝，史载其"多为寇盗"[3]，可知契丹经常对北魏北部边郡开展游击战似的劫掠行动，这自然要求契丹人要掌握娴熟的弓马技艺。契丹亦与西方之奚族频繁争斗，北魏末年时又与柔然产生矛盾，并被迫"车三千乘、众万余口，驱徙杂畜，求入内附"[4]。北齐时，契丹又杀突厥使者，进扰边塞，后北齐文宣帝高洋率兵大破之，"虏获十余万口，杂畜数十万头"[5]。而事实上，虽然八部时期的契丹畜牧业已经比较发达了，但他们的生产方式仍然十分落后，人们的生活也比较艰苦[6]，契丹民族却在当时复杂的政治环境与强敌环伺之下生存了下来，不得不说其骑射技术为其生存提供了基本的保障。

另一能够证明契丹骑射精湛的证据，是契丹人除游牧外的另外一种生产方式——射猎。射猎是契丹社会中非常重要的粮食来源与经济补充，其依托于契丹人的骑射技术而存在。史籍中亦大量记载了契丹狩猎为习以为常之事，如《新唐书·北狄列传·契丹》载其"射猎居处无常"[7]，《旧唐书·北狄列传·契丹》载其"逐猎往来，居无常处……猎则别部，战则同行"[8]，这些记载都说明，射

---

[1] 《辽史》卷37《地理志一》，中华书局，1974，第445页。
[2] 《魏书》卷100《契丹列传》，中华书局，1974，第2223页。
[3] 《魏书》卷100《契丹列传》，中华书局，1974，第2223页。
[4] 《魏书》卷100《契丹列传》，中华书局，1974，第2223页。
[5] 《北齐书》卷4《文宣帝纪》，中华书局，1972，第57页。
[6] 佟冬主编《中国东北史》第2卷，吉林文史出版社，2006，第257页。
[7] 《新唐书》卷219《北狄列传·契丹》，中华书局，1975，第6167页。
[8] 《旧唐书》卷199《北狄列传·契丹》，中华书局，1975，第5349页。

猎作为契丹的一种日常生产活动，是其社会体育形式的表现。另外，此一时期的契丹，还流传有一种丧葬习俗，即在父母死后三年，挖出尸体焚化，饮酒至醉并咒曰："夏时向阳食，冬时向阴食，使我射猎，猪鹿多得。"[1]此种对射猎活动的重视，使契丹人必然在日常生活中注重骑射技能的锻炼。可以说，骑射作为一种体育活动，已经与契丹人的日常生活紧密结合在一起，其生产价值居于主要地位，而体育的文娱功能还没有完全得以呈现，即所谓"朔漠以畜牧射猎为业，犹汉人之劭农，生生之资于是乎出"[2]。

另外，骑射活动，在八部契丹时期可能已经与祭祀活动联系在一起，即所谓"蹛林"。据《史记·匈奴列传》记载："秋，马肥，大会蹛林，课校人畜计。"[3]颜师古注云："蹛者，绕林木而祭也。鲜卑之俗，自古相传，秋祭无林木者，尚竖柳枝，众骑驰绕三周乃止，此其遗法也。"[4]可知匈奴、鲜卑的所谓"蹛林"，实际上是一种围绕树木骑驰的带有祭祀色彩的体育活动。匈奴与鲜卑都是上古东夷族系的分支民族，其民族文化相似之处非常多，所以源自鲜卑宇文部的契丹人很有可能也继承了这一体育活动。

（二）大贺氏部落联盟时期的骑射体育文化

大约在隋唐之际，因隋王朝对契丹的压迫，尤其是隋炀帝对其的征讨，契丹再次遭到惨重的打击。在这种情况下，原本以"古八部"形式存在的、松散的部落，他们各自分散生活的状态亟待有所改变，形成一个统一的联盟以对抗外敌已成为契丹民族的现实需求。因此，在这一时期的史料记载中，我们已经可以看到契丹八部开始形成联盟的趋势。如《隋书·北狄列传·契丹》记载："逐寒暑，随水草畜牧。有征伐，则酋帅相与议之，兴兵动众合符契。"[5]很显然，这里的部落联盟已经颇具雏形。

随着契丹部落的聚散分合，到了7世纪初，契丹部落联盟正式出现。史载唐太宗贞观二年（628），"契丹大贺摩会率其部来降"[6]，贞观三年（629），摩会

---

[1]《新五代史》卷72《四夷附录》，中华书局，1974，第888页。
[2]《辽史》卷68《游幸表》，中华书局，1974，第1037页。
[3]《史记》卷110《匈奴列传》，中华书局，1959，第2892页。
[4]《史记》卷110《匈奴列传》，中华书局，1959，第2893页。
[5]《隋书》卷84《北狄列传·契丹》，中华书局，1973，第1882页。
[6]（宋）王钦若等：《册府元龟》卷977《外臣部》，中华书局，1960，第11479页。

入唐朝贡，唐王朝遂"赐鼓纛，由是有常贡"[1]，这里的鼓与纛，"在北方民族中……是权力的象征"[2]，因此唐王朝赐予摩会鼓、纛，实际上代表着其地位得到了唐王朝的正式承认，而以大贺氏氏族为首的契丹部落联盟也正式成立了。自摩会入贡至唐玄宗开元十八年（730），契丹的部落联盟长基本皆出自大贺氏，故而我们称这一段时期为大贺氏部落联盟。

作为原本八部契丹的联合体，大贺氏契丹的民族文化当直接继承自八部契丹，因此其体育文化发展亦无根本的变化，骑射仍然是大贺氏契丹体育活动的中心内容。然其可议者，在于以骑射为基础的军事技能在契丹社会中的作用被进一步强化，这一点在史料记载中体现得非常明显。按《旧五代史·外国列传一·契丹》："先大贺氏有胜兵四万，分为八部，每部皆号大人，内推一人为主，建旗鼓以尊之。每三年第其名以代之。"[3] 又《新五代史·四夷附录·契丹》载："其部族之大者曰大贺氏，后分为八部……部之长号大人，而常推一大人建旗鼓以统八部。至其岁久，或国有灾疾而畜牧衰，则八部聚议，以旗鼓立其次而代之。被代者以为约本如此，不敢争。"[4] 又《契丹国志·初兴本末》载："八部大人后稍整兵，三年一会，于各部内选雄勇有谋略者，立之为主，旧主退位，例以为常。"[5] 综合这些史料，我们可以发现两条非常重要的信息。

第一，契丹部落联盟长是推举产生的，个人的勇武是被推为联盟长的重要条件，也就是说，联盟长一般由契丹各部中个人武力最为出众者担任。此种权力更迭的依据，说明大贺氏联盟社会中盛行武力，那么契丹的民族武艺武术活动必然会成为契丹人日常所习见的体育内容。并且，武术的作用已经不仅仅作为一种强身健体与军事技能而存在，更是具备了相当浓郁的政治色彩。

第二，契丹的各部落在部落联盟成立后，每三年进行整兵集会，说明契丹军队由各部落分散行动的传统状态，转而为定期举行联合军事演习，这就必然导致相关军事技能与战术思想的变化。具体而言，八部时期的契丹各部落军队单独行动，相对小股部队的机动力更强，行军更为灵活。而各部军队联合行动，则必然对军阵行进间的相互配合与阵型变化乃至战术、战略思想提出了更高要

---

[1] 《新唐书》卷219《北狄列传·契丹》，中华书局，1975，第6168页。
[2] 佟冬主编《中国东北史》第2卷，吉林文史出版社，2006，第263页。
[3] 《旧五代史》卷137《外国列传一·契丹》，中华书局，1976，第1828页。
[4] 《新五代史》卷72《四夷附录一》，中华书局，1974，第886页。
[5] 刘晓东等点校《二十五别史》，齐鲁书社，2000，第2页。

求。可以想见，大贺氏契丹各部在日常军事训练中，自然对之经常演习，方能在联合军事行动中进退有据，这就意味着契丹的军事体育出现了全新的内容与形式，更为注重部队相互之间的配合与集团之间的协调互动。

除以上两点外，在大贺氏部落联盟时期，契丹部落联盟中出现了专门设置的军事首长，军事首长有统领各部军队的权力，在联盟内部地位仅次于联盟长。而到了大贺氏部落联盟后期，随着可突于成为军事首领，因其"骁勇得众心"[1]，开始与当时的部落联盟长娑固相抗衡。开元八年（720），娑固在与可突于的斗争中失败逃亡，后为可突于所杀。随后，可突于又左右了娑固之后几届部落联盟长的人选，并成为大贺氏部落联盟的实际控制者。可突于掌权，意味着大贺氏契丹联盟转变为军政权，这就意味着军队在契丹社会中的地位得到了空前加强，而以军事技能为核心的军队训练，其在社会体育活动中的比重也必然得到提高。

（三）遥辇氏部落联盟时期的体育文化

可突于作为军事首领实际上控制了契丹部落联盟，但并不得唐王朝信任，他长时间把持契丹政权令唐王朝极端不满。唐玄宗开元十三年（725），可突于立李尽忠的弟弟李邵固为新任联盟长，李邵固遂遣可突于入唐贡献方物，却受到了时任中书侍郎李元纮的冷遇。后因李邵固颇得唐王朝器重，可突于怕其威胁自身地位，于开元十八年（730）将其杀害，又立遥辇氏屈列为王，从此契丹开启了遥辇氏部落联盟时代。契丹遥辇氏部落联盟自开元十八年起，至10世纪初终结，前后存在了170余年。

遥辇氏部落联盟先是迫于唐王朝的压力，向西依附了近邻突厥，突厥衰落后，又归附唐王朝。然而不久，随着回纥破灭突厥，控制中国北方大片领土，遥辇氏复又依附于回纥汗国统治之下，直至公元9世纪中叶方止。在这一段时间内，其与唐王朝的交流往来虽未彻底中断，但随着安史之乱的到来，河北地区陷入割据状态，契丹与中原地区的道路交通被掐断，史籍中对于契丹的记载就消失了。直到唐文宗开成四年（839），回纥灭亡，遥辇氏联盟长屈戍再次率领部族内附，方恢复与唐王朝的交通。其后随着唐王朝的逐渐衰落和周边民族不复突厥、回纥之盛，契丹迎来了高速发展时期，社会发展取得了极大进步，唐哀宗天祐四年（907），耶律阿保机被推为部落联盟长，遥辇氏部落联盟时代

---

[1] （宋）司马光：《资治通鉴》卷212《唐纪·玄宗开元八年十一月》，中华书局，1956，第6743页。

结束，契丹的社会发展进入全新的历史时期。

遥辇氏部落联盟时期，契丹在保留传统畜牧经济的同时，还开始大力发展农业。如《辽史·百官志二》载"辽始祖涅里究心农工之事"[①]，可知遥辇氏部落联盟初期，契丹族即开始着力发展农业。农业的发展，意味着契丹的社会生活方式要发生根本性的变化，他们需要转而进入定居社会，也必然要发展许多全新的产业，而新的体育文化活动就自然应运而生。

例如，随着农业的发展，契丹的祭祀活动开始与农业文化相结合，大约于遥辇氏部落联盟中期出现的"瑟瑟仪"就是一个典型代表。据《辽史·国语解》载"瑟瑟礼，祈雨射柳之仪，遥辇苏可汗制"[②]，由此可知，"瑟瑟仪"作为一种祈雨仪式，由遥辇氏部落联盟时期的苏可汗制定，而且是与"射柳"活动结合在一起的。辽代"瑟瑟仪"仪式中的体育活动，在遥辇氏部落联盟时期应当已经有所体现了，或至少已具备雏形。

此外，狩猎作为一种生产性体育活动，在遥辇氏部落联盟时期呈现集团化与规范化的趋势。据《辽史·后妃传》记载，这一时期的契丹社会已经出现了专门掌管狩猎之事的"虞人"，且为世袭。这说明在当时的契丹，对于狩猎活动开始进行官方层面的统一管理，以往以部落甚至家庭为单位的狩猎活动被纳入国家规则中，这就必然导致狩猎规模的扩大，且为了保证团体狩猎的有序进行，就需要建立与之相适应的狩猎制度。这就使狩猎体育由原本松散进行的生产技能转为一种团体活动，并有所集中约束。而这正是契丹社会向农业社会转型给契丹民族体育所带来的深刻影响。

（四）辽朝契丹的骑射体育文化

耶律阿保机建立辽朝后，随着与中原文化交流的不断深入，契丹社会开始了全面汉化的进程，在这一过程中，辽朝契丹体育文化的发展，呈现出与鲜卑体育文化发展较为相似的特征，它们皆在受汉文化深刻影响后，开始了体育文化转型的历史进程。辽朝建立后，"蹛林"这一带有祭祀色彩的骑射体育活动的内容有了新的变化，称谓也演变为"射柳"[③]。据《辽史·礼志一》记载：

---

① 《辽史》卷46《百官志二》，中华书局，1974，第730页。
② 《辽史》卷116《国语解》，中华书局，1974，第1537页。
③ 学界一般认为，辽代之"射柳"即源于"蹛林"，见黄聪《中国北方民族体育史考》，人民出版社，2009，第132页。

瑟瑟仪：若旱，择吉日行瑟瑟仪以祈雨。前期，置百柱天棚。及期，皇帝致奠于先帝御容，乃射柳。皇帝再射，亲王、宰执以次各一射。中柳者质志柳者冠服，不中者以冠服质之。不胜者进饮于胜者，然后各归其冠服。又翼日，植柳天棚之东南，巫以酒醴、黍稗荐植柳，祝之。皇帝、皇后祭东方毕，子弟射柳。皇族、国舅、群臣与礼者，赐物有差。既三日雨，则赐敌烈麻都马四匹，衣四袭，否则以水沃之。[1]

黄聪先生曾详细考证了辽朝契丹"瑟瑟仪"活动中"射柳"的具体流程："一、比赛开始前，帝王将相首先进行象征性的祭祀程序，按等级、有次序地射柳。皇帝射两次，亲王、宰执及臣僚射一次。二、射柳比赛：（1）比赛设置。各以手帕标志要射的柳枝，离地几寸的地方削去树皮露出白地。先以一人驰马前导，后驰马用无羽横镞射之。（2）胜负判断的方法。若断柳枝，并以手接住，飞驰而去者为上即优胜者，给与冠服；断而不能接去者，次之；断其青处，中而不能断，不能中者为负，要押出冠服给优胜者。比赛后，归还各自的冠服。（3）瑟瑟仪第二天植树，前段是祈雨，后段仍然比赛射柳。这是一种带有典礼和军事体育性质的射柳，由子弟比赛。（4）射柳的时间。一般多安排在2至7月，尤其集中在4、5、6三个月。（5）射柳用的箭头称横镞箭。"[2]

诚如所言，相比于"蹛林"，"射柳"对于骑与射有了更为具体的要求与相对固定的模式[3]，其祭祀意义更大竞技性更强，并且，非常明显的，"射柳"与儒家射艺之间有紧密的联系。"射柳"这种体育活动，在辽朝有如此规范与固定的模式，其绝不可能是一朝一夕间形成的，这必然需要长期的经验积累与传统继承，才能成为一种文化范式得以流行。而这一过程很可能在史书记载的遥辇氏部落联盟时期之前，就已经开始了。

二 契丹的马球体育文化

（一）契丹马球源考

公元916年，契丹族建立辽朝。在有关辽王朝的史料记载中，10世纪之后

---

[1] 《辽史》卷49《礼志一》，中华书局，1974，第835页。
[2] 黄聪：《中国北方民族体育史考》，人民出版社，2009，第132~133页。
[3] 参见冯继钦《契丹的几项体育活动》，《求是学刊》1991年第4期。

的契丹社会流行着一种与骑射活动密切相关的体育活动，就是马球。马球，即骑在马背上，用球杖击球的体育活动。马球运动究竟起源于何地，这一问题尚无定论，学术界对此持三种观点：第一种观点认为其是由波斯经吐蕃传入，本来是一种西域体育活动；第二种观点认为马球起源于汉代的中原地区，其后盛行于隋唐，普及于辽宋；第三种观点认为马球起源于吐蕃，在唐朝初年传入中原。在很多史料记载中，将马球又称作"打毬""击毬""击鞠"等，如《汉书·艺文志》《西京杂记》《史记索引》等古籍中都多有记述。马球运动在汉代时期就已经存在，魏晋时曹植作《名都篇》中有"连翩击鞠壤，巧捷惟万端"句，其中明确提到"击鞠"，说明马球活动在汉代就已经出现在中原地区，而且应该在社会上十分流行。

马球是从何时传入契丹社会的，史书无明文记载，以往学界多认为是从渤海国学习而来。如邵国田认为："绝不会是在契丹建国后已达三、四十年的应历三年时，由北汉传递而入，在讨论这一问题时，应该看到阿保机建国前，契丹与唐朝的密切联系，以及在建国后，与五代诸国的联系……马球已有了由辖底父子从渤海学来和传入契丹的可能。"①又黄聪认为："契丹人的马球运动可能是来自渤海。"②这些自有其道理，但笔者认为，契丹人的马球活动，应该是在唐代从中原地区传入的，渤海并非主要途径。

据《辽史·食货志》："契丹旧俗，其富以马，其强以兵。纵马于野，弛兵于民。有事而战，矿骑介夫，卯命辰集。马逐水草，人仰湩酪，挽强射生，以给日用，糗粮刍茭，道在是矣。以是制胜，所向无前。"③可以认为，隋唐时期的契丹是一个马背上的民族，骑马活动对于契丹人来说，是日常生活与战斗最为重要的组成部分。而马球，这种基于骑马技能的竞技性球类运动，就与契丹族的民族性格有了天然契合性，对于这项运动的接受应该是一种自然而然的过程。事实上，由前文的梳理可知，隋唐时期的契丹人，与中原地区的交流是非常频繁的。中原地区的各种文化活动，很可能都经由各种途径或多或少被传入契丹社会中了，而马球这种马背上的体育活动，自然也应该如此，并且应该引起契丹人的格外关注才符合其文化特征与民族性情。

---

① 邵国田：《辽代马球考——兼述皮匠沟1号辽墓壁画中的马球图》，载于《内蒙古自治区考古博物馆学会会议论文集》，海洋出版社，1990，第104页。
② 黄聪：《中国北方民族体育史考》，人民出版社，2009，第300页。
③ 《辽史》卷59《食货志》，中华书局，1974，第923页。

又据《辽史·逆臣列传·耶律辖底》记载："及释鲁遇害,辖底惧人图己,挈其二子迭里特、朔刮奔渤海,伪为失明。后因毬马之会,与二子夺良马奔归国。益为奸恶,常以巧辞获免。"① 文中记载的释鲁遇害,在《辽史·营卫志》中记为:"初,遥辇痕德堇可汗以蒲古只等三族害于越释鲁,籍没家属入瓦里。淳钦皇后宥之,以为著帐郎君。"② 又《辽史·刑法志》记为:"籍没之法,始自太祖为挞马狘沙里时,奉痕德堇可汗命,按于越释鲁遇害事,以其首恶家属没入瓦里。及淳钦皇后时析出,以为著帐郎君,至世宗诏免之。"③ 可知耶律释鲁遇害是在耶律阿保机任挞马狘沙里之时。又据《辽史·太祖本纪》:"既长,身长九尺,丰上锐下,目光射人,关弓三百斤。为挞马狘沙里。"④ 可知耶律阿保机任挞马狘沙里时尚为年轻人,此时的辽王朝尚未建立。

前引《辽史·逆臣列传·耶律辖底》中诸事,这里的耶律辖底是辽王朝建立之前肃祖孙夷离堇帖剌之子,曾与耶律释鲁同知国政,因惧怕被释鲁遇害之事牵连,故携带二子奔逃渤海国,此事亦必定发生于耶律阿保机年轻之时,距辽国建立尚远。且三人因"毬马之会"方获得机会夺取马匹返回契丹,可知三人必然已经谙习马球技艺,甚至技艺高超,故博得渤海人之尊敬,才使他们能有机会盗马而走。这说明,在辽代建立之前,契丹社会必然已经有马球活动长期流行,契丹人已经对之非常熟悉,不然耶律辖底三人断不可因此而获得逃脱机会。

契丹,自公元4世纪即已出现在史料记载之中,而渤海国,公元698年方始建立,论及契丹与渤海的文化交流,当远不如契丹与中原地区以及唐王朝的交流频繁。即以渤海国之前身粟末靺鞨而论,其本为靺鞨七部中居于最南者,大致生活于长白山脉一带,"其主要活动地区是今以吉林市为中心的松花江一带"⑤,而契丹则居住于西拉木伦河和老哈河流域,其居地并不邻近,虽有唐败高句丽后将粟末靺鞨大祚荣一部与契丹共徙营州之事,但两族共处时间较短,且其后又有渤海背盟之事,导致两族关系交恶。此外,渤海国建立之前很长一段历史时期,粟末靺鞨的社会发展水平并不高,远非后世"海东盛国"之昌盛,其社会体育文化是否发达是不确定的,马球是否早已传入粟末靺鞨社会亦为未

---

① 《辽史》卷112《逆臣列传·耶律辖底》,中华书局,1974,第1498页。
② 《辽史》卷31《营卫制·著帐郎君》,中华书局,1974,第371页。
③ 《辽史》卷61《刑法志》,中华书局,1974,第936页。
④ 《辽史》卷1《太祖本纪》,中华书局,1974,第1页。
⑤ 李德山:《中国东北古民族发展史》,中国社会科学出版社,2003,第46页。

知。更为关键的是，渤海人的马球活动，很有可能就是从唐王朝传入的，因为此时中原地区汉民族的马球活动已经长期存在并盛行。因此，从概率论的角度来看，马球是契丹人学自唐王朝的概率要比从渤海国习得的概率更大。

（二）契丹马球活动的开展

契丹的马球活动，有文献记载最早见于公元952年，即辽穆宗应历二年。《全辽文》卷4《与兄涛书》载："今皇（穆宗）骄骏，惟好击鞠。耽于内宠，固无四方之志。观其事势。不同以前。"另在《旧五代史》卷112《太祖本纪》中也有记载："周广顺二年（952），浣因定州孙方谏密表，言契丹衰微之势，周祖嘉焉，遣谍者田重霸赍诏慰抚，仍命浣通信。浣复表述：契丹主幼弱多宠，好击鞠，大臣离贰，若出师讨伐，因与通好，乃其时也。"在《辽史》中关于击鞠的记载却有多处出现，有学者统计，《辽史》中关于击鞠的记载有37次、击毬（球）有3处。而尤以《辽史·游幸表》中最为集中，分别是辽穆宗时期2次，辽圣宗时期4次，辽兴宗时期14次。[①] 由此可见，契丹的马球活动在辽朝时十分盛行。

1. 在皇室及王族间的开展

辽朝时，马球运动深得皇室及王公大臣的喜爱。史书记载，辽朝多位皇帝痴迷马球，有的甚至到了贻误国事的境地，前文说到辽穆宗"惟好击鞠"；到辽圣宗时，则达到"与大臣分朋击鞠"[②]、"与诸王分朋击鞠"[③]之程度，以致谏议大夫马得臣因"时上击鞠无度"[④]，不得不上书劝谏，并列陈"有不宜者三，故不避斧钺言之。窃以君臣同戏，不免分争，君得臣愧，彼负此喜，一不宜。跃马挥杖，纵横驰骛，不顾上下之分，争先取胜，失人臣礼，二不宜。轻万乘之尊，图一时之乐，万一有衔勒之失，其如社稷、太后何？三不宜。"[⑤] 辽兴宗时，重熙五年，"击鞠，放海东青鹘于苇泺"[⑥]，重熙七年，"十二月，召善击鞠者数十人于东京，令与近臣角胜"[⑦]，重熙十六年，"观市。击鞠。"同年，又"观击

---

① 参见丛密林《辽代击鞠考略》，《体育文化导刊》2016年第1期。
② 《辽史》卷11《圣宗本纪》，中华书局，1974，第125页。
③ 《辽史》卷11《圣宗本纪》，中华书局，1974，第111页。
④ 《辽史》卷80《马得臣列传》，中华书局，1974，第1279页。
⑤ 《辽史》卷80《马得臣列传》，中华书局，1974，第1280页。
⑥ 《辽史》卷68《游幸表》，中华书局，1974，第1064页。
⑦ 《辽史》卷18《兴宗本纪》，中华书局，1974，第221页。

鞠"①。在天祚帝时也有记载：保大三年，天祚皇帝西奔，次子耶律雅里即位，改元神历。雅里性宽大，恶诛杀。"自是诸部继至。而雅里日渐荒怠，好击鞠。"②如此种种，不胜枚举。辽朝不但皇帝喜爱马球，王公大臣也甚是追捧，正所谓上有所好，下必甚之，因擅击鞠而深得皇帝宠爱的大臣亦不乏有之，如《辽史·耶律塔不也传》中就记载："耶律塔不也，仲父房之后。以善击鞠，幸于上，凡驰骋，鞠不离杖。"③此外，达官贵族中，重熙初年，补祗候郎君的撒八，"性廉介，风姿爽朗，善球马、驰射"④；萧乐音奴，"通辽、汉文字，善骑射击鞠，所交皆一时名士"⑤；原为辽朝大族的王珣，本姓耶律氏，因契丹窝斡叛乱，避难辽西，更为王姓，史载"珣武力绝人，善骑射，尤长于击鞠"⑥。

辽朝皇室的马球常与狩猎活动相结合，在《辽史·游幸表》中记载，穆宗多次在游猎中，纵情畅饮，击鞠以乐。辽朝后期还完善了"捺钵"制度，将击鞠纳入其中。此外，在皇家的一些外交场合也常常有击鞠活动举行，《辽史·穆宗本纪》记载，三年三月"庚辰朔，南唐遣使来贡，因附书于汉，诏达之。庚寅，如应州击鞠"⑦，太平十一年秋七月，"高丽遣使吊慰。上召晋王萧普古等饮博，夜分乃罢。丁未，击鞠"⑧。可见，辽朝马球已成为皇家接待礼仪及吊慰活动中的重要内容。

2. 在民间的开展

马球作为一项兼具休闲娱乐和激烈对抗性质的体育活动，不仅在辽朝上层贵族和皇室间风行，而且随着社会的发展，普通市井阶层也开展得较为普遍。究其原因，一方面，契丹民族是以"鞍马为家"⑨、"挽强射生"⑩的游牧民族，马球活动是其最好的娱乐和情感宣泄的手段，这与其生活环境和民族性情更为贴切；另一方面，前文中也提到"召善击鞠者数十人于东京，令与近臣角胜"，这些所招之人应为军士或百姓，说明他们平时也经常进行马球活动；

---

① 《辽史》卷68《游幸表》，中华书局，1974，第1068页。
② 《辽史》卷30《天祚皇帝本纪》，中华书局，1974，第353~354页。
③ 《辽史》卷111《萧孝穆列传·耶律塔不也》，中华书局，1974，第1494页。
④ 《辽史》卷87《萧孝穆列传》，中华书局，1974，第1333页。
⑤ 《辽史》卷96《萧乐音奴列传》，中华书局，1974，第1402页。
⑥ 《元史》卷149《王珣列传》，中华书局，1976，第3534页。
⑦ 《辽史》卷6《穆宗本纪》，中华书局，1974，第71页。
⑧ 《辽史》卷18《兴宗本纪》，中华书局，1974，第212页。
⑨ 陈述辑校《全辽文》序列，中华书局，1982，第3页。
⑩ 《辽史》卷59《食货志》，中华书局，1974，第923页。

另据考古资料显示，目前发现的辽墓壁画中，有几幅生动地刻画了契丹民族马球竞赛的场景，如发现于内蒙古敖汉旗皮匠沟 1 号墓的马球图，图中 5 人，有 1 人与其他 4 人衣着颜色及马匹均不同色，且双手合于胸前，背后插杖而未手持，应为裁判；其余 4 人分左手或右手各持一球杖，球杖黑、红两色，从球杖颜色和服饰可以看出这是两队竞争；还有一幅壁画，同样发现于内蒙古敖汉旗玛尼罕乡七家村 1 号墓的西南壁上，此画虽已残缺，但画中仍可见有 8 骑，场上竞争十分激烈；另有一些与马球运动有关的画面，如敖汉旗韩家窝铺 2 号墓和翁牛特旗乌兰板辽墓的《出行图》中有持"月杖"者，"月杖"是马球比赛的赛具，表明墓主人生前喜爱马球运动；乌兰板墓壁画中的墓主人前面有开阔的广场，有球门设施，表明墓主人在停歇宴饮后要进行打马球运动。① 而据考古学者的考证，这些墓主人是史书未记载的普通契丹贵族。以上种种，皆说明马球活动的普及程度已经相当之高，在民间开展比较普遍。

这里需要说明的是，辽朝对于马球活动也是颇有争议的，这不但是因为有些皇帝、大臣因沉溺马球而荒废朝政，所以受到谏议臣工的反对，还因马球活动的对抗性较强，危险性极大，马球场上经常会发生伤人事件，甚至出现蓄意伤人的情况。如辽圣宗时，"六年，太后观击鞠，胡里室突隆运坠马，命立斩之"②，七年三月，"乙室王贯宁击鞠，为所部郎君高四纵马突死，诏讯高四罪"③，这一斩一问罪，都说明了这项运动的激烈和危险程度，因此不得不重罚以惩戒。辽兴宗时，曾对马球活动两次予以禁止，一是在重熙七年（1038），"时禁渤海人击球"④；二是在重熙十五年（1046）"禁五京吏民击鞠"⑤。两次禁鞠之间，还曾因萧孝忠存有异议："东京最为重镇，无从禽之地，若非毬马，何以习武？且天子以四海为家，何分彼此？宜弛之禁"，⑥ 于是弛禁。这里也反映了马球活动常与军事训练相结合，渤海移民因谙习马球，骑术精进，战斗素质极高，引起了当朝者的恐慌，因此才不得不下令禁止。虽然萧孝忠以"海内一家""习武练兵"为由，劝谏皇帝对马球予以弛禁，但没过多久，皇朝平衡利弊，还是再次禁止，并且禁止范围由渤海人扩大到五京吏民。由是反观，马球在辽

---

① 邵国田：《赤峰辽墓壁画综述》，《华西语文学刊》2013 年第 6 期。
② 《辽史》卷 82《耶律隆运列传》，中华书局，1974，第 1290 页。
③ 《辽史》卷 12《圣宗本纪》，中华书局，1974，第 134 页。
④ 《辽史》卷 81《萧孝忠列传》，中华书局，1974，第 1285 页。
⑤ 《辽史》卷 19《兴宗本纪》，中华书局，1974，第 233 页。
⑥ 《辽史》卷 81《萧孝忠列传》，中华书局，1974，第 1285 页。

朝的风靡程度相当之高，统治者居然担心其危及朝廷安危。其实，辽朝中后期，统治者与下层各族民众矛盾日益尖锐，反辽、抗辽声浪此起彼伏，这种禁鞠实质上是惧怕民众从事军事色彩的体育活动，以防起义和暴动。但事实上，我们从史料中获知，这种时禁时弛的政策，并未发挥真正的作用，马球已成辽俗，靠禁令是很难起到实质性作用的。

3. 辽代马球的场地、器材及规则

《辽史》中并未见关于辽代契丹马球器材规则的介绍，但金因辽俗，马球活动在金朝的开展依然如火如荼，我们从《金史》中获知了辽代马球的些许信息。据《金史·礼志八》记载："皇帝回辇至幄次，更衣，行射柳、击毬之戏，亦辽俗也，金因尚之。……已而击毬，各乘所常习马，持鞠杖。杖长数尺，其端如偃月。分其众为两队，共争击一毬。先于毬场南立双桓，置板，下开一孔为门，而加网为囊，能夺得鞠击入网囊者为胜。或曰：'两端对立二门，互相排击，各以出门为胜，毬状小如拳，以轻韧木枵其中而朱之。皆所以习趫捷也。既毕赐宴，岁以为常，"[1] 由以上文献信息，结合史料和邵国田先生在皮匠沟1号辽墓壁画中对辽代马球的考证，我们得出以下结论。

（1）场地方面

史书中并未见关于辽朝马球场地的直接记载，我们只是从侧面获悉了少量的信息。《辽史》卷12《圣宗本纪》记载了大臣马得臣劝谏皇帝"去鞠"之事，并列陈击球的三不宜，其中谈到"轻万乘之贵，逐广场之娱，地虽平，至为坚确，马虽良，亦有惊蹶……"[2]。这里的"地平"和"坚确"，实质上告诉我们辽朝马球场地的要求，必须平整而坚硬，这可能也是作为皇家球场其要求应该更高。

辽朝马球场应该很多，而且不但五京都城均设球场，宫廷之内、庙宇近旁也建有球场，据《辽史拾遗补》记载：北宋张安道，"尝使契丹，方宴，戎主（圣宗）在庭下打球，安道见其缨绂诸物鲜明有异，知其为戎主也，不敢显言……"，宴罢，庭下即能打球，可见，球场之近，应该就在宫中。另在《辽史》卷18中，"幸延寿寺饮僧，诏宋使击鞠"，"幸圣济寺，击鞠"，都说明球场就在寺庙附近。我们再看一下球场的方位，按《辽史》卷40《地理志四·南京道》记载："皇城内有景宗、圣宗御容殿二，东曰宣和，南曰大内。内门曰宣教，改元和；外

---

[1] 《金史》卷35《礼志八》，中华书局，1975，第826~827页。
[2] 《辽史》卷12《圣宗本纪》，中华书局，1974，第134页。

三门曰南端、左掖、右掖。左掖改万春，右掖改千秋。门有楼阁，毬场在其南，东为永平馆。"[1]可见，球场一般建于皇城南端，以便于皇室王族击鞠。

（2）器材方面

鞠杖。鞠杖长数尺，一端弯曲，形如月牙；其颜色是红、黑两色，比赛双方各执一色。

球。大小如拳，用质轻且韧性极佳的木材制成，空心，涂以红色。

球门。分单球门和双球门。以木为板墙，下开口为门，结有网囊。

（3）规则方面

比赛时分为两队，以服饰颜色、球杖颜色和所骑马匹颜色区分。单球门以夺得球并将球击入囊中为胜；双球门，以攻入对方球门为胜。

4. 辽代马球活动盛行的原因

首先，从契丹民族自身而言，契丹是典型的游牧民族，好战尚武，崇尚弓马骑射，精于马上技艺，尤喜射猎文化，而马球恰是契丹民族性情和喜好的结合。而且契丹具备从事马球活动的物质条件，"契丹旧俗，其富以马，其强以兵"[2]，据《辽史》卷34《兵卫制》记载，辽国平民凡十五岁以上、五十岁以下，都隶属兵籍。每名正式军士，配马三匹。马匹的富裕供应，成为契丹民族马球活动盛行的前提。

其次，从统治阶层的构成及意愿看，"契丹建国后，随着统治区域的逐步扩大，以契丹贵族为主体，陆续联合奚、渤海、汉人等被统治民族的上层，共同构成了耶律氏王朝的贵族统治体系"[3]。这里的渤海和汉人贵族都崇尚马球运动，因此毋庸置疑，在民族交往的过程中，马球活动在辽朝上层社会交流频繁。而且，契丹"因袭唐制"，对汉文化推崇备至，建国后不久，耶律阿保机就"诏建孔子庙、佛寺、道观"[4]。燕云十六州归入辽朝后，汉文化更是被契丹人接纳并有意识地推行。据史料记载："契丹宅大漠，跨辽东，据全燕数十郡之雄。东服高丽，西臣元昊，自五代迄今垂百余年，与中原抗衡日益昌炽，至于典章文物、饮食服玩之盛，尽习汉风。"[5]那么作为时下在中原流行的马球得

---

[1] 《辽史》卷40《地理志四·南京道》，中华书局，1974，第494页。
[2] 《辽史》卷59《食货志》，中华书局，1974，第923页。
[3] 王善军：《辽代渤海世家大族考述》，《民族研究》2006年第3期。
[4] 《辽史》卷1《太祖本纪》，中华书局，1974，第13页。
[5] （宋）李焘：《续资治通鉴长编》卷142，中华书局，2004，第3412页。

到契丹皇室及王族的青睐并加以推行，就不足为奇了。

再次，辽朝马球的推行是其军事和政治活动的需要。马球活动是将骑术与打球技术、团队配合等有机结合的综合性运动，历来与军事训练结合紧密，无论是中原汉族还是边疆民族都将其视为提升军事战斗力的重要手段。辽朝建国后，战事不断，依马背而得天下的契丹人，自然要不断加强训练，通过各种手段提高骑兵的战斗素养，这样，深受契丹上层社会喜爱并推崇且实用性强的马球活动自是首选。前文已经谈到，关于马球，辽朝也是时禁时弛，一方面，担心渤海旧族及其他民族借马球哗众闹事；另一方面，又不得不借用马球活动的开展加强士兵训练。可见，马球活动已不仅仅停留在娱乐层面，其军事意义更为突出。从政治层面看，辽朝恪守祖制，发展和完善了"因俗而治"的传统，形成了"四时捺钵"的制度。所谓"捺钵"，是契丹语，初意是"行围""打猎"，后引申为"行帐""营盘"，《辽史》卷32《营卫志中·行营》载："辽国尽有大漠，浸包长城之境，因宜为治。秋冬违寒，春夏避暑，随水草就畋渔，岁以为常。四时各有行在之所，谓之'捺钵'。"[①] 从前文的梳理中，我们得知《辽史》中关于击鞠的记载较为集中在卷68《游幸表》中，在穆宗、圣宗、兴宗年间，击鞠常在游猎期间进行，学者也基本形成共识，"捺钵"体制正是从穆宗时期形成，圣宗时期定制，直至辽国覆没，其皇族依然沿袭。由此可见，"四时捺钵"制度的确立和沿袭，为马球活动的开展创设了环境。

三 契丹的棋牌体育文化

据文献和考古资料显示，契丹社会流行的棋类活动主要有围棋、双陆等，还有一种叫作"叶格"的牌类游戏，契丹民间也流传有一些简单的民族棋类活动。

（一）围棋

围棋，源自中原，现于先秦时期，见诸《左传》《孟子》《论语》等典籍，因"以子围而相杀"的行棋规则而得名。围棋是中华文化对世界的一大贡献，历史悠久，影响巨大。唐宋时广泛流行，传播到辽朝，同样历久而不衰，成为辽朝社会上层和民间喜好的休闲益智类活动。据《契丹国志·渔猎时候》记载，

---

① 《辽史》卷32《营卫志中·行营》，中华书局，1974，第373页。

"夏月以布易毡帐，藉草围棋、双陆，或深涧张鹰"，可见契丹人尤喜在夏月弈棋。另据明代凌濛初所著《二刻拍案惊奇》的记载：辽朝围棋第一等的高手，被称为"国手"，而且还曾出现过女"国手"，名为妙观，有亲王保举，受过朝廷册封为女棋童，摆设棋肆，教授门徒。① 这虽是小说题材作品，但也足以说明辽朝善围棋者甚多，而且很受社会的尊敬，社会地位很高。同时，围棋在社会各阶层流传甚广，老少咸宜，且不分男女。这一点在发现于河北宣化的辽张文藻墓壁画《三老对弈图》中也可得到佐证。可见，围棋活动在辽朝社会各群体中都极富吸引力。

辽朝的围棋已有实物发现，20世纪50年代末，考古工作者在清理辽代萧孝忠墓时，就发现了黑白两色的围棋子，共计76枚，其中黑色棋子43枚，白色棋子33枚；均为细陶土烧制，双面印有花纹；棋子形如纽扣，大小均匀，直径1.5厘米，厚0.3厘米。② 另在1977年4月敖汉旗白塔子辽墓出土的文物中，有整套围棋器具发现，在一供桌下有高10厘米、边长40厘米的围棋方桌，桌涂白漆，但木质已朽。桌心处布围棋子，纵横各13行，黑白棋子共计155枚，其中黑棋子79枚，白棋子76枚。③ 因此，无论从文献史料还是考古史料都足以证明，源自中原的围棋已传入辽朝，并深得民众喜爱，流传甚广。

（二）双陆

双陆是中原汉地流行的一种博戏，始于汉魏，终于明清，以游戏所行棋数定名，亦称"双六"。关于双陆的定名史书中也有不同的理解，《资治通鉴·神龙元年二月》载："双陆者，投琼以行十二棋，各行六棋，故谓之双陆。"宋代洪遵在《谱双·序》中则又强调游戏形制，说："双陆，博局戏名……盘中彼此内外，各有六梁，故称双陆。"但明代谢肇淛认为，双陆之得名是因两枚骰子的最佳投掷结果是"两个六"："曰双陆者，子随骰行，若得双六，则无不胜也。"这两种观点各执一词，似乎又都有些道理。而关于双陆的起源，古今学者大抵认识一致："双陆出天竺，名为波罗塞戏。然则外国有此戏久矣。其流入中州，则曹植始也。"④

---

① （明）凌濛初：《二刻拍案惊奇（上）》第2卷，远方出版社，2001，第21页。
② 雁羽：《锦西西孤山辽萧孝忠墓清理简报》，《考古》1960年第2期。
③ 敖汉旗文化馆：《敖汉旗白塔子辽墓》，《考古》1978年第2期。
④ （宋）洪遵等：《谱双》卷五《马戏图谱·诗牌谱·殇政·事始》，中华书局，1991，第40~41页。

南北朝时期，双陆棋流传并不见广泛，只是在王室、贵族间开展，到了两宋时期，双陆风靡于社会，就连北方城市的酒肆里都摆有双陆棋盘，究其原因，应该是受理学思想的影响，主静倡敬，这样的棋戏更符合社会的主流思想倡导。双陆流入契丹辽朝，史书多有记载，《辽史》《松漠纪闻》《契丹国志》等文献中不乏契丹民族打双陆的描述。据《辽史》卷12《圣宗本纪》记载，统和六年（988）九月"丁酉，皇太后幸韩德让帐，厚加赏赉，命从臣分朋双陆以尽欢"[1]。《辽史》卷109《伶官列传》载，辽兴宗与其弟重元博双陆棋，"又因双陆，赌以居民城邑。帝屡不竞，前后已偿数城……一日复博，罗衣轻指其局曰：'双陆休痴，和你都输去也！'帝始悟，不复戏。"[2] 兴宗竟以数城与其弟对弈双陆棋，可见其痴迷程度。洪皓的《松漠纪闻》中有这样一则记述："道宗末年，阿骨打来朝，以悟室从。与辽贵人双陆，贵人投琼不胜，安行马，阿骨打愤甚，拔小佩刀欲刺之。悟室急以手握鞘，阿骨打止得其柄，杙其胸。"《松漠纪闻》又载，契丹人与女真人对弈："辽亡，大实林牙亦降，后与粘罕双陆争道，粘罕心欲杀而口不言。大实惧，及既归帐，即弃其妻，携王子宵遁。"双方对弈双陆，竟至因争胜负而产生杀机动起武来，看来确实入戏太深了。

双陆棋具也有出土实物佐证，1974年在辽宁省法库县叶茂台7号辽墓，考古工作者发现了一副漆木双陆棋，棋盘呈长方形，两侧长边有月牙形纹样，左右有12个圆坑，雕处涂以白色，盘上锥形棋子共计30粒，黑白各半。旁边还有角骰两粒，但已腐朽。[3] 而据考证，墓主人是一老妇，可见，与围棋一样，契丹族的双陆棋开展也十分普遍，不分老幼妇孺。

（三）叶格

叶格，又称叶子戏、叶子格、斗叶子，是纸牌类游戏的一个类别。之所以称"叶子"，虽然学界有不同说法，但笔者同意杜亚泉先生的观点，因为"叶"古时也被写成"页"，"页"有纸片册页之意，"叶子戏之称叶子，不过为纸片之意"[4]。"叶子戏"一词，初建于唐代苏鹗的《同昌公主传》："韦氏诸宗，号

---

[1] 《辽史》卷12《圣宗本纪》，中华书局，1974，第131页。
[2] 《辽史》卷109《伶官列传》，中华书局，1974，第1480页。
[3] 辽宁省博物馆、辽宁铁岭地区博物馆：《法库县叶茂台辽墓纪略》，《文物》1975年第12期。
[4] 杜亚泉：《博史：附乐客戏谱》，杜海生（复印本），1933，第29页。

为叶子戏。夜则公主以红琉璃盘盛夜光珠，令僧祁立堂中，而光明如昼焉"。叶子戏形成之初，就多出现于宴饮酒令场合。刘禹锡有诗云："杯停新令举，诗动彩笺忙。"这里的"彩笺"即叶子。自唐以来，叶子戏天下尚之，直至明清。

此戏何时传入辽朝，史无明文记载，但《辽史》卷7《穆宗本纪》有载：十九年春，"甲午，与群臣为叶格戏"[①]，说明在辽朝，叶格戏是有开展的，至少在宫廷中有所开展，而且，皇帝尚喜爱并与群臣游戏，足见其影响和传播面均不小。

（四）其他棋类活动

契丹民间还流行有其他的棋类活动，据考古资料显示，1980年5月在辽宁省建昌县王宝营子公社城子沟村的一座大型辽墓中发现一石棋盘。棋盘系扁平的淡红色花岗岩河卵石刻制，石材较为粗糙，未经进一步加工。棋盘呈方形，长24.5厘米，宽16～25厘米，厚8.5厘米。棋盘为线刻，两面棋盘不同。一面纵横各五道，两对角线与两相邻边中点连线；一面纵横各七道，仅有两大对角线。棋盘右侧刻两字，左下角刻一字，可能为契丹字，但字体不尽相同，有待进一步研究。[②]

这件石棋盘，尚不见任何文献资料予以说明和佐证，是迄今为止仅有的发现。这种棋盘也没有围棋那样复杂，应是当时民间的一种比较简单的弈具。中国北方地区流行的"五道""九连"等，其棋盘路数与此十分相近，参加棋戏者可以随时在地上画出棋盘，而棋子则就地取材，用小石块或小土块为之即可进行游戏。

四 契丹的乐舞体育文化

契丹是游牧民族，在辽阔的草原上，伴随着游牧生产生活方式和宗教信仰的发展，逐渐地形成了粗犷奔放，具有原始美、野性美的民族民间舞蹈——契丹乐舞。这些乐舞，虽然初期阶段还显得相对原始简单，没有固定的程式，但

[①] 《辽史》卷7《穆宗本纪》，中华书局，1974，第87页。
[②] 冯永谦、邓宝学：《辽宁建昌普查中发现的重要文物》，《文物》1983年第9期。

也正是这种初级而朴素的乐舞形式为契丹族日后的歌舞发展奠定了基础。契丹乐舞的风格主要表现在以中原乐舞为基础，同时吸收了汉代百戏、杂剧等内容，继承了后晋汉族的雅乐、燕乐等乐舞体系，又融入了富有草原民族特色表现形式的角抵、手伎、马术、筑球等，在文化融合的过程中，最终形成了风格独特的辽代契丹的乐舞体育文化。

（一）萨满教乐舞

契丹人对神灵怀着虔诚的信念，宗教也成为契丹族重要的精神支柱，对社会历史发展起着深刻的作用。在契丹的发展过程中，宗教的传播和发展尤为迅速，各种宗教的上层人物和众多的善男信女，构成了辽代特殊的单列户籍人口集团。辽代契丹主要的宗教信仰是萨满教，因此其萨满教乐舞的发展最为繁荣。

萨满教是中国古代北方各族所盛行的一种原始多神教。契丹王朝建立后，契丹人最先信奉的宗教就是原始的萨满教。契丹人在祭天、祭山、拜日的祭祀活动中，通过美酒祝祷、奉献祭品、歌呼跳跃的"跳神"活动，求得与神灵沟通。契丹的"鹰舞"（亦称"鹰神舞"）就是在萨满教的"鹰祭"过程中产生的乐舞形式，"鹰舞"也是目前为止在形态、体态、神态以及动态方面最为清晰的、具有萨满教祭祀巫舞特征的乐舞，其祭祀的主要目的是驱除邪灵并祈求祥和，另一个目的就是祈祷狩猎成功。在整个"鹰舞"祭礼过程中，萨满戴上闪闪发光的神帽，到香烟缭绕的七星斗前，恭请鹰神降临。萨满面向东方叩拜，然后击鼓吟唱。在吟唱过程中萨满向后打挺，类似一种昏迷状态，意味着神鹰附体。待萨满清醒后代表鹰神进行谕示，然后舞动神帽上长长的彩色飘带，转起"弥罗"，萨满进入神堂后侍神人模拟猎人驯鹰时的神态，唤鹰、喂鹰，鹰神附体的萨满，迈开鹰神舞步，模仿鹰的一些习性动态。萨满转完一个又一个"弥罗"，在转"弥罗"的间隔前仰后翻，并用鼓顶天，鼓鞭划向四方，整个舞蹈象征其追神月、乘神风、驱邪魔的雄姿与神力。

内蒙古巴林左旗辽代开化寺遗址出土了一幅辽朝浮雕舞蹈图，从图中可见：舞者三人均身着长袍窄袖衣，腰中系带；左边一人，双手合十，右腿稍弯，左腿向后抬起类似中国舞射燕姿态；中间一人，左腿挑起，右腿向旁吸起，双手呈展翅欲飞之状；右边人与左边人的舞姿基本相同，不同之处是舞姿相反而作。三人舞蹈动作组合在一起，让人感受到节奏鲜明、舞姿流畅，从动作风格上来分析，与萨满舞颇为类同，应是"太巫"正在直接为皇帝做祭神服务。

萨满教乐舞不仅表现了契丹人在特定时期的宗教意识形态，也体现了契丹人的性格特征和审美取向。契丹的萨满教乐舞为辽代早期乐舞的发展注入了新鲜血液、提供了必备的条件，对辽代乐舞技艺的提升起到了促进作用，丰富了辽代宗教性乐舞的内涵。

（二）宫廷乐舞

辽朝契丹的宫廷乐舞中有两种主要形式，分别是大乐和散乐。大乐用于宫廷中的宾仪和嘉仪活动，以增加欢乐的气氛。契丹宫中"大乐"，主要是从后晋传入辽的唐代宫廷燕乐。"燕者，宴也，是辽代宫廷中宴请宾客时所奏的音乐，上承隋、唐燕乐传统，下开金、元乐舞先河，应用范围广泛，内容风格各异，是辽代最有时代精神和民族特色的乐舞。"[1] 通过考古史料的研究，在宣化张世卿墓中出土的壁画中，中间为一男舞人，打扮同乐工，其舞姿为S形，主力腿半蹲，动力腿伸直勾脚，脚跟点地，双手抱臂，头看动力脚方向。虽然为中原人打扮，但是从舞姿可以看出"止于顿挫，伸缩手足"的契丹舞蹈风格。在张匡正墓壁画中，中间为双人舞，其舞姿为动力脚虚点地，主力腿稍弯曲，右手上举抱于头后，左手为按掌位，头看动力脚方向，舞姿轻盈优美。其左方站一男乐舞人，黑色幞头上插鲜花，身着浅色花点长袍，足穿黑靴，腰挂杖鼓，右手执杖，左右用掌，边击鼓边舞蹈，与女舞者正相呼应。

辽朝的散乐主要用于宫廷宴会庆典之中，散乐乐舞实际上是源于汉代"百戏"。所谓"百戏"是集杂技、武术、音乐、舞蹈、演唱等于一体的综合演出。由于它包括了多种表现形式和丰富的节目内容，所以称为"百戏"。在文化发展过程中，契丹人把杂戏、手伎、角抵等内容融合到散乐中，形成了契丹族最富有时代精神和民族特色的乐舞。其中有几种舞蹈比较富有代表性，列举如下。"马步舞"，舞者呈骑马舞姿，左手似牵马缰绳，右手似持马鞭，目视前方，造型生动活泼，给人以奔驰在辽阔大草原的美感。从现有的资料看，凡是站立的乐舞人，大部分下身舞姿均为"马步"。马步是草原民族表现骑马动作的基本姿态，其动作特点是两膝盖稍稍弯曲，当前脚跟抬起时，后脚跟平放地面，而后脚跟抬起时，前脚跟自然放于地面。此动作反复进行，完成

---

[1] 项春松：《辽代历史与考古》，内蒙古人民出版社，1996，第376页。

身体随脚的自然摆动，模仿骑于马上，漫步在大草原上的感觉。"踏步舞"（又称"踏舞"），舞蹈者双臂向后左右晃动，身体随手臂的晃动而摆动，在手臂与身体配合的同时，两腿为吸腿踏步。这是一个基本动作，以踏足来强调其舞蹈节奏的整齐统一，塑造集体的高大形象和表达舞蹈者的共同思想感情。元代诗人袁桷在一首五言绝句《客舍书事》中这样描写踏步舞："日斜看不足，踏舞共扶携。"这里的"踏舞共扶携"表现的就是大家牵手集体舞蹈，踏步而立，曲臂插腰的姿态。

现藏于北京故宫博物院，契丹画家胡瓌的《卓歇图卷》，生动地展现了契丹可汗率部下出猎后歇息饮宴的情景。可汗与夫人盘腿坐地毯饮宴，侍从进酒献花，并奏乐起舞。舞蹈者身着圆领长袍，腰系红带，足穿黑靴。舞姿为骑马蹲裆式，右手托掌，左手提襟，其动作层次分明对称，加上举手甩动的力度和身形贯通的韵律，体现了契丹人典型的舞蹈风格。

（三）其他民间乐舞

综合各种史料我们还可以发现，契丹还有几种其他民间乐舞形式。有一种形象生动、深受欢迎的自娱型舞蹈——"臻蓬蓬歌"，这种舞蹈从五代一直流传到金、元。"臻蓬蓬"其意是指用鼓敲所发出的声音。击打鼓边时，其声音为"喳喳喳"，击打鼓心时，声音类似"嘭嘭嘭"故得名"臻蓬蓬"。另有一种名为"彩带舞"，在出土砖雕舞人中可以看到，有的手持短带、长带或彩带，有独舞或双人舞，持彩带人曲腿对舞，正欲踏舞，还有的腿上动作似"弓步"准备跳起状，动作多姿多彩。还有拍板乐舞，舞者双手持拍板乐器，一边击板，一边舞蹈。根据河北独乐寺白塔图像分析，应该是舞者每上一步的同时转身击板，而上另一步时，向相反方向转身击板。如此反复进行，动感十足。而吹笛乐舞人，舞姿为跑步跳，下肢在跑跳过程中，双手持笛吹奏；击鼓乐舞人，双手交替击鼓的同时，脚随鼓声有力地踏步。

辽朝契丹乐舞的发展过程，虽然一直不断吸收着前代文化的精髓，但也始终保持着草原文化性的审美取向。如前文提到的"马步舞"中舞者的骑马舞姿，其动作特点也是模仿骑于马上，给人以漫步在大草原上的感觉；再如敦煌壁画中的反弹琵琶伎乐天和五代时期所绘的《报恩经变中乐舞》中反弹琵琶的舞姿完全相同，但唐朝反弹琵琶为女舞人，体现了轻柔舒缓、飘忽娇媚之态，反观辽朝反弹五弦舞为男舞人，则体现了豪放雄健、阳刚之态。虽然辽朝乐舞也呈现一种曲线，但是这种曲线相比唐朝则略显生硬，是更接近一种简洁明快的线条，这在一定程度上也显示了这个民族的粗犷、劲健、有力、富有草原气息的审美取向。这种富有本民族特色的审美取向也构成了辽代乐舞的整体风格，也正是这种整体风格被契丹人所喜爱，因此在契丹人的生活中就比较兴盛。

契丹乐舞在发展过程中，还与北方其他游牧民族乐舞文化，如渤海、蒙古、靺鞨等存在千丝万缕的联系。如在内蒙古一带出土的青铜乐舞人佩饰，其形态具有相当浓郁的西域风格。随着契丹对西北边疆的开发，中亚、西亚商旅定期往来于辽国，这种交往与交流，不仅极大地丰富了契丹人的物质生活，也刺激了辽代经济快速发展，而且将许多罕见的外域乐舞形式传入辽国，并逐步与辽代乐舞形式有机融合，丰富了契丹民族的体育乐舞的形式和内涵。

五　契丹的其他体育文化

（一）百戏

百戏，前文已谈到，源自中原，萌于先秦，是民间表演、杂技、杂耍等活动内容的泛称。其中包含了许多技能技巧类的体育活动，成为人们休闲娱乐、消遣健身的重要载体。百戏发展至宋辽时期，其内容和形式都已有了极大的丰富，据《东京梦华录·六月六日崔府君生日二十四日神保观神生日》记载：宋朝之都城汴梁，"自早呈拽百戏，如上竿、橛弄、跳索、相扑、鼓板小唱、斗鸡、说诨话、杂扮、商谜、合笙、乔筋骨、乔相扑、浪子杂剧、叫果子、学像生、倬刀、装鬼、砑鼓牌棒、道术之类，色色有之。至暮呈拽不尽"。其中，根据《事物起源·博弈嬉戏部》考证，相扑、角抵、俳优、上竿、斗鸡等起源甚早，约在春秋至汉唐时期，就为中原等地所习见。到宋时流行更盛，不仅为中原人所喜爱，亦为东北少数民族群众所喜爱。《辽史》中关于百戏的记载，见于《辽史·礼志五》：皇帝"纳后之仪"，宴后族及群臣，皇族、后族偶饮如初，"百戏、角抵、戏马较胜以为乐"[1]。如此隆重盛大的场合，以百戏为乐，应是辽王朝推崇汉文化的一种体现；辽朝流行的百戏，自中原传入，也当与汉地的百戏如出一辙，其内容应十分丰富。

---

[1] 《辽史》卷52《礼志五》，中华书局，1974，第864页。

（二）角抵

契丹族流行有另一种摔跤类的体育活动，就是角抵。关于角抵，相传起于上古时代，蚩尤民族"头有角"，与轩辕斗，以角抵人，后来演变为"两两相抵"的摔跤活动，故称"角抵"。古冀州一带民众为祭祀蚩尤，民众头戴牛角以相抵，亦称"蚩尤戏"。文献中关于角抵的记载见《汉书·刑法志》："春秋之后，灭弱吞小，并为战国，稍增讲武之礼，以为戏乐，用相夸视，而秦更名角抵。"《古今图书集成·刑法志》也载："秦并天下，罢讲武之礼，为角抵。"自此，早时的角力、相搏之称统一为角抵。角抵在发展过程中经历了许多演变，其中，表演性质的角抵亦称"角抵戏"，是百戏的一种；晋代时角抵还出现了另一名称——"相扑"，并东传日本。

契丹民族角抵开展得十分普遍，大凡朝廷宴会、重大节庆、皇帝生辰等重要场合都要举行角抵以助兴，这在文献中有多处记载。《辽史》卷4《太宗本纪》载："四年春正月壬申朔，宴群臣及诸国使，观俳优、角抵戏"，此卷又载："七年六月，庚辰，观角抵戏"；《辽史》卷19《兴宗本纪》载：重熙十年（1041）冬十月"辛卯，以皇子胡卢斡里生，北宰相、驸马撒八宁迎上至其第宴饮，上命卫士与汉人角抵为乐"。可见契丹宫廷卫士也擅长角抵。《辽史》卷54《乐志》载，皇帝生辰乐次："酒七行，歌曲破，角抵。"曲宴宁国使乐次："酒九行，歌，角抵。"《续文献通考》卷17引成德《渌水亭杂识》载："辽宴宋使……酒三行，手技入。酒四行，琵琶独弹，然后食。入杂剧。进行吹管、弹筝、歌、架乐、角抵。"从以上文献中我们发现，角抵往往压轴出演，足见辽朝对角抵活动的推崇和重视。

关于角抵，在《辽史》中还有这样一段记载：太祖八年春正月甲辰，"有司所鞫逆党三百余人，狱既具，上以人命至重，死不复生，赐宴一日，随其平生之好，使为之。酒酣，或歌、或舞、或戏射、角抵，各极其意。明日，乃以轻重论刑。"[①] 逆党在临刑之前还要尽情角抵比赛，说明角抵的确是契丹人的"平生之好"，难怪在遭受极刑前契丹人还要享受一下其乐趣。又在《胡峤陷北记》中记载：上京"有绫、锦诸工作，宦者、翰林、伎术、教坊、角抵、秀才、

---

① 《辽史》卷1《太祖本纪》，中华书局，1974，第9页。

僧尼、道士等，皆中国人，而并、汾、幽、蓟之人尤多"[1]。这是在上京的诸种职业，尽管胡峤所云角抵者皆为汉人，但此技能够在辽朝皇都上京以此为业，足见辽朝对角抵的喜爱和欢迎。

辽朝角抵的流行在考古上亦有发现，1991年7月，在敖汉旗金厂沟梁镇娘娘庙村的辽代墓葬中，发现了一幅摔跤题材的壁画，据邵国田先生描述，这幅壁画位于墓门内侧两旁，东西两侧各站一摔跤手。两摔跤手体态肥胖，赤裸上身，东侧摔跤手穿一条红色短裤，西侧摔跤手下体部位墙壁脱落，估计装束应与东侧相同。摔跤手头上均为契丹式髡发，两人相对而立，两腿一立一抬，呈跳跃状。两臂挥舞，五指叉开，推测这是选手摔跤前的准备动作。在西侧画面的右下角，有一契丹装束的男子双目注视两摔跤手，手持长条形物，估计为裁判。在摔跤场的周围，有牛群、马群和一个穹庐，并绘有草丛，表明这是在草原上举行的摔跤比赛，表现了浓郁的游牧生活气息。[2]有学者也经过了认真的研究，图中摔跤手从服饰特点及竞赛形式等分析，应是源自中原的角抵活动传入辽朝的样式。

关于契丹角抵的比赛形式，《辽史》中未见有记载，但北宋出使辽朝的使臣张舜民在《画墁录》中有简要的描述："北虏待南使，乐列三百余人，舞者更无回旋，止于顿挫缩手足而已。角抵以倒地为负，两人相持终日，欲倒而不可得。又物如小额，通蔽其乳，脱若裼露之，则两手覆面而走，深以为耻也。"这段史料向我们透露了如下信息，第一，胜负以是否倒地为准，与今天的中国式、蒙古式摔跤极为相似；第二，"物如小额，通蔽其乳"说明，有皮革制的物品遮护住胸部。我们再从考古资料中考证一下，1931年于辽东京故城遗址中出土的八角形辽代白色陶罐上绘有契丹儿童摔跤的场景，据日本人鸟居龙藏考证，陶罐上所绘契丹小儿游戏形象就是辽朝的角抵，并有裁判与跤手之别。

此壶八面分绘四图。

第一图，两契丹儿童，各自拱手蹲立，等待角抵的开始。上身着兜肚。

第二图，两契丹儿童，举手分足，似在运力，身上穿无袖短衣及兜肚。此为角抵的准备部分。

---

[1] 刘晓东等点校《二十五别史》引《契丹国志》卷25《胡峤陷北记》，齐鲁书社，2000，第182页。
[2] 邵国田：《敖汉旗娘娘庙辽代壁画墓》，《内蒙古文物考古》1994年第1期。

第三图，居右二人，各手持花朵，应为角抵裁判。而两摔跤手，行将角抵，但尚未互相交手，胸部的兜肚为黑色，与第一图儿童穿着相同。

第四图，角抵开始，两儿童近身进行角斗，左面一人正以两手揪扭，而以一足撩其对手，使之倒地。[①]

由以上文献和考古史料分析，契丹的角抵活动应该存在两种形式，一种与中原相扑相似，赤裸上身，其运动方式和规则也应与相扑极为相似；另一种为北方民族的角抵形式，上身蔽乳或着衣，并以倒地为负，类似今日蒙古式摔跤。有学者也曾就此问题进行专门研究，结论亦基本相同。[②]

（三）登高

登高，顾名思义，就是登至高处，意为登山。《荀子·劝学》载："吾尝跂而望矣，不如登高之博见也。"三国时期魏国诗人阮籍在《咏怀》中云，"开轩临四野，登高望所思"。这里所说"登高"皆为登山之义，以开阔视野、欣赏大自然景致为主。登高后被引申为在重阳节伴随着插茱萸、饮菊酒的重要休闲民俗活动。一般认为，此俗当由南朝梁时汝南人桓景在九月九日登高以避灾故事而来。

登高在中原地区，以唐朝风气最盛。唐著名养生家孙思邈就把登高作为重要的体育养生活动加以提倡，他在《太平御览》卷32《九月九日》中云："重阳之日，必以糕、酒登高远眺，为时宴之游赏，以畅秋志。酒必采茱萸、甘菊以泛之，既醉而归。"唐王维的《九月九日忆山东兄弟》中的著名诗句："遥知兄弟登高处，遍插茱萸少一人。"这些文献中都详细记载了重阳节登高这一传统习俗。

辽朝契丹族的重阳节活动受中原文化影响较大，因此像登高这样的休闲体育活动自是比较多见。据《辽史》卷10《圣宗本纪》记载：统和三年，闰九月，"庚辰，重九，骆驼山登高，赐群臣菊花酒"[③]；另统和四年，"次黑河，以重九登高于高水南阜，祭天。赐从臣命妇菊花酒"。[④] 这一段文献记载与中原汉族的

---

① 〔日〕鸟居龙藏：《契丹之角抵》，《燕京学报》第29期，载孙进己等编《契丹史论著汇编》（下），辽宁省社会科学院历史研究所，1988，第540~549页。
② 参见张松柏《辽代的摔跤运动——从敖汉旗娘娘庙辽墓摔跤壁画谈起》，《内蒙古文物考古》1997年第1期。
③ 《辽史》卷10《圣宗本纪》，中华书局，1974，第116页。
④ 《辽史》卷10《圣宗本纪》，中华书局，1974，第124页。

不同之处，是其中增加了祭天的内容，可见辽代皇室的重阳节庆已与祭天行为相联系，这在后期《金史》中亦有佐证："金因辽旧俗，以重五、中元、重九日行拜天之礼。"①

此外，辽代契丹的重阳登高活动还富于本民族的特色，将登高与射猎结合于一体，体现了游牧民族的本色和特点。《契丹国志》载："九月九日，国主打围斗射虎，少者输重九一筵席。射罢，于地高处卓帐，与番汉臣登高，饮菊花酒。出兔肝切生，以鹿舌酱拌食之。北呼此节为'必里迟离'，汉人译云'九月九日也'。"②除射虎外，有时还射杀鹿、熊等野兽，《辽史》卷68《游幸表》记载：穆宗时期，应历十三年，九月"登高，以南唐所贡菊花酒赐群臣。是秋，射鹿于黑山、拽剌山"③。应历十八年，九月"以菊花酒饮从臣。猎熊"④。将本民族的射猎传统与重阳登高等民俗活动相结合，固然是契丹人在对汉文化吸收的基础上，不断融入本民族传统体育文化的鲜明体现，同时，重阳时值秋季，应该还与前文所提的"四时捺钵"制度有很大关系。

（四）跳绳

关于契丹跳绳的文献资料，至今未见有明文出现，但在前文鲜卑族的体育活动考证中我们谈到《北齐书·后主传》中有关于儿童跳绳的记载："游童戏者好以两手持绳，拂地而却上，跳且唱高末。"我们根据北齐汉地鲜卑化的特点推测，鲜卑也应该存在跳绳这项活动。而契丹作为鲜卑族的一分支，历经数年的发展和演进，其有跳绳活动并不足为奇。我们之所以这样说，还在于考古史料上的支撑。1993年，考古人员在宣化下八里张世卿墓西南和东南方发现了2座辽代的壁画墓，在标注10号墓（张匡正墓）的资料中，发现疑似契丹幼儿跳绳的壁画，经学者的研究和考证，壁画中3个儿童应该是属于大辽时期契丹族或奚族，考其图中契丹（奚）族跳绳活动渊源，可能从中原流入。⑤目前，关于契丹的跳绳活动，囿于史料我们只能考据至此，尚需更翔实的文献或考古资料予以补充。

---

① 《金史》卷35《礼志八》，中华书局，1975，第826页。
② 刘晓东等点校《二十五别史》引《契丹国志》卷27《岁时杂记》，齐鲁书社，2000，第192~193页。
③ 《辽史》卷68《游幸表》，中华书局，1974，第1044~1045页。
④ 《辽史》卷68《游幸表》，中华书局，1974，第1046页。
⑤ 参见郑滦明《体育史的新资料——契丹幼儿跳绳图考证》，《文物春秋》1995年第3期。

（五）契丹族的妇女体育

两宋时期，由于理学思想的影响，在"三纲五常"的枷锁下，妇女体育活动被严重限制和束缚，妇女多从事一些休闲娱乐性质的活动内容，诸如秋千、棋类等，蹴鞠形式则以表现技巧和灵活多样的"白打"为主，即便是宫中女子的马球活动，其主要目的也是娱乐表演，供君臣享乐，而竞技对抗类的体育活动多被限制或禁止。但辽朝妇女因其复杂的生活背景和尚武剽悍的民族品格，其体育活动则以一种"执马扬鞭，无异于男"的姿态呈现于中国体育文化的历史长河中。

契丹妇女体育主要体现在其强烈的民族意识和优秀的军事才能上，例如，契丹妇女，上至王公妃嫔，下至百姓平民，大多善于骑射，据《辽史》记载，就连后妃也"往往长于射御，军旅田猎，未尝不从。如应天之奋击室韦，承天之御戎澶渊，仁懿之亲破重元，古所未有，亦其俗也"[1]。欧阳修在《出使契丹》一诗中也描述"儿童能走马，妇女亦腰弓"。在辽朝的后妃中，具备优秀的军事技能和统帅才能的女性不胜枚举，萧太后便是其中著名的代表。萧太后，即萧绰，是北府宰相萧思温之女。史载其："习知军政，澶渊之役，亲御戎车，指麾三军，赏罚信明，将士用命。"[2]此种情形，在其摄政期间，屡见不鲜，如"宋侵燕，太后亲征"等，足见其优秀的军事才能及深厚的家国情怀，其个人也是武艺超群、勇冠三军。又如《辽史》卷22《道宗本纪》记载："秋七月丙子，以皇太后射获熊，赏赉百官有差……冬十月己亥，皇太后射获虎，大宴群臣，令各赋诗。"[3]可见，辽代女性射猎本领确实非凡，居然连熊、虎等大型野兽都可射获，其骑射本领应不逊于男子。后妃如此，平民妇女也精于骑射，据《契丹国志》中对当时燕京的描述："秀者学读书，次者习骑马，耐劳苦。"[4]可见妇女工于骑射已很普遍。此外，从皇帝纳后的仪礼中，我们也可窥见契丹女性崇勇尚武的精神。史载，皇帝纳后要"置鞍于道，后过其上"[5]，在如此盛大的典礼上，将鞍马之具呈奉之上，而且要"后过其上"，这必是契丹族对马上技艺的尊崇，女子也不例外。

---

[1] 《辽史》卷71《后妃列传》，中华书局，1974，第1207页。
[2] 《辽史》卷71《后妃列传》，中华书局，1974，第1202页。
[3] 《辽史》卷22《道宗本纪》，中华书局，1974，第264~265页。
[4] 刘晓东等点校《二十五别史》引《契丹国志》卷22《四京本末》，齐鲁书社，2000，第169页。
[5] 《辽史》卷52《礼志五》，中华书局，1974，第864页。

契丹女子中开展棋类活动在前文已有介绍。一是"国手"妙观即为女性。二是在辽宁法库县叶茂台23号辽代妇女古墓中，出土了21枚围棋子，为黑曜石制作，棋子两面呈扁圆凸，断面呈椭圆形，棋子长径1.8厘米、短径0.8厘米。① 契丹女子开展的棋类活动还应有双陆，这在前文法库县叶茂台的考古资料中也已证明，仍然是妇女墓中出土的双陆棋。这些都说明，围棋、双陆是辽代女性经常从事的益智休闲体育活动。

第六节　室韦的体育文化

室韦，是北朝至五代时期居住于中国东北地区的族属相同或相近各部落的统称，其名称最早见于《魏书》，称"失韦"。其居地十分广阔，部众亦甚多，族源族属十分复杂。一般认为，室韦当与契丹同裔，是东胡—鲜卑系统的成员，其中或混杂有突厥、靺鞨人。史载其"衣服与契丹同"②，"语与库莫奚、契丹、豆莫娄国同"③，故《魏书》《新唐书》皆云其为"契丹之类"④或"契丹别种"⑤。

一　室韦的骑射狩猎体育文化

北魏时期，室韦与中原地区的交流不多，因此当时的历史学家对其分布与民族文化了解不多，仅知其居住地"在勿吉北千里，去洛六千里"⑥，大致位于贝加尔湖和嫩江以东至结雅河之间，东魏孝静帝武定二年（544），方遣使入贡。《魏书·失韦列传》载其："颇有粟麦及穄，唯食猪鱼，养牛马，俗又无羊。夏则城居，冬逐水草，亦多貂皮。丈夫索发。用角弓，其箭尤长。"⑦ 可知就体育文化而言，北魏、东魏时期的室韦族与东胡族系其他民族一样，是以骑射为主

---

① 辽宁省文物考古研究所、沈阳市文物考古研究所：《辽宁法库县叶茂台23号辽墓发掘简报》，《考古》2010年第1期。
② 《北史》卷94《室韦列传》，中华书局，1974，第3130页。
③ 《魏书》卷100《失韦列传》，中华书局，1974，第2221页。
④ 《魏书》卷100《失韦列传》，中华书局，1974，第2221页。
⑤ 《新唐书》卷219《北狄列传·室韦》中华书局，1975，第6176页。
⑥ 《魏书》卷100《失韦列传》，中华书局，1974，第2221页。
⑦ 《魏书》卷100《失韦列传》，中华书局，1974，第2221页。

要内容。而由于社会发展水平的相对落后，其制作弓的材料主要是兽角，而其箭支尤为细长，是其弓箭之主要特色。

至唐代，室韦则以部落形式在中国北方地区松散居住，随着其与中原地区的交流日益增多，史料中关于其的记载也逐渐丰富起来。《旧唐书·北狄列传室韦》载其有九部，但只列八部，分别为岭西室韦、山北室韦、黄头室韦、大如者室韦、小如者室韦、婆萵室韦、讷北室韦、骆驼室韦，"并在柳城郡之东北"。《新唐书·北狄列传室韦》载其有二十余部，分别为："岭西部、山北部、黄头部、强部也；大如者部、小如者部、婆萵部、讷北部、骆丹部：悉处柳城东北，近者三千，远六千里而羸。最西有乌素固部，与回纥接，当俱伦泊之西南。自泊而东有移塞没部；稍东有塞曷支部，最强部也，居啜河之阴，亦曰燕支河。益东有和解部、乌罗护部、那礼部、岭西部，直北曰讷比支部。北有大山，山外曰大室韦，濒于室建河。河出俱伦，迤而东，河南有蒙瓦部，其北落坦部；水东合那河、忽汗河，又东贯黑水靺鞨，故靺鞨跨水有南北部，而东注于海。猛越河东南亦与那河合，其北有东室韦，盖乌丸东南鄙余人也。"此时的室韦尚未形成统一的部落联盟社会，其社会结构相当松散，即所谓"小或千户，大数千户，滨散川谷，逐水草而处，不税敛"[1]，"其国无君长，有大首领十七人，并号'莫贺弗'，世管摄之，而附于突厥。"[2]

这一时期的室韦体育文化，同样以骑射活动为主要表现形式。按《旧唐书·北狄列传·室韦》："兵器有角弓楛矢，尤善射，时聚弋猎，事毕而散。"[3]又《新唐书·北狄列传·室韦》载其"每弋猎即相啸聚，事毕去，不相臣制，故虽猛悍喜战，而卒不能为强国……器有角弓、楛矢，人尤善射"[4]。从中我们可以得到关于唐代室韦骑射活动的一些信息。第一，唐代室韦的射猎活动为弋猎。关于弋猎，前文在鲜卑、乌桓体育文化的介绍中也多次出现，如"俗善骑射，弋猎禽兽为事"[5]。笔者认为，这是一种弋射狩猎的方式，或者说，至少在射猎飞禽时，使用的是"弋射"的方法。弋射是中国古代射术的一种，也称"缴射""矰缴"。《汉书·司马相如传》颜师古注，"以缴系矰仰射高鸟，谓

---

[1] 《新唐书》卷219《北狄列传·室韦》，中华书局，1975，第6176页。
[2] 《旧唐书》卷199下《北狄列传·室韦》，中华书局，1975，第5357页。
[3] 《旧唐书》卷199下《北狄列传·室韦》，中华书局，1975，第5357页。
[4] 《新唐书》卷219《北狄列传·室韦》，中华书局，1975，第6176页。
[5] 《后汉书》卷90《乌桓鲜卑列传·乌桓》，中华书局，1965，第2979页。

之弋射"①，所以，弋射指用弓发射带绳的箭矢，这种射箭的形式特别适用于猎获飞禽。第二，唐代室韦的骑射工具还处于比较原始的阶段，弓主要为兽角制作，箭矢则为石制，其落后的社会生产力发展水平也制约了其骑射工具的制造。第三，尽管唐代室韦的社会结构十分松散，但其骑射活动仍然呈现出一定的部落间协作特征，每逢大型狩猎活动，各部落即集合部队，进行协作狩猎，结束之后又纷纷回归各自部落。但尽管如此，松散的社会结构决定了他们社会协作的程度恐怕仅限于此，因此难以形成强大的军队。

此外，《隋书·北狄列传·室韦》特别强调南室韦人其居地"多貂"，说明南室韦人从事狩猎活动，其狩猎对象主要为貂。由此进一步分析，南室韦人应该也掌握了射箭技能，但史籍中并无详细记载。又大室韦居地"尤多貂及青鼠"②，说明大室韦亦擅狩猎活动。

二 室韦的水上及冰上体育文化

北齐时期的室韦分为五部，分别为南室韦、北室韦、钵室韦、深末怛室韦和大室韦。其中，南、北室韦与中原地区的联系较为紧密，因此其记载较为丰富。

南室韦，"在契丹北三千里"③，其地当在今嫩江中游以西至大兴安岭以东地区，"这部分室韦人在北魏时期以乌洛侯名之，至隋逐渐东移，融为室韦之一部"④。南室韦的社会体育文化，与其社会生活方式密切相关。据《隋书·室韦》记载，南室韦"土地卑湿，至夏则移向西北贷勃、欠封二山……乘牛车，篷簟为屋，如突厥毡车之状。渡水则束薪为筏，或以皮为舟者。马则织草为鞯，结绳为辔。寝则屈为屋，以篷簟覆上，移则载行……多貂"⑤。由是可知，南室韦的居地呈季节性的迁徙状态，因此其体育活动的一项重要内容是骑乘牛马，但由于南室韦的社会发展程度较为低下，"气候多寒，田收甚薄，无羊，少马，多猪牛"⑥，且其迁徙活动一年仅为两次，又从事一定的农业生产，因此其骑马活动应该不像其他东胡系民族一样频繁。另在迁徙过程中，因南室韦居地潮湿

---

① 《汉书》卷57《司马相如传》注引，中华书局，1962，第2543页。
② 《隋书》卷84《北狄列传·室韦》，中华书局，1973，第1883页。
③ 《隋书》卷84《北狄列传·室韦》，中华书局，1973，第1882页。
④ 佟冬主编《中国东北史》第2卷，吉林文史出版社，2006，第324页。
⑤ 《隋书》卷84《北狄列传·室韦》，中华书局，1973，第1882~1883页。
⑥ 《隋书》卷84《北狄列传·室韦》，中华书局，1973，第1882页。

多水，经常需要乘船渡河，因此他们应该还掌握了木筏与皮舟制造技术，说明划船应该是南室韦人驾轻就熟的一种体育活动。北室韦，居住在"南室韦北行十一日"[①]之地，大致位于嫩江上游地区。史载其"气候最寒，雪深没马。冬则入山，居土穴中，牛畜多冻死。饶獐鹿，射猎为务，食肉衣皮。凿冰，没水中而网射鱼鳖。地多积雪，惧陷坑井，骑木而行。俗皆捕貂为业，冠以狐貉，衣以鱼皮"[②]。由是可知，北室韦的社会体育文化发展，受气候影响最为明显。除明确记载的骑射活动之外，因其气候严寒，冬季冰雪很大，故而其发展起"凿冰"渔猎和"骑木"两种活动。其中"凿冰"渔猎活动，在今天的东北地区冬季仍是常见的，现在称之为"冬捕"，指在冬季结冰湖面上深凿一个冰窟，将渔网于冰窟中顺入水中以捕鱼，对凿冰者的体能要求很高，同时要求渔猎者协同配合、把握时机、掌握技巧，并熟悉鱼群活动规律等。随着社会的进步，目前这项融渔猎文化、祭祀文化、体育文化等为一体的"冬捕"活动，已不仅仅是渔猎民族重要的生产方式和经济来源，而且已经成为新兴的体育文化旅游资源，每年吸引大批游客前往体验。而所谓"骑木"，大抵为一种滑冰、滑雪活动，以木板置于冰雪之上载人滑行，以防止陷入表面看不出来的雪坑，应该与今日东北地区流行的"爬犁"类似。有学者也曾就"骑木而行"这项冰雪活动做过专门的考证，认为"木"即为"滑雪板"[③]，但笔者认为，此观点还有待进一步商榷。

另在《隋书·室韦传》的记载中，钵室韦除房屋建造方式外，其他社会生活与北室韦非常一致，因此北室韦流行的体育活动亦当在钵室韦社会中同样流行。深末怛室韦则"因水为号也"[④]，可知其居地必然为多水地区，因此深末怛室韦应该比较流行一些水上活动。

三 室韦的乐舞体育文化

除上述活动外，据《新唐书·室韦传》记载，唐代的室韦族人"婚嫁则男先佣女家三岁，而后分以产，与妇共载，鼓舞而还"[⑤]。说明乐舞也是唐代室韦

[①] 《隋书》卷84《北狄列传·室韦》，中华书局，1973，第1883页。
[②] 《隋书》卷84《北狄列传·室韦》，中华书局，1973，第1883页。
[③] 参见韩丹《释"骑木而行"——谈唐代北方民族的滑雪活动》，《体育文史》1989年第4期。
[④] 《隋书》卷84《北狄列传·室韦》，中华书局，1973，第1883页。
[⑤] 《新唐书》卷219《北狄列传·室韦》，中华书局，1975，第6176页。

人日常进行的体育文娱活动。但室韦人的舞蹈究竟以什么方式呈现出来，由于相关资料的匮乏，我们就不得而知了。

第七节　蒙古族的体育文化

"蒙古"一词，关于其含义，中外学术界的意见很不统一。外国学者拉施特在《史集》中说："蒙古云者，犹言简朴而孱弱。"[①] Schmidt 氏则对拉施特的解释持有异议，认为蒙古一词的语源为 Mong，即勇悍无畏的意思。[②] 中国学术界的解释，道润梯布说："蒙古云者，即长生（或永恒）的部族之意。"[③] 李德山认为："蒙古"一名，应是"貊"的转音，"蒙"应是"貊"，"古"是"蒙"的语尾衍音，"蒙古"二字的急读就是"蒙""貊"[④]。以上都是从语言学的角度对"蒙古"一词含义做出的理解和阐释。而关于蒙古族的族源，中外学者的看法仍然歧异颇多。经过近几十年的不懈研究，中国多数学者认为蒙古族主体源于东胡系的室韦族，在其形成发展过程中，又融入了少部分突厥、回纥、党项等族成分。[⑤] 唐朝初年，随着雄踞蒙古高原的突厥势力的衰落，室韦诸部开始了西迁的步伐。辽、金两代，蒙古还只是蒙古高原上诸多部中的一部，其生产方式同东北边疆的其他民族早期一样，以游牧经济为主，过着"逐水草放牧""以黑车白帐为家"的游牧生活，狩猎成为他们生活重要的生产手段和经济辅助。11～12 世纪，蒙古草原各部的社会经济有了较快发展，阶级分化也日益凸显，贵族、属民、奴隶之间的对立和矛盾开始逐渐尖锐。到了 12 世纪后，各部贵族为了争夺牧地、牲畜、属民和奴隶等资源，互相间开始了激烈的厮杀，争战不断。长期的战乱，使整个草原动荡不安，严重影响了人们生产的发展和生活的安定。统一草原，结束战乱，已成为历史发展的必然。13 世纪初叶，蒙古诸部终于在铁木真统领下完成了统一，正式建国，名曰"也客·蒙古·兀鲁思"，即大蒙古国。草原的统一、国家的建立，也标志着蒙古民族的形成。[⑥]

---

① 转引自〔瑞典〕多桑《多桑蒙古史》，中华书局，1962，第 35 页。
② 转引自刘义棠《中国边疆民族史》（下），台北中华书局，1982，第 495 页。
③ 道润梯布：《新译简注〈蒙古秘史〉》卷 1，内蒙古人民出版社，1979，第 50 页。
④ 李德山等：《中国东北古民族发展史》，中国社会科学出版社，2003，第 245 页。
⑤ 转引自李治亭主编《东北通史》，中州古籍出版社，2003，第 294 页。
⑥ 参见李治亭主编《东北通史》，中州古籍出版社，2003，第 296 页。

作为源出于中国东北地区的蒙古民族，是中国历史上第一个建立了全国统一政权的少数民族，相继建立了大蒙古国（1206～1259）和元朝（1260～1368）。大蒙古国历经成吉思汗、窝阔台汗、贵由汗和蒙哥汗的统治，史称"前四汗时期"。大蒙古国统驭着欧亚大陆大部分地区，中原汉地只是这个世界性帝国版图的一部分和中心区域。而之后的元朝则是大蒙古国瓦解之后，以大蒙古国东部、中原汉地为主建立起来的一个汉式中央集权的封建王朝。元王朝历经世祖、成宗、武宗、仁宗、英宗、泰定帝、明宗、文宗、宁宗和顺帝等共10帝的统治，到至正二十八年，即明洪武元年（1368），被朱元璋所灭，享国97年。若加上大蒙古国存世的53年，蒙古民族政权存续逾150年。

大蒙古国和元王朝，特别是元王朝的诞生，彻底结束了中国自唐中叶以来500余年的民族纷争和战事频仍的动荡局面，一举统一了"北逾阴山，西极流沙，东尽辽左，南越海表"的广大国土，其国力之强盛，民族之众多，疆域之辽阔，"汉唐极盛之际有不及焉"，为中国历史上版图最大的王朝。13世纪70年代到80年代，元朝在征服高丽和东北地区"乃颜之乱"后，东北地区等战事已完全消停，社会发展开始走上正轨。元朝统治者在迅速吸收汉族文明的基础上，结合蒙古民族特有的草原文化，在东北地区进行了新的创造，使元朝时期东北的文化具有了这样的特点，即出现了以汉文化为中心，以其他文化为辅翼，多种文化共存的崭新局面。蒙古族的体育文化受主流文化的影响，同样呈现了异彩纷呈、独具特色的发展图景。本节对蒙古族体育文化的研究，考虑到有唐一代蒙古先民的族源复杂和学界的争议，笔者将关注点主要集中在蒙元时期直至清中叶蒙古族的民族体育发展上。

一 蒙古族的"三项竞技"和那达慕大会

（一）蒙古族的"三项竞技"

蒙古族的"三项竞技"是其传统体育活动的典型代表，包括赛马、摔跤、射箭，也被称作"男儿三艺"。由于环境因素和经济方式，生活在北方草原的民族长期以来以游牧和狩猎为主，古时部落间频繁的战事使在这一环境下生存和发展起来的民族崇尚武力、精于骑射，宗教信仰和图腾崇拜也成为这些民族认识自然和祈愿驱邪的重要方式，在这样一种共同的文化整体中，"三项竞技"在蒙古族中不断地传承和发展，世代相传，时至今日，仍然是蒙古草原体育文明的瑰宝。

1. 赛马

蒙古族素有"马背上的民族"的美誉，爱马并精于骑术，是蒙古族的传统。据《蒙鞑备录》记载："鞑人生长鞍马间，人自习战，自春徂冬，旦旦逐猎，乃其生涯，故无步卒，悉是骑士。"世代生活在草原上的蒙古族，无论男女老少都会骑马，这不仅仅是由于蒙古族的生产、生活及军事斗争中都离不开马匹，还源于他们对马的崇拜和神化。在蒙古族的祭祀活动上，有各种崇马的仪式，如：供奉溜圆白骏、祭祀禄马风旗、圣神选马等。蒙古高原盛产名马，举世闻名的蒙古马就是蒙古族历经千年培育的优良品种，也曾伴随蒙古大军驰骋欧亚大陆。这些都是蒙古族赛马活动得以发展的前提和基础。蒙古族较为正式的赛马活动一般是在祭祀敖包或那达慕大会上举行，关于那达慕大会，下文将加以详细叙述。敖包，按文献记载，是在"游牧交界之所，无山河为标识，则累石为包，曰鄂博。今称敖包"，久而久之，这种堆砌的石木便成为少数民族祭祀神灵的地方。祭敖包，是蒙古族一项综合、盛大的祭祀活动，在整个祭祀活动中，赛马是其重要的活动内容。据《清稗类钞·技勇类》所载："蒙人尝于每岁四月祭'鄂博'，祭毕，年壮子弟，相与掼跤驰马……驰马者，群年少子，各选善走名马，集于预定之处。近则三四十里，远或百余里，待命斗胜负……闻角声起，争以马鞭其后，疾驰趋鄂博，先至者，谓之夺彩。"[①]另据《内蒙古纪要》载："惟鄂博祭日，必在马群中精选良马乘之，是名马并以娴骑术者，控策以竞走，借以博得王公之名誉奖焉。"[②]可见，"鄂博"赛马已成常例，而在赛马中夺得头名，是有彩头的，将会得到王公的恩赏。对于获得冠军的头马，还有披红、挂哈达、颂赞词等仪式。另外，对赛马比赛时的末位之人，也有一些惩戒措施，"至大群之最后者，与该骑马人之头顶上，浇以酸奶子，以为软弱之讥，浇时哄场大笑"[③]，以此鞭策和激励后进之人。

关于赛马活动的具体形式，古往今来，已经历了非常多的演进和变化，蒙古各地也都在发展和传承过程中融入自己的特点，但总体来看，从举行的场合上仍然无外乎节庆、祭祀、盛典的群体集会活动。而规则方面，按上文《清稗类钞》所载："近则三四十里，远或百余里，待命斗胜负。"从赛制上看，有走

---

① （清）徐珂：《清稗类钞》，中华书局，1986，第2989~2990页。
② 临川花楞：《内蒙古纪要》，共和印刷局，1917，第43页。
③ 陈玉甲：《绥蒙辑要》，共和印刷局，1917，第44页。

马、跑马两种，走马以稳、美为主，参赛者一般为中老年人，体现的是选手的毅力和操控力；跑马则以快、疾为主，参赛者一般为青少年，体现的是选手驭马的速度和驰骋距离。蒙古族赛马一般不备马鞍，选手不着靴袜。赛前要对马进行调教，控制马的饮食，这个过程也称"吊马"。蒙古族人民在长期的赛马活动中，还创造性的发明了许多马上活动，如套马（诈马）、跳马、马球等，在规则方面也日趋细化和完善。

总之，赛马在蒙古族是一项十分普遍的活动，在日常的非正式场合也经常举行，一起放牧或路上相遇的蒙古骑手们，动辄三五成群一较高低，比一比谁的马儿快、谁的骑术高。赛马活动发展到今天，已经完全独立于最初的生产功能、军事功能、祭祀功能，而成为具有蒙古族特色的、具有娱乐健身性质的、完全独立的竞技体育活动。

2. 摔跤

摔跤，在蒙古语中被称为"搏克"，摔跤手称"搏克庆"。蒙古族摔跤历史悠久，其起源可以追溯至战国时期的匈奴角抵，而见于记载是在11世纪，到13世纪发展为高峰。蒙古汗国和元代是蒙古族摔跤的繁盛时期，无论是在宫廷还是民间，蒙古族摔跤都得到了广泛而迅速的开展。在发展的过程中，蒙古族摔跤也形成了自己鲜明的特色，如在竞赛开始前，跤手们要跳着粗犷的"鹰步"上场，而赛毕同样要跳着"鹰步"向观众致意；跤手的服饰也颇具特点，看起来与狮子之类的威猛动物极为相似，这些仪式和装扮所体现的仍是蒙古人萨满信仰和图腾崇拜的遗痕。

摔跤也是蒙古族那达慕大会和敖包祭祀中经常举行的体育活动。据《中华全国风俗志》记载："蒙古人嗜好摔跤，颇有古罗马之风焉。每于鄂博日，为正式举行期，角者着短衣，或袒身登场而斗，以推倒对手为胜。王公或本村绅士，授胜者果品、布类，以资奖励。"[①]前文在《清稗类钞》中也谈到"每岁四月祭'鄂博'""相与掼跤驰马"，这里的"掼跤"即为摔跤。可以说，敖包祭祀这样的仪式，是蒙古族摔跤成为一项传统竞技运动的重要载体。

在成吉思汗统一蒙古各部时期，摔跤运动已经发展到较高的水平，据《蒙古秘史》记载，在征服主儿勤部落后，"成吉思合罕，一日，命不里字阔，别勒古台二人相搏。不里字阔之在主儿勤也，不里字阔能以只手执别勒古台，以只

---

① 胡朴安编《中华全国风俗志》，中州古籍出版社，1990，第38页。

足拨倒，压而不令其动之者也。不里字阔乃国之力士，兹命别勒古台，不里字阔二人相搏焉。不里字阔本不可胜者，姑为之倒，别勒古台力不能制，抗以肩，上其臀，返顾成吉思合罕，见合罕啮其下唇，别勒古台会意，遂跨其身上，交其二领扼其喉，以膝按其腰，力扯而折之……别勒古台扯断其腰，拖之去，弃而去矣"①。从这段文献记载中，我们可以看出，这是主儿勤部落的不里字阔与铁木真弟弟别勒古台摔跤竞技的场景，最终以不里字阔折腰身亡而告终。但从中我们发现，这时已有"国之力士"，这必是经层层竞逐而获其名，足以说明当时的摔跤运动发展已十分广泛并具备了一定的竞技水平。

窝阔台时期，随着蒙古汗国军事、政治力量的扩大，蒙古族摔跤的竞技性和娱乐性日益凸显，由于窝阔台本人酷爱摔跤，所以他不惜重金请来域外的角力高手为其表演"搏克"，以满足他和蒙古贵族们观赏和娱乐的需求，《多桑蒙古史》载："窝阔台喜欢观角力，延致蒙古、钦察、汉地之力士甚多。闻波斯之力士善斗，乃命绰尔马罕遣送之来。绰尔马罕遣波斯力士二十人赴蒙古。中有著名者两人，一名比烈，一名磨柯末沙。窝阔台见之，颇赏比烈之魁梧有力。……翌日，伊勒赤歹以其队中一人至，与比烈角力。两人相扑时，蒙古力士投比烈于地。比烈戏曰：'紧持我，否则我将脱身而起。'语甫毕，亟反执蒙古力士而投之地。……因厚赏比烈，别赐银五百巴里失。"这种统治者的热衷和自上而下的推行，极大地加强了蒙古族摔跤的对外交流，也促进了该项运动的发展。

至元代，蒙古贵族们对摔跤的钟爱有增无减，甚至朝廷中还出现了专门管理摔跤的机构，据《元史·仁宗本纪》记载：延祐六年六月"戊申，置勇校署，以角抵者隶之"②，从而使摔跤运动的管理日趋规范。元朝的皇帝们常以摔跤来进行消遣娱乐，对角抵者恩赏甚至提拔的事情屡见不鲜，如武宗于大德十一年六月，"以拱卫直都指挥使马谋沙角抵屡胜，遥授平章政事"③。仁宗于延祐七年六月庚申，"赐角抵百二十人钞各千贯"④；武宗至大三年四月，"辛未，赐角抵者阿里银千两、钞四百锭"⑤；顺帝"欲以钞万贯与角抵者，苗曰：'诸处告饥，不蒙赈恤，力戏何功？获此重赏乎？'"⑥；足见元代统治者对摔跤

---

① 道润梯布：《新译简著〈蒙古秘史〉》，内蒙古人民出版社，1979，第106页。
② 《元史》卷26《仁宗本纪》，中华书局，1976，第589页。
③ 《元史》卷22《武宗本纪》，中华书局，1976，第481页。
④ 《元史》卷27《英宗本纪》，中华书局，1976，第603页。
⑤ 《元史》卷23《武宗本纪》，中华书局，1976，第524页。
⑥ 《元史》185《盖苗列传》，中华书局，1976，第4261~4262页。

的爱好。元代还有女子参加摔跤活动的记载，我们看一下在《马可波罗行纪》中的记载：

> 国王海都有一女名称阿吉牙尼惕，鞑靼语犹言"光耀之月"。此女甚美，甚强勇，其父国中无人能以力胜之。
>
> 其父数欲为之择配，女辄不允，尝言有人在角力中能胜我者则嫁之，否则永不适人。……由是来较力之贵人子甚众，皆不敌，女遂获马万有余匹。
>
> 基督降生后1290年时，有一贵胄，乃一富强国王之子，勇侠而力甚健，闻此女角觝事，欲与之角，俾能胜之，如约娶以为妻。……
>
> 及期，人皆集于国王海都宫内，国王及王后亦亲临。……二人既至角场，相抱互扑，各欲仆角力者于地，然久持而胜负不决。最后女仆王子于地。王子既仆，引为大耻大辱，起后即率其从者窜走，还其父国，……自事以后，其父远征辄携女与俱，盖扈从骑尉中使用武器者无及其女者也。有时女自父军中出突敌阵，手擒一敌人归献其父，其易如鹰之捕鸟，每战所为辄如是也。①

古代蒙古族允许妇女参加摔跤运动，因为迁徙不定的游牧生产生活，以及在荒年还要为寻找食物进行狩猎甚至战争，这些都离不开妇女和儿童的参与。在生产、生活活动中，蒙古女人与男子的地位平等，骑马游牧、持弓狩猎都是牧区蒙古女人必备的技能，这也是由游牧、狩猎的生产性质所决定的。

蒙古族摔跤在明朝时期由于蒙古族政权的衰落而步入了发展的低谷期，虽然在官方和民间有所开展，但已显日趋弱化趋势。满族入主中原后，由于清政府积极推行"布库"活动，加上满蒙联盟的建立，摔跤成为满蒙民族文化交流的媒介，蒙古族摔跤得以再次振兴。据《绥远通志稿》载："今世蒙俗。于会盟、修界、公祭鄂博诸事之后。辄有摔跤、赛马之戏。皆其遗俗耳。"②清代后期，蒙古族摔跤逐渐发展为两种形式，即传统摔跤和厄鲁特搏克，直至近代以后，其内容和形式又多有变化，然此方面内容，已超出本书"古代"的研究界

---

① 冯承钧译《马可波罗行纪》，上海古籍出版社，2014，第417～419页。
② 绥远通志馆：《绥远通志稿》卷51《蒙古族》，内蒙古人民出版社，2007，第139页。

限，故在此不予详述。

3. 射箭

射箭是中国历史最为悠久的体育运动，早在旧石器时代的晚期就有史料可考，存在射箭活动，历经千年的沉淀和积累，射箭无论是在弓箭的制作上还是在技术的演进中，都发生了飞跃性的进步。蒙元时期，射箭运动更是得到空前的重视和发展，《元史》载："元起朔方，俗善骑射，因以弓马之利取天下，古或未之有……"[①] 草原上的蒙古族靠射猎谋生、骑射打天下，视射箭为生命的一部分，创造了富有民族特色的射箭体育文化。

射箭是蒙古族教育传习的重要内容。据《黑鞑事略》中记载："孩时绳束以板，络之马上，随母出入，三岁，索维之鞍，俾手有所执射，从众驰骑，四五岁挟小弓短矢。及其长也，四时业田猎。"[②] 无论是从生产角度考虑，还是出于军事斗争需要，蒙古族培养孩子从小就接触骑马射箭，以使其精于骑射技术。《普兰·迦儿宾行纪》对此也有描述："他们出去打猎，练习射箭，他们不论长幼都是优秀的射手，他们的孩子一到两三岁，就开始骑马、驾驭马、纵身上马，还按照孩子们的年岁不同发给大大小小的弓，让他们学习射箭，他们既灵巧又勇敢。……姑娘们与妇女们也跟男子一样骑马，灵便地骑在马上疾驰。"[③] 古代蒙古族认为，弓箭是生命的保护神和平安生活的福佑，蒙古人从生至亡，但凡生活中的重要节庆都与弓箭相伴，小孩子在襁褓之头上要挂"天剑"以驱邪，成人后新婚要背弓箭筒祝福吉祥腾达，喜迁新居要悬挂弓箭镇宅祈福，过年时也要向不吉利的方向射箭以消灾，可以说，弓箭已融入蒙古人的心灵和血液，成为他们生活中信仰、崇拜、祭祀的吉祥物，世代传承，生生不息。

射箭在蒙古族的军事战争中起到了绝对重要的作用。蒙古铁骑之所以横扫欧亚大陆，其军事素质和战力是可想而知的，而其中发挥重要作用的自然是骑射。据说，在成吉思汗的13个"古列延"（军事组织）中，能骑善射者达三万之众；在元朝军队中也涌现了许多射箭的天才和高手，至今我们对他们的名字仍耳熟能详。如成吉思汗的麾下名将木华黎"沉毅多智略，猿臂善射，挽弓二石强"[④]。木华黎与太祖外出遇寇，其"引弓射之，三发中三人。其酋呼曰：尔为谁？曰：

---

① 《元史》卷100《兵志》，中华书局，1976，第2553页。
② （宋）彭大雅：《黑鞑事略》，商务印书馆，民国26年，第10页。
③ 余大钧、蔡志纯译《普兰·迦儿宾行纪》，内蒙古大学出版社，2009，第34页。
④ 《元史》卷119《木华黎列传》，中华书局，1976，第2929页。

木华黎也。徐解马鞍持之，捍卫太祖以出，寇遂引去"。这既说明木华黎箭术惊人，又足见其已声名远播，令贼寇闻风而遁。又如术赤台"善骑射，勇冠一时"，速不台"俱骁勇善骑射"，别的因"尤精骑射"，还有阔阔不花、刘荣、塔出、阔阔、塔里赤等人，他们皆以善射闻名，能征惯战，在元朝时得到皇帝的重用。而元朝统治者本人也都是骑射高手，现存于台北"故宫博物院"的《元世祖出猎图》，便刻画了元世祖忽必烈出行游猎的场景，陈孚在《明安驿道中四首》中也对此进行了描写："貂鼠红袍金盘陀，仰天一箭双天鹅。雕弓放下笑归去，急鼓数声鸣骆驼。"诗文生动再现了一幅皇帝恣情游猎的塞外美景，形象地表现了元代帝王的骑射风采。

伴随着祭祀活动的开展，元代蒙古族的射箭也衍生了新的内容和载体。如射柳，前文在契丹民族体育一节中已有提及，是农业祭祀中的祈雨活动，应该在元代仍然存在，虽然在《元史》中并未见有明确记载，但我们从后世的明代文献中依然有所发现，据朱有燉所作《元宫词》载："元人亦射柳击毬，仅视为习武之游戏，不似辽人祈雨、金人拜天之隆重。"[①]另有诗歌描述："王孙王子值三春，火赤相随出内门。射柳击毬东苑里，流星骏马蹴红尘。"[②]可见，元代的射柳活动在王孙王子闲暇之时还时有玩耍，只是这里更多体现的是休闲娱乐的功能，其隆重程度较辽金两代已有所减弱。再如"射天狼"，也称"开垛场"，元代国俗，也是一种由射箭活动演化的民俗，在宫廷中开展十分普遍。据元代熊梦祥《析津志辑佚》记载：

> 十月太史院涓日……至正十六年特旨，翰林学士承旨月鲁帖木儿，提调丞相定住，除监修国史。后一日，圣上在西宫，丞相曽聚，请太子开垛场御弓。得旨，百辟导从，至垛场，端箭调弓，自有主者揖让升降，动有国典，俱用小金仆姑。名小追风箭。其制：宰执奉弓执箭，跪以进，太子受弓后，发矢至高远，名射天狼。（露呼射天狗，束刍为草人以代天狼，非侯。）三矢而止。宰执揖让，进拜太子后，开弓发数矢。诸王如上发矢，不以虎侯，豹虎熊侯，以草为人作侯，遵国典也。以次射毕，于别殿张盛燕，极丰厚。散饭，上位赐月鲁帖

---

① 傅乐淑：《元宫词百章笺注》，书目文献出版社，1995，第16页。
② 傅乐淑：《元宫词百章笺注》，书目文献出版社，1995，第14页。

木儿银一锭，羊体。盖以劳其提调执事之役也。此谓之胸子茶饭。（胸用牛者，俗又名射草人。）①

由上文可知，射天狼这项活动在每年十月择日举行，太子需亲临开弓。按其规制，要由宰执跪行奉箭，太子持弓后要将箭矢射向高远，射箭三次方止，而后宰执和诸王分射。不设箭靶，以草扎成的狗为射箭目标。射箭结束，要摆宴犒赏。而元代另有一种与之相似的活动为"射草狗"，《元史》中对其也有描述：

每岁，十二月下旬，择日，于西镇国寺内墙下，洒扫平地，太府监供彩币，中尚监供毡罽线，武备寺供弓箭环刀，束秆草为人形一，为狗一，剪杂色彩段为之肠胃，选达官世家之贵重者交射之。……射至糜烂，以羊酒祭之。祭毕，帝后及太子嫔妃并射者，各解所服衣，俾蒙古巫觋祝赞之。祝赞毕，遂以与之，名曰脱灾。国俗谓之射草狗。②

射草狗活动的举办日期是每年农历十二月下旬，地点在西镇国寺内，参加人员一般是达官贵族和后宫嫔妃，射箭目标仍然是草狗，还有一人形，要将草狗射烂为止，并要脱下外衣由巫师祝赞后再穿上，以求脱灾。射天狼和射草狗这样的祭祀仪式，对蒙古人来说，是有着特殊意义的，它所反映的是古代蒙古族对弓箭及射箭活动的热爱和崇拜，它也承载着蒙古民族的历史记忆和萨满信仰。

元代对射箭活动的重视还体现在设有专门的机构加强弓箭的管理和使用，据《元史》载："置军器、永盈二库，分典弓矢、甲胄。"③"闰月癸丑，敕诸道造甲一万、弓五千，给淮西行枢密院。"④"则主弓矢、鹰隼之事者，曰火儿赤、昔宝赤、怯怜赤。"⑤元世祖"命总管王青置神臂弓、柱子弓"⑥。可见，对射箭既明确了要由专人司职，加强管理，同时设置专库，分典存放，并有专人造

---

① （元）熊梦祥：《析津志辑佚》，北京古籍出版社，1983，第211页。
② 《元史》卷77《祭祀志》，中华书局，1976，第1924~1925页。
③ 《元史》卷8《世祖本纪》，中华书局，1976，第147页。
④ 《元史》卷8《世祖本纪》，中华书局，1976，第150页。
⑤ 《元史》卷99《兵志》，中华书局，1976，第2524页。
⑥ 《元史》卷4《世祖本纪》，中华书局，1976，第72页。

办，足见元代在整个弓箭的制作、使用、存放流程上的细致管理，更体现了其对弓箭的重视。此外，弓箭还常常被作为恩赏之物，赐予王公大臣和将士们，据《元史》载："赐德润金五十两及西锦、金鞍、细甲、弓矢，部下将士钞三百锭。"① 又"捷闻，帝锡玺书褒美，赐弓矢锦衣"②。"丁丑，以招讨杨廷璧为宣慰使，赐弓矢鞍勒，使谕俱蓝等国。"③ 弓箭在蒙古人心目中是非常有价值的馈赠佳品，足以与黄金铠甲相提并论。

总而言之，蒙古族对射箭活动的热爱是发自内心的虔诚和崇爱，时至今日，射箭依然是蒙古族节庆活动的重要内容，射箭一直在蒙古草原世代积淀传承着，成为蒙古民族纯粹的民族体育瑰宝。

（二）那达慕大会

那达慕（Nagadum），按《蒙古语词典》中解释为："（1）人们欢喜的玩耍娱乐。（2）体育竞技等集体表演、集会。比如那达慕大会、娱乐游戏、好汉三艺。（3）玩具。（4）戏弄、戏耍。（5）赌博。"④ 可见，那达慕从语义角度可理解为人们愉快的游戏、玩耍，并兼有集会表演之意。蒙古语中另有一词表示聚会的意思——"耐亦日"，因此，蒙古族牧民也称那达慕为"耐亦日"或"耐亦日那达慕"。那达慕是蒙古族传统体育的典型代表，关于其起源目前学术界说法不一，主要观点集中于两个方面。一方面，那达慕是源于蒙古族对骑马、射箭、摔跤，即"男儿三艺"的钟爱和推崇，而"男儿三艺"则源于匈奴的骑射和摔跤。按照纳古单夫的观点："蒙古族作为中国北方游牧民族的集大成者，他们所承袭的文化，尚须追溯到更古老的时代。仅从匈奴寻缘，也要追溯到三千年以前了。"⑤ 笔者认为，"男儿三艺"与匈奴的摔跤、射箭有承继关系应是必然，但蒙古族在自身的发展过程中出于生存环境、生产方式、军事斗争、宗教信仰等需要，也必然对射箭、摔跤、赛马等技艺倍加重视，将"男儿三艺"列为那达慕的核心内容也是其自身发展的需要。另一方面，那达慕大会的起源与蒙古族宗教祭祀活动有关，古代举行那达慕大会时通常也要举行敖包祭祀活动。前文在

---

① 《元史》卷8《世祖本纪》，中华书局，1976，第159页。
② 《元史》卷121《按竺迩列传》，中华书局，1976，第2985页。
③ 《元史》卷12《世祖本纪》，中华书局，1976，第250页。
④ 《蒙古语辞典》编纂组：《蒙古语辞典》，内蒙古人民出版社，1997，第719页。
⑤ 纳古单夫：《蒙古族"那达慕"文化考》，《内蒙古社会科学》1992年第2期。

论述蒙古族的赛马、射箭、摔跤时，确实这三项技艺在敖包祭祀中都有出现，事实上，"男儿三艺"也是蒙古族敖包祭祀尤其是大型祭祀活动中的重要内容，但究竟是敖包祭祀活动为那达慕文化的催生提供了平台和空间，还是敖包祭祀活动借"男儿三艺"等竞技活动来达到娱神和祈愿的目的；是多重因素的共同作用，还是祭祀行为的直接衍生，尚需进一步探讨和论证。

蒙古族的那达慕大会经历了漫长的衍生、演变和发展过程，仅从明文记载的历史就逾八百年，以本章的研究时间节点，那达慕文化经历了蒙古汗国时期、元代时期直至清中叶时期三个发展时段。在成吉思汗统治时期，三项竞技的竞赛所体现更多的是军事性质，"每当在祭旗、检阅军队的作战能力、鼓舞士气，征战之前或征战取得胜利后，都要进行以练就军事技术为主的射箭、赛马和搏克比赛。蒙古人视那达慕为最大的娱乐并称为'举世闻名的男儿三艺'，1222年就是以此名义举办"①。另在1225年以蒙文篆刻的《成吉思汗碑铭》中也有关于那达慕的记载：成吉思汗为了庆祝在征服花剌子模的战争中取得胜利，在布哈苏齐海举行了一场规模盛大的那达慕活动，而且铭文中特别描写了射箭活动的场景。《拔都汗》中也记叙了1237年蒙古军胜利渡过今日之伏尔加河后，在山麓的草坪上举行盛大的那达慕，当时主要描绘的是摔跤场面。所以，早期的那达慕大会一般应该在庆典、祭祀、征战前后举行，而且多是射箭、赛马、摔跤的单项比赛，并非三项竞技同时进行，还没有形成以"三项竞技"为统一内容的那达慕盛会。

元代初期，并没有形成射箭、骑马、摔跤统一的竞技形式，仍然是以单项比赛为主，如1260年，在元世祖忽必烈登基庆典上举行的那达慕大会，比赛内容就是1024人的摔跤活动，之后在上都和大都也经常举行摔跤、射箭的单项比赛。在元朝规定蒙古男子必须要掌握射箭、摔跤和骑马三项技能后，那达慕大会开始每年夏季举行三项竞技的比赛活动。明清时期，退居故土的蒙古族在征战或狩猎之际，依然举行三项技能的比赛，而备受推崇的当属摔跤运动，此时的"男儿三艺"应该兼具军事和娱乐性质。据明人萧大亨《北虏风情》记载：蒙古人在举行三项竞技之后都要对成绩优胜者进行奖励并赐予不同的称号，按照功劳大小依次分封，"功轻者升为把都尔·打儿汗，功重者升为威

---

① 白红梅：《文化传承与教育视野中的蒙古族那达慕》，博士学位论文，中央民族大学，2008，第42页。

静·打儿汗，再重者升为骨打·打儿汗，最为首功者则升至威·打儿汗"。① 而明代关于那达慕的史料并不多，直至清代才有不少的记载。

清代时，统治者出于政治稳定的考虑，开始限制那达慕大会的规模，并将那达慕逐渐转变为由官方定期召集、举办的游艺活动，民间则以敖包祭祀的形式小规模举行；后来，随着清政府大力推行喇嘛教并建立了大量的寺院，敖包数量增多，祭祀活动频繁，那达慕活动的性质、规模、形式、内容才有了巨大的变化，那达慕大会真正的体育性质开始呈现，其娱乐性、竞技性以及民族文化的认同性开始不断增强，这也是那达慕在中国古代形成规模和定式，并发展为高潮的鼎盛时期。有关那达慕在清代中叶以前的记载略列如下：

康熙五年（1666年）清政府在乌珠穆沁旗组织了盛大的集会，1024名搏克沁举行了摔跤比赛。②

康熙二十五年（1686年）的"百柳塔拉会盟"。康熙皇帝召集克什克腾旗、巴林右旗、巴林左旗、阿鲁科尔沁旗、翁牛特右旗、翁牛特左旗、敖汉旗、奈曼旗、扎鲁特旗等十个旗的王公和扎萨克诺颜，在克什克腾旗黄岗梁绿波万顷的大塔拉中举行了一次重要的集会，会中进行了规模较大的那达慕活动。③

乾隆三十年（1765年），阿拉善进行了一次规模宏大的"乌日森乃日"。"盛会聚集牧人成千上万，搭毡包百顶，全旗八个苏木的百姓及其衙门的协理。管旗章京等官员全部启动，承担任务，以苏木为单位组织三项游艺训练，从几百对摔跤手和数百弓箭手中选出三十二名跤手和一百二十名射手以及从几百匹公马中选出八十四快马参赛。"④

那达慕的这种盛况在文献记载中还有多处，此外，此时的那达慕在内容上除传统的"男儿三艺"外，还增加了马术、歌舞等娱乐内容，有的地区还有棋手参赛，可谓热闹非凡，极大地丰富了草原牧民的精神文化生活，甚至在物质

---

① 〔伊朗〕志费尼：《世界征服者史》，何高济译，内蒙古人民出版社，1992，第29～30页。
② 富荣嘎、拉·阿木尔门德编著《乌珠穆沁风俗志》，内蒙古人民出版社，1992，第194页。
③ 大平、宁导编《中国"那达慕"》，内蒙古大学出版社，1991，第6页。
④ 松儒布、斯钦毕力格编著《阿拉善风俗志》，内蒙古人民出版社，1989，第269页。

生活方面也会得到满足。总之，直至19世纪中叶鸦片战争前，蒙古族的那达慕依然蓬勃开展着，为当时的社会发展和凝聚发挥着作用，但随着中国近代史的开端，清廷的腐朽和堕落、社会的动荡和不安，也使蒙古族的那达慕文化濒于衰落，这已成历史发展的必然。

二 蒙古族的乐舞体育文化

蒙古族能歌善舞，其舞蹈风格与形式别具一格，体现了浓郁的草原文化和民族风情，迄今在中国乐舞文化中依然自成体系，占有十分重要的位置，这与古代蒙古族乐舞的传承和发展有很大关系。古代蒙古族乐舞内容丰富，在结盟、缔约、庆功、祭祀、结拜安达等很多庆典活动中表演，而每一种不同的场合所表演的乐舞形式亦不相同，也正是这些形式多样、内涵丰富的乐舞，体现了蒙古族兼收并蓄、博大开放的胸襟和底蕴，构成了具有蒙古族特质的多元一体的乐舞体育文化。

（一）萨满舞

宗教和体育有着密切的关系，也可以说，是宗教文化孕育和滋生了体育。人类在与未知世界的沟通上，无论是祈福、消灾、祝祷等往往都是借助程式化的肢体运动完成的，而这些程式化的肢体运动就是萌芽状态下的体育。在北方，萨满教是很多民族信仰的原始宗教形式，在藏传佛教进入蒙古高原之前一直是蒙古民族信仰的主要宗教。"萨满"源自通古斯语，本义为不安、狂悖之人，在北方民族中是对巫师的通称。"萨满"在蒙古语中，男者称为"孛"，女者为"伊都罕"，后统称为"博"，因此，萨满舞蹈在有些地区（如科尔沁地区）也称"博舞"。萨满在蒙元时期的社会文化中占有突出的地位，而萨满舞也自然成为蒙古族舞蹈的主要代表。

据《多桑蒙古史》记载："此辈自以各有其亲狎之神灵，告彼以过去现在未来之秘密。击鼓诵咒，逐渐激昂，以至迷罔，及神灵之附身也，则舞跃瞑眩，妄言吉凶，人生大事皆询此辈巫师，信之甚切。"[1]这是一段对萨满舞较为生动的描述，萨满舞需要在击鼓和诵咒的伴奏下完成，舞者强度较大，甚至达到瞑

---

[1] 〔瑞典〕多桑:《多桑蒙古史》，中华书局，2004，第31~32页。

眩程度。另据顾嗣立编《元诗选》辑元人吴莱《北方巫者降神歌》载：

> 天深洞房月漆黑，巫女击鼓唱歌发。高粱铁镫悬半空，塞向墐户迹不通。酒肉滂沱静几席，筝琶朋捐凄霜风。暗中铿然那敢触，塞外祆神唤来速。陇坻水草肥马群，门巷光辉耀狼纛。举家侧耳听语言，出无入有凌昆仑。妖狐声音共叫啸，健鹘影势同飞翻。瓯脱故王大猎处，燕支废碛黄沙树。休屠收像接秦宫，于阗请驼开汉路。古今世事一渺茫，楚祝越女几灾祥。是邪非邪降灵场，麒麟被发跨大荒。①

上诗极其形象地把女巫师在乐器伴奏下，全情投入舞蹈的场景刻画得淋漓尽致，也足见女巫师的舞蹈技艺已臻纯熟。上述诗作中描写女巫的舞蹈动作"健鹘影势同飞翻"，事实上，萨满舞蹈在表演过程中，多有模仿动物的动作，而这些动物又多是其民族的图腾崇拜，如科尔沁地区的萨满舞善于表演"虎舞""海青舞"，而布里亚特蒙古族萨满舞善于表演"熊舞"，今天，我们看到许多蒙古族舞蹈的上肢动作，颇似雄鹰的展翅翱翔，都是其对喜爱动物的模仿。此外，萨满舞是载歌载舞，并有击打乐器相伴，这在前文"击鼓诵咒""巫女击鼓唱歌发""妖狐声音共叫啸"中多有体现，其难度动作也相当高。我们再来看一下苏联作家瓦西里·扬在《拔都汗》中的记叙：蒙古大军二次远征俄罗斯时，军中女巫师进行萨满占卜，其涂脸梳辫，穿衣配饰，手持法器，吟诵咒语，抖腿跳跃，然后女巫师眼珠侧斜，身体摇晃，口中呼喊，神灵似已附体。而后，女巫一面祈祷，一面手舞足蹈，模拟动物之姿。最后，单腿跳跃而出，迅捷爬上高树，口中念念不休并用力掷出羊骨羊腿，快速滑落树下，奔往拔都汗大帐。可见，萨满巫师在神灵附体后，舞蹈已达高潮，居然可以"单腿跳跃而出"，甚至爬上高树，疯狂作舞以致不能自已。在此过程中，许多高难度动作是常人无法想象的。难怪萨克斯认为巫术舞蹈是"肌肉的激烈收缩和放松状态可能导致人体野性发作而到处冲击，意志力量已完全在某种程度上失却对躯体的控制"②。其动作近乎违反人类的自然状态。

---

① （清）顾嗣立编《元诗选》（初集上），中华书局，1987，第1519页。
② 萨克斯：《世界舞蹈史》，上海音乐出版社，1992，第11页。

（二）藏传佛教舞蹈——查玛

佛教于东汉初年传入中国，至北魏时已近繁荣，庙宇广开、佛事盈沸，给乐舞的发展创造了极大的空间和环境，也使佛教艺术在北方得到空前的发展。13世纪，藏传佛教传入蒙古地区，后一度中断，直至16世纪俺答汗从西藏迎请第三世达赖喇嘛锁南嘉措传播佛法，藏传佛教再度在草原地区传播开来。与此同时，喇嘛教的乐舞"羌姆"也随即广泛流行。"羌姆"在草原发展的过程中，不断融合萨满文化及蒙古族民间的乐舞元素，逐步形成了融蒙、藏宗教文化于一体的新的乐舞形式，即"查玛"，亦称"跳鬼""打鬼"。

查玛在蒙古族的流行应该是在明清时期，主要是在内蒙古地区的召寺中广泛发展起来的。其内容主要是庆祝神灵下凡，战胜异端，维护教义，惩戒邪恶势力；主要角色有却尔吉勒、查干乌布贡、玛玛西、那木巧赖、好扣麦、贡布、哈木等。查玛表演主要由舞者（喇嘛）头戴面具，手持法器进行舞蹈，根据所扮演的神灵等级，又有大、小查玛和鸟兽神之分；根据表演的形式，在室内表演的被称为"殿堂查玛"，在室外表演的被称为"寺院查玛"，在召寺正殿广场表演的被称为"广场查玛"，以及还有戏剧成分的"米拉查玛"。各地区、各召寺的查玛表演有着自己固定的表演模式和程序，舞蹈动作也经过比较严格的训练和编排。[①] 查玛在蒙古族的宗教舞蹈中占有绝对主体的地位，一些大的庙宇甚至将其演绎为大型佛教歌舞剧，据额尔德尼所著《蒙古查玛》记载，比较大型的两部查玛歌舞剧代表分别是《米拉因·查玛》和《布谷鸟传奇》。王景志先生也评价查玛："曾经对蒙古族民间舞蹈艺术的传承、演变和发展起到过至关重要的影响，故获有蒙古族'古典舞蹈'之殊荣。"[②]

（三）安代舞

安代舞也是蒙古族富有代表性的乐舞之一，发源于内蒙古地区的库伦旗，其形成大约是在明末清初之际。关于安代舞的产生，草原上流传着许多美丽的传说，有的说是父亲为了救病重的女儿，无计可施，绕车祈祷，手足无措，引得众人同情而相互效仿祝祷，而后女儿神奇痊愈，于是这种亦祷亦舞的方

[①] 参见陈琳琳《中国蒙古族小型舞蹈作品创作流变及其审美范式研究》，博士学位论文，中国艺术研究院，2016，第41页。

[②] 王景志：《中国蒙古族舞蹈艺术论》，内蒙古大学出版社，2009，第337页。

式便被演绎为载歌载舞的"安代舞";还有说,年轻的姑娘、媳妇经常被天神的魔光所伤,为拯救人间,上神便乔装下界,授人以"唱鸠"的方式医治病人,这就是古老的"唱安代"。可见,无论哪种传说,都带有神秘的宗教巫术色彩,都与古代蒙古族驱病疗疾、驱邪除灾,借舞蹈表达美好祈愿的目的息息相关。

"安代"是蒙古语译音,关于其含义,蒙古族学者巴·苏合在综合了历史上的多种说法后,从蒙古语的构词、词义以及安代舞的功能等方面对"安代"一词做出了较为科学的考释,他认为,"安代"源自蒙古语"安达","安达"蒙古语是"盟友""挚友"之义,与"奈及"词义相近,而"奈及"源自蒙古语"奈吉木",即"朋木",是男根的象征,这是古老生殖崇拜的遗存。从安代舞的功能方面来看,其治疗的对象又多是女性精神方面的疾病——"相思病",那么绕"奈吉木"而歌舞既是一种心灵寄托的方式,也是一种精神上的鼓舞和安慰,可以起到携友共舞而除病的目的。[①] 实际上,安代舞仍然是以蒙古族的宗教信仰萨满教(博教)为基础发展起来的乐舞形式,在形式上以歌唱为主,辅以肢体动作,其主要目的是驱魔除病,但随着不断的发展,又出现在祈雨祭祀、祭敖包、那达慕大会等大型的集会活动中,并受到人们的喜爱和流传,逐步演变为抒发欢乐情感的娱乐性的民间乐舞。

安代舞依据表演场地不同分为"大安代"和"小安代",前者一般在室外进行,而后者一般在室内进行。目的也不一样,大安代多以娱乐为目的,而小安代多体现的是驱病的功能。两者都有相对固定的程式,即在表演场地中间立一车轮或木杆,称为"奈吉木",众人围成一圈,领唱者称为"道沁",由其舞动铃鞭,众人依例效仿,甩动身上的绸巾载歌载舞,而在整个舞动过程中,糅合了"摆巾踏步、拍手叉腰、向前冲跑、翻转跳跃、凌空踢腿、腾空蜷身、左右旋转、甩绸蹲踩、双臂抡绸"[②] 一系列舞姿,动作矫健奔放而不失洒脱柔美。有学者将安代舞的动作特点归结为三点——踏步、跺脚、舞巾,动作一般由缓至疾,随着情绪的升温不断加快节奏,渐入佳境,进而把整个表演推向高潮。在古代蒙古族的祈雨祭祀仪式中,安代舞的表演还要结合"唱井、唱龙、供商什"[③] 等活动进行,目的是通过唱安代祈求天神,普降甘霖。

"歌以咏言,舞以尽意",安代舞是蒙古族民族性格和民族气质的外部体

---

① 巴·苏合:《蒙古族民间歌舞"安代"名称考》,《中央民族大学学报》2013年第6期。
② 母宗健:《安代舞——蒙古族舞蹈的活化石》,《中国民族》2006年第4期。
③ 那沁双和尔:《科尔沁安代文化》,内蒙古人民出版社,2007,第51页。

现,也是其审美取向和自我认同的重要标识。随着时代的发展,安代舞在蒙古族生生不息地流传,它已经不仅仅是草原儿女喜闻乐见的乐舞形式,更担负着男女老少强身健体的重要功能。新中国成立后,传统的蒙古族安代舞被加工和改编,发展成为集艺术和体育于一身的民族健身舞蹈形式,被称为"新安代",并于2006年入选中国第一批国家级非物质文化遗产名录;库伦旗被文化部命名为"中国安代艺术之乡"。

(四)其他乐舞

除上述几种富有代表性的蒙古族传统乐舞外,在蒙古族民间和宫廷中还流行着一些其他的乐舞形式,这些乐舞虽然具体的名称在史料中没有明确的记载,但我们依据文献和考古等资料考证,依然不难发现其典型的特征及在蒙古族宫廷中和民间的广泛流行,下面试分别予以阐释。

1. 宫廷中流行的乐舞

蒙古族的宫廷乐舞经历了从无到有、从简而繁直至成熟的发展过程。蒙元立朝初期,礼乐制度尚未完全形成,元太祖成吉思汗灭西夏后曾"征用旧乐于西夏",元太宗窝阔台灭掉金朝"征金太常遗乐于燕京";元朝立国后,又逐步接受汉族雅乐,并沿袭了宋代宫廷音乐。据赵珙《蒙鞑备录·燕聚舞乐》载:"国王出师亦以女乐随行,率十七八美女,极慧黠,以十四弦弹大官乐等曲,拍手为节甚低,其舞甚异。"[1]由此可见,蒙古族的宫廷乐舞融合了多种风格,既有少数民族的传统风俗,又兼容了中原乐舞的仪礼典制,从而呈现了互纳包容的审美特征。

关于蒙元时期蒙古族宫廷乐舞的形式,在《元史》中有详细记载,主要有队舞、雅乐舞、歌舞大曲等。《十六天魔舞》就是当时非常受欢迎的大曲类宫廷乐舞作品,因有16名舞女表演,故得此名。据《元史》卷43《顺帝本纪》载:"时帝怠于政事,荒于游宴,以宫女三圣奴、妙乐奴、文殊奴等一十六人按舞,名为十六天魔。首垂发数辫,戴象牙佛冠,身被缨络、大红绡金长短裙、金杂袄、云肩、合袖天衣、绶带鞋袜,各执加巴剌般之器,内一人执铃杵奏乐。"[2]此段将《十六天魔舞》的人员构成、道具服饰、角色分工等都做了一一描述,而《十六天魔舞》作为元代宫廷乐舞的代表之一,其阵容严整、雍容华贵、曼

---

[1] (宋)赵珙:《蒙鞑备录》,王国维遗书本,上海古籍书店,1983,第18页。
[2] 《元史》卷43《顺帝本纪》,中华书局,1976,第918~919页。

妙精美也是其他乐舞难以企及的,有诗形容:"十六天魔女,分行锦绣围。千花织步障,百宝贴仙衣。回雪纷难定,行云不肯归。舞心挑转急,一一欲空飞。"①亦有"队里惟夸三圣奴,清歌妙舞世间无"②的赞誉等,呈现出一派艳丽迷醉的奢华场景。实际上,该舞并非蒙元之始创作品,而是源自西夏。《元宫词》对此舞有过描述:"背番莲掌舞天魔,二八娇娃赛月娥。本是河西参佛曲,把来宫苑席前歌。"③看来,此舞本为佛事乐舞,早在隋唐五代之际就已开始流传,因元顺帝"荒于游宴",才传入宫廷成为供帝王宴饮享乐的宫廷乐舞。

蒙元时期蒙古族宫廷乐舞的程序和动作要求是非常严格的,《元史》的记载可资考证:

> 昊天上帝位酌献文舞,崇德之舞听。《明成之曲》,黄钟宫一成。始听三鼓。一鼓稍前,开手立;二鼓合手,退后;三鼓相顾蹲。三鼓毕,间声作。一鼓稍前,舞蹈,相向立;二鼓复位,相顾蹲;三鼓复位,开手立;四鼓合手,正揖;五鼓举左手,收,左揖;六鼓举右手,收,右揖;七鼓两两相向,交篸,正蹲;八鼓复位,正揖;九鼓稍前,开手立;十鼓退后,俛伏;十一鼓稍前,开手立;十二鼓推左手,收;十三鼓推右手,收;十四鼓三叩头,拜舞;十五鼓躬身,受。终听三鼓。止。④

可见,用何音乐、何时击鼓、做何动作都做了极其明确的规定。另外,元朝宫廷依仿宋制设有教坊司、仪凤司、太常寺等部门,专门管理宫廷乐舞的教习与演出事宜,大凡演出前,都要进行严格的排练。蒙元时期的宫廷舞蹈编排精细、形式严谨,与民间随心而舞的乐舞形式相异迥然。

2. 民众自娱性的乐舞

蒙古族群众自娱性舞蹈有多种形式,其功能多是祭祀祈福、宴饮娱乐、节庆仪礼等,这在文献典籍中有所记载。《蒙古秘史》载:"蒙古之庆典,则舞蹈筵宴以庆也,既举忽图剌为合罕,于豁尔豁纳黑川,绕篷松茂树而舞蹈,直踏

---

① (清)顾嗣立编:《元诗选》(初集上),中华书局,1987,第1349页。
② (元)柯九思:《辽金元宫词》,北京古籍出版社,1988,第23页。
③ 傅乐淑:《元宫词百章笺注》,书目文献出版社,1995,第31页。
④ 《元史》卷70《礼乐志》,中华书局,1976,第1749页。

出没肋之蹊，没膝之尘矣。"① 这是一段在庆典上的舞蹈，从文中可以看出舞蹈的形式是"绕篷松茂树而舞蹈"，而动作"踏跺"尤为凸显，力度颇深，达到"没肋之蹊，没膝之尘"的程度。实际上，在繁茂的古树下绕树举行集体性的纪念活动，是北方游牧民族共有的一种习俗。前文提到鲜卑族的"蹛林"即是一种绕木疾驰的活动，而后流行的安代舞同样有绕木而舞的场景，这样一种形式的乐舞在蒙古族民间乐舞中十分常见，《蒙兀儿史记》载："诸蒙兀儿百姓酣喜起舞绕树踏歌……"，"绕树踏歌，将地践成乱沟，尘土没胫"；《多桑蒙古史》中也有战争胜利后"率其士卒绕树而舞"的记载。可见，绕树而舞已成为蒙古族民间舞蹈的一个重要特征和习俗，这大概与北方民族的萨满信仰有很大关系。此外，踏跺和拍手也是蒙古族民间舞蹈的典型特点，"踏跺"上文已然提到，而"拍手"在《多桑蒙古史》中有记载："拔都使者所至之处皆受礼遇，人出城奉酒食，鼓掌作歌以迎之。"《蒙鞑备录》中也有"拍手为节甚低，其舞甚异"的记载，我们再从今日蒙古族乐舞的表现形式上反溯，踏跺和拍手反复呈现就不足为奇了。

在考古方面，考古专家在元代的雕塑和壁画中也有踏跺、击掌而舞的形象。如1973年在河南焦作西冯封村出土的元代舞俑，从舞俑左脚踏步于右斜前方，右脚掌点地，双手握拳，右臂弯曲上扬，左臂似作提襟状，头部右倾，脚下呈明显的踩踏之势；再从另一幅吹笛舞者的图可看出，此俑双手握一横笛，歪头鼓吹，而身形随着音乐伴奏跳跃起舞，脚下仍然呈现踏跺之形。这些舞俑的发型与服饰带有鲜明的北方草原游牧民族的特点，额顶髡发，发辫于脑后盘成或单或双的发髻，这些都是典型的蒙古族特征。

1998年8月，考古工作者在陕西蒲城县南的洞耳村清理了一座元代壁画墓，其中一幅乐舞图向我们提供了十分丰富的史料信息，从壁画上可以看出，画面人物共六个，其中三人一人起舞，一人击掌，另一人怀抱弹奏乐器。这与前文击节而舞恰好呼应，据学者研究，该元墓年代为公元1269年，内容表现的是蒙古贵族宴罢欲归，随侍乐舞相娱的场面。当时正值蒙宋对峙，蒙古贵族刚刚入主中原，该墓外形如蒙古毡帐，周壁绘以帐幔，顶上留有似今敖包的"天窗"，壁画中乐舞者洒脱不羁，骏马傍伫，猎狗奔突，弥漫着浓郁的草原生活气息。

---

① 道润梯步译著：《新译简注〈蒙古秘史〉》，内蒙古人民出版社，1979，第27页。

三 蒙古族的棋牌体育文化

（一）蒙古象棋

蒙古象棋，蒙古语名称为"沙特拉"或"喜塔尔"。汉语之所以称为蒙古象棋，是为与中国象棋、国际象棋加以区分。蒙古象棋是蒙古族民间盛行的棋类活动，关于其起源和传入蒙古草原的年代，史无明文记载，包括在蒙古文文献中亦未见有说明。按照白歌乐先生的判断：蒙古象棋传入蒙古地区的时间，应在成吉思汗第一次西征后，也就是13世纪20年代，不会晚于窝阔台可汗时期。[①]而关于其起源，一种观点认为，早在10世纪契丹族时期，就有人玩"沙特尔"这种棋戏；另一种观点认为，蒙古象棋源于西藏，随藏传佛教而传入蒙古草原；还有一种观点认为，蒙古象棋与国际象棋同出一源，其雏形应是公元5世纪流行于古印度的"沙图兰卡"，后传入阿拉伯国家改称"沙特拉兹"，而"沙特拉"或"喜塔尔"正是"沙特拉兹"的转音。笔者认为，关于蒙古象棋的起源，目前在文献学和考古学上的支撑都还不够充分，因此，需要我们经过进一步的挖掘和研究后，再下结论。

蒙古象棋在汉文文献中的出现，最早见于清朝《口北三厅志》转引明朝永乐年间的《芝仙集》，书中介绍了蒙古象棋的弈法和规则。而据《小方壶斋舆地丛钞》第二帙第一册载清代徐兰所著《塞上杂记》记载，蒙古象棋的棋制和弈法如下。

> 蒙古棋者局纵横九线，六十四罫。棋各十六枚，八卒、二车、二马、二象、一炮、一将，别以朱墨。将居中之右，炮居中之左，上于将一罫，车马象左右列，卒横于前，此差同乎中国者也。其棋形而不字，将刻塔，崇象教也；象刻驼，或熊，迤北无象也；多卒，人众以为强也；无士，不尚儒生也。棋不列于线而列于罫，置器于安也。马横行六罫，驼横行九罫，以驼疾于马也。满局可行，无河为界，所为随水草以为畜牧也。卒直行一罫，至底斜角，食敌之在前者，去而复返，用同于车，嘉有功也。众棋还击一塔，无路可出，始为败北。[②]

[①] 参见白歌乐《话说蒙古象棋源流》，《西部资源》2007年第2期。
[②] （清）王锡祺辑《小方壶斋舆地丛钞》，光绪十七年（1891），上海著易堂铅印本。

由此可见，从棋制方面来看，蒙古象棋相较中国象棋，棋子数量相等，均为每队16个，没有双士，只有1个炮，而卒增加到8个；棋子颜色一般为深浅两色；棋以各种形状区分，而非文字，其中将刻塔形，象刻成骆驼或熊的形状；棋子在格子内摆放和行走，而非在线上；没有类似中国象棋的"楚河汉界"，全盘皆可通行；棋盘内纵横九条线，为8×8，共计64格。弈法方面：把棋子放在方格中间，在末行8格中，居中2格放置将和炮，将左炮右，在其左右分别放置驼、马、车，向前一行八格各置一小卒；马先直走或横格，然后斜走一格，即为"日"形六格；骆驼只能斜走，为方形9格；卒子每次只能走一格，只准前进，不准后退。如果"将"被对方将死，没有退路，即判定为负。

可见，蒙古象棋的某些弈法与中国象棋是十分相似的。如马走日字、卒不回头、象走田字等。但蒙古象棋"满局可行，无河为界，所为随水草以为畜牧也"以及"象克驼""将克塔"又独具特色，充满了浓郁的草原气息。清中叶以后，蒙古象棋在棋制和弈法方面都有了一些改变，按《绥远通志稿》的记载，双方棋子仍为各16枚，将各一，称"诺颜"；炮改狮（或虎），各一；驼、马各四；车轮（宝盆）各二；小狮（小虎）各八。狮（或虎）前后左右斜可走八面，驼向前斜面，马走拐格，车轮（宝盆）如象棋之车，前后左右皆可行走，小狮（或虎）如卒，只能向前走一步，若走至对方底格，即可当虎（狮）之用，以困死一方诺颜为终局。而在棋子的材质方面，象棋棋子一般用树根等硬木料雕刻制作，有的用兽骨犄角雕琢而成，或者以银、铜等金属铸造，个别用石头刻制而成，并在棋子上涂上蒙古族喜爱的乳白和碧蓝的颜色。

蒙古象棋深受蒙古族人的喜爱，并在军中广为流传，据说，成吉思汗在东征时，经常与兵士切磋棋艺，蒙古象棋成为当时军中重要的休闲体育活动。至今，蒙古象棋的发展依然十分活跃，各级政府和主管部门非常重视这项民族传统体育项目的传承和保护，通过学校教育、各类竞赛等活动予以发扬和传播，在内蒙古自治区的各市、旗（县）等蒙古族聚集区，开展得十分广泛。

（二）鹿棋

鹿棋，蒙古语为"宝根吉日格"，这里的"吉日格"在蒙古语中是"连儿"的意思[①]，所以鹿棋也称鹿连儿。鹿棋也是深受蒙古族民众喜爱的民族体育活动，至

---

① 《蒙汉词典》（增订本），内蒙古大学出版社，1996，第525页。

今流传甚广。2007年，蒙古鹿棋被列入内蒙古自治区第一批非物质文化遗产名录。

关于鹿棋的起源，至今流行着这样几种说法。一是神话传说，相传很久以前，蒙古族的狩猎部落在围猎时发现了两只似牛非马的野兽，遂开始围捕，但几次合围均以失败告终，于是大家集思广益，制定了周密和翔实的诱捕路线，终于擒获两只神兽。正欲宰杀以示庆祝之时，却被山神喝住，山神告知，两只神鹿来自天庭，因偷食灵芝仙草，被罚下界，大家用智慧捉到神鹿，实是上天的考验和安排，希望大家带回去精心驯养，必将会带来幸福和吉祥。于是，大家按山神的告诫精心饲养繁殖，鹿群不断壮大，部落果然过上了富裕安康的生活。人们为了纪念和感恩神鹿，依据当时的围捕路线，发明了鹿棋。另有一种说法，鹿棋源于藏式围棋，因为现今流行在西藏等地的藏式小围棋，其棋盘与蒙古鹿棋棋盘相似。①还有一种说法，即起源于蒙古先民，这种结论的得出主要是基于蒙古族族源的考证和"苍狼白鹿"的图腾崇拜，据此推测其在围猎的生产实践中，发明了鹿棋这种富于民族特色的益智游戏。②笔者比较支持最后一种观点，既然称为"鹿棋"或"鹿连儿"，当与鹿密切相关，而我们的许多体育活动，都是源自我们生产、生活的实践，就目前文献和考古资料无以为据的情况下，无论是从其民族崇拜、生产实践还是后世的发展和流行，鹿棋源于蒙古先民似乎更具说服力。

关于鹿棋在蒙古族的开展和流行，考古学上是有发现的。1948年，苏联考古学家吉谢列夫在成吉思汗三子窝阔台汗宫中发掘到一副鹿棋棋盘③，该遗址位于今蒙古人民共和国的哈剌和林城，窝阔台于1235年在此建万安宫。可见，鹿棋在当时宫廷中已然流行。1981年，哲里木盟博物馆对内蒙古霍林河矿区金代界壕边堡进行勘测和挖掘，在出土遗物中发现了残缺鹿棋棋盘和磨制精细的石质棋子，棋盘以方砖为盘地，宽18厘米、残长11.5厘米、厚5厘米，上阴刻纵横五道等距离直线，六道交叉斜线。④金代界壕边堡修建的时间在1181年之前，说明在成吉思汗统一蒙古高原前，鹿棋活动已在蒙古民众间开展。

关于鹿棋的弈法和规则，我们从阴山岩画中出土的鹿棋棋盘与今日流行于内蒙古地区的棋盘相比较，发现并未有大的变化，据此分析，鹿棋自古至今其弈法和规则并未发生大的改变。具体如下：棋子26枚，其中大棋子2枚，代

---

① 更堆：《浅谈西藏"密芒"围棋的发现和相关传统藏棋种类》，《西藏大学学报》2003年第3期。
② 丛密林：《鹿棋考》，《体育文化导刊》2011年第8期。
③ 转引自波·少布《鹿棋溯源》，《民俗研究》1989年第1期。
④ 哲里木盟博物馆：《内蒙古霍林河矿区金代界壕边堡发掘报告》，《考古》1984年第2期。

表"鹿",蒙古语称"宝根",小棋子24枚,代表"狗",蒙古语称"脑亥",棋子一般用木头雕刻成鹿和狗的形态。现今,蒙古鹿棋已由"鹿"吃"狗"演变为"狼"吃"羊",反映了蒙古族从狩猎民族到游牧民族的特点。鹿棋的棋子也可用牛骨、羊骨、铜钱、石块等替代。棋盘由1个大的正方形和1个三角形、1个菱形组成,三角形和菱形分列左右,大的正方形平分成4个小正方形,每个小正方形由"米"字平分,纵横相连。大正方形的中心点叫"泉眼";三角形和菱形内有"十"字与主棋盘相连,分别代表"大山"和"小山",是"鹿"或"狼"躲避的地方,大山和小山与主棋盘的交合处叫"山口"。棋盘材质一般为木制或石刻,也可在纸和沙土上画,纵横交错,充满趣味性。

比赛双方,一方执2个"鹿"棋子,放在两座山"山口"处;另一方执24个"狗"棋子,把8个棋子放在以"泉眼"为中心的小正方形四边交点处,余下16个"狗"待开局后用于围堵"鹿"。开局时,双方各走一步,轮流执棋,执"鹿"者先走,可横、纵、斜走一格,或从一个"狗"上跳过,吃掉被跳过的棋子,不许连跳,不许在多个"狗"上跳过,要争取多吃掉棋子,使对方无力围堵。执"狗"者,把余下16个棋子用完,方能动用棋盘上的"狗"。如果把"鹿"围住,使其无棋可走或是被围困在山上即为胜。

比赛必有胜负之分,不能有平局和棋,没有时间限制。如果"鹿"被"狗"围得无路可走,则执"狗"者胜;如果"狗"被"鹿"吃得所剩无几,无力围住"鹿",则执"鹿"者胜。胜负确定后,下一局则执"狗"者先走,依次轮换,一般采取三局两胜制。我们推测,流行于古代蒙古族的鹿棋在弈法和规则方面当与上述基本相同。

四 蒙古族的其他体育文化

(一)蹴鞠

蹴鞠,史料中又记为"踢鞠""蹴球""蹴圆""筑球""踢圆""毛丸"等。蹴鞠相传起源于黄帝时期,马王堆三号汉墓出土帛书《黄帝四经》即记载,黄帝擒蚩尤后"充其胃以为鞠,使人执之,多中者赏"[1]。关于蹴鞠最早的文献记载见于《史记》和《战国策》,其义基本相同:"临淄甚富而实,其民无不吹竽

---

[1] 马王堆汉墓帛书整理小组:《马王堆汉墓帛书》(壹),文物出版社,1974,第25页。

鼓瑟，弹琴击筑，斗鸡走狗，六博蹋鞠者。"①说的都是苏秦力劝齐宣王合纵抗秦，到齐地临淄后看到百姓安居乐业、娱乐嬉戏的场景，现今体育史学者关于蹴鞠起源的说法基本趋于一致，认为"蹴鞠"起源于战国时期的齐国都城临淄。"蹴"者，在古代汉语中有踩、踏之意。如《孟子·告子上》："蹴尔而与之，乞人不屑也。"赵岐注云："蹴，蹋也。以足践踏与之乞人，不洁之，亦由其小，故轻而不受也。"亦有踢意，如《史记·燕召公世家》："将渠引燕王绶止之曰：'王必无自往，往无成功。'王蹵之以足。"而"鞠"，就是古代的一种球。最早是将毛纠结为球形，其通假字"毱"体现了这一早期形态。后则在皮囊内填以毛、糠等而成，唐代之后才出现充气的皮球。因而"蹴鞠"就是指古人以脚蹴、蹋、踢皮球的活动，类似今日的足球。

早期的蹴鞠本为军队练习武事之用，西汉刘向《别录》亦载："蹴鞠，传言黄帝所作，所以练武士知有材也。"《史记·卫将军骠骑列传》即载："其在塞外，卒乏粮，或不能自振，而骠骑尚穿域蹋鞠。"司马贞索隐云："《蹴鞠书》有《域说篇》，又以杖打，亦有限域也。"又刘向《别录》云："踏鞠，兵势，所以陈武事，知有材力也。"刘歆《七略》云："蹋鞠其法律多微意，皆因嬉戏以讲练士，今军士羽林无事，使得蹋鞠。"又《汉书·艺文志》载有《蹴鞠》二十五篇，颜师古注云："蹴鞠，以韦为之实以物，蹴蹋之以为戏也。蹴鞠，陈力之事。故附于兵法焉。"《太平御览》卷754引《会稽曲录》云："汉末三国鼎峙，年兴金革，士以弓马为务，家以蹴鞠为学。"可见，蹴鞠渊源之流长，至少到魏晋时期，蹴鞠仍为一项重要的军事体育活动。

蹴鞠作为一项文娱活动，其娱乐功能应该在汉代就已经被发掘，如《汉书·东方朔传》记载："董君贵宠，天下莫不闻，郡国走马、蹴鞠、剑客辐凑董氏。常从游戏北宫，驰逐平乐，观鸡鞠之会，角狗马之足，上大欢乐之。"《盐铁论》中也说，西汉社会承平日久，"贵人之家，蹴鞠斗鸡"为乐，普通百姓亦"康庄驰逐，穷巷蹴鞠"。并且，汉代的蹴鞠活动已经发展出了专门场所，按东汉李尤《鞠城铭》："圆鞠方墙，仿像阴阳。法月衡对，二六相当。建长立平，其例有常。不以亲疏，不有阿私。端心平意，莫怨是非。"②这里说明了场地、球的形状，上场队员人数，裁判及其规则等信息，由此可见，蹴鞠在汉代作为一种文娱

---

① 《史记》卷69《苏秦列传》，中华书局，1959，第2257页。
② （唐）欧阳询：《艺文类聚》卷54《刑法部》收录，上海古籍出版社，1982，第970页。

体育活动,已经具备现代足球的一些雏形。唐代时,蹴鞠在器材和场地等方面有了重大的变革,出现了充气球和球门,但此时的球门为单球门,马端临在《文献通考·乐考二十》中说:"蹴毬盖始于唐,植两修竹,高数丈,络网于上为门,以度毬。毬工分左右朋,以角胜负。"宋代的蹴鞠活动开展更为普及,上至皇室,下至平民都十分热衷此项活动,而活动形式多以表现个人技巧性为主的"白打"为主;宋代还出现了蹴鞠的专门组织"齐云社",也称"圆社"。其后经历了漫长的发展,蹴鞠成为中国古代社会广为流行的代表性体育活动之一。

元代,基本沿用了宋代蹴鞠的形式。据元杂剧《逞风流王焕百花亭》的描述,王焕本人擅长"蹴鞠打诨","鞾染气毬泥"。剧中将清明时节郊外"香车宝马,仕女王孙,蹴鞠鞦韆,管弦鼓乐,好不富贵"的热闹场面描绘得淋漓尽致。元曲大家关汉卿说自己"也会围棋会蹴鞠会打围会插科","茶余饭后邀故友,榭馆秦楼,散闷消愁,惟蹴鞠最风流"。元末诗人张翥"少时豪放不羁,好蹴鞠,喜音乐,不以家业屑其意"。可见,"蹴鞠"在元代社会是很流行的。而蹴鞠在元代蒙古族中也有开展,亦已进入上层社会。《事林广记》中有一幅《蹴鞠图》,描绘的就是几个身穿民族服装、身份高贵的蒙古族贵族蹴球的场景,一旁另有乐人吹奏以助兴。

蹴鞠在宫廷中的开展亦很普遍,元武宗时,"有近臣蹴鞠帝前,帝即命出钞十五万贯赐之。阿沙不花顿首言曰:'以蹴鞠而受上赏,则奇技淫巧之人日进,而贤者日退矣,将如国家何。臣死不敢奉诏。'乃止。"[①] 可见,蹴鞠在宫廷中很受重视并深得圣崇,若不是直臣力谏,恐以万贯相赐,但从侧面也反映了蹴鞠的盛行程度。从《全元散曲》中可知蹴鞠的技巧、花样繁多,有鸳鸯拐、云外飘、当面绕、玉女双九鬟、仙人大过桥、六踢儿、左右抄、过肩儿、永团圆等等,所以蹴鞠被视为"奇技淫巧";当达官贵人蹴鞠时,旁边不但有人围观喝彩,还有人奏乐助兴,盛况空前。可以说,随着社会的发展,蒙汉交集日密,蹴鞠在元代社会和蒙古族流行与风靡当合情合理。

(二)马球

关于马球,前文在契丹体育文化一节有专门阐释,故在此不予赘述。金、元之际,北方依附蒙古的汉人诸侯中,喜爱打马球者不乏其人。永清(今河北永清)人史天倪投降蒙古后便封得"万户"。史载:元太祖二十年(1225),"天

[①] 《元史》卷136《阿沙不花列传》,中华书局,1976,第3299页。

倪击鞠夜归，有大星陨马前，有声，心恶之"①，"击鞠"就是打马球。进入中原以后的蒙古人也很快对这种马上竞技活动产生了浓厚的兴趣。从现有的文献和考古史料来看，生活在草原上的蒙古人原来并不知道马球。进入中原以后，由于他们习惯于马上生活，因此很自然地便钟爱于这项活动。《蒙鞑备录》中有这样一段记述："燕聚欢乐，国王出师，亦有女乐随行。如彼击鞠，止是二十来骑，不肯多用马者，尔恶其哄闹也。击罢，遣人来请我使人至彼，乃曰：'今日打毬，如何不来？'答曰：'不闻钧旨相请，故不敢来。'国王（木华黎）乃曰：'你来中国中，便是一家人，凡有宴聚打毬，或打围出猎，你便来同戏，如何又要人来请唤。'因大笑而罚六杯。终日必大醉而罢。"这里的"击鞠""打毬""击毬"皆为打马球；文中所说的"国王"，是蒙古大将木华黎，他因战功卓著受成吉思汗之命经略黄河以北而得此头衔。蒙古人把宴饮、狩猎和战争相提并论，作为头等大事，而木华黎将打马球与宴饮、狩猎并列，可见其重视程度。

元朝统一全国以后，马球活动在宫廷和贵族中很流行。据《析津志辑佚·风俗》载：

> 击球者，今之故典，而我朝演武亦自不废。常于五月五日、九月九日，太子、诸王于西华门内宽广地位，上召集各衙万户、千户，但怯薛能击球者，咸用上等骏马，系以雉尾、璎珞，萦缀镜铃、狼尾、安答海，装饰如画。玄其障泥，以两肚带拴束其鞍。先以一马前驰，掷大皮缝软球子于地，群马争骤，各以长藤柄球杖争接之。而球子忽绰在球棒上，随马走如电，而球子终不坠地。力捷而熟娴者，以球子挑剔跳掷于虚空中，而终不离于球杖。马走如飞，然后打入球门中者为胜。当其击球之时，盘屈旋转，倐如流电之过目，观者动心骇志，英锐之气奋然。……如镇南王之在扬州也，于是日王宫前列方盖，太子、妃子左右分坐，与诸王同列。执艺者上马如前仪，胜者受上赏；罚不胜者，若纱罗画扇之属。此王者之击球也。②

这是一段关于元代贵族和宫廷打马球的史料，从中我们可以看出，第一，

---

① 《元史》卷147《史天倪列传》，中华书局，1976，第3481页。
② （元）熊梦祥：《析津志辑佚》，北京古籍出版社，1983，第203~204页。

宫中打马球一般在端午和重阳等重大节庆活动举行,所选皆上等骏马,马匹要进行装饰,最显著的特点是要"系以雉尾、璎珞",这是与中原马球活动的显著区别;第二,这段史料也明确指出元代的马球出现了皮制球,且球杖是长藤柄的,这也是与宋、辽时期的不同之处。从文中贵族子弟打马球的娴熟程度和高超技艺来看,这些万户、千户、怯薛一定经常从事马球活动,以至能使"观者动心骇志,英锐之气奋然"。许多诗篇还对宫廷和王公子弟打马球的场景进行了生动的描绘,如张昱《辇下曲》:"闲家日逐小公侯,蓝棒相随觅打毬。向晚醉嫌归路远,金鞭横过御街头";乃贤《羽林行》:"羽林将军年十五,盘螭玉带悬金虎。……东园击毬夸意气,西街走马扬飞尘";萨都剌的《雁门集》中也记载了:"深宫尽日垂朱箔,别殿何人度玉筝。白面内官无一事,隔花时听打毬声"等等。一幅幅生动的击鞠画面跃然纸上。

　　除宫廷和贵族中开展以外,元代在军队也开展马球活动。建立元朝的蒙古族是游牧民族,以骑射统一天下,因此喜欢借打马球以练武。《析津志辑佚》中:"击球者,今(金)之故典,而我朝演武亦自不废。"这段文字已经很清楚地说明了马球是军事演武的重要内容。《元史·王珣传》亦载:王珣"武力绝人,善骑射,尤长于击鞠""进退周旋,无不如意";《录鬼簿续编》这样描述行军司马参将陈伯将:"打球蹴鞠,举世服之。"这些都说明马球在军中十分盛行,马球技艺越高的人,越能令众人叹服。

　　马球之所以在军中深受欢迎并广泛开展,其主要原因在于马球所要求的骑术、驭术、击球术、团队协作、勇气智慧以及人与马之间的配合等,这些与战争有很多相似之处,自然成为军事训练的主要手段和内容,这对以骑兵为主要兵种的蒙古军队而言极为重要。

(三)贵由赤(放走)

　　"贵由赤"是蒙古语,意为快跑者,也称"贵赤卫"或"贵赤",这项运动源自元代。元人杨瑀在《山居新语》中说:"皇朝贵由赤,即急足、快行也。每岁试其脚力,名之曰放走。监临者封记其发,以一绳拦定,俟齐去绳走之。大都,自河西务起,至内中;上都,自泥河儿起,至内中。越三时,行一百八十里,直至御前,称万岁礼拜而止。"[①] 由此可知,"贵由赤"的规则和形式,比赛之前,

---

[①] (元)王恽、杨瑀:《玉堂嘉话·山居新语》,中华书局,2006,第216页。

监临者（裁判员）在每一个参赛者的头发上做记号，以绳为起跑线。大都，自河西务起跑；上都，自泥河儿起跑，均到皇城大内结束。在三个时辰内跑完全程，赛程总计一百八十里。陶宗仪在《南村辍耕录》里的记载与《山居新语》的内容基本一致："贵由赤者，快行是也。每岁一试之，名曰放走，以脚力便捷者膺上赏，故监临之官齐其名数而约之以绳，使无后先参差之争，然后去绳放行。在大都则自河西务起程，若上都则自泥河儿起程。越三时，走一百八十里，直抵御前，俯伏呼万岁。先至者赐银壹饼，余则缎匹有差。"[1]据学者测算，元代的一百八十里约合现在的67.6千米，这样看来，其距离已经超过了马拉松42.195千米的长度。而三个时辰即六个小时跑完全程，对选手来讲也是极大的挑战。

元代设"贵由赤"，其目的主要是负责大都（今北京）和上都（内蒙古正蓝旗东闪电河北岸）的警卫工作，据《元史·兵志》记载："及世祖时，又设五卫，以象五方，始有侍卫亲军之属，置都指挥使以领之。"[2]中统三年（1262）以后，忽必烈汗在成吉思汗四"怯薛"的基础上，又先后建立了右卫、左卫、贵赤卫、右阿速卫、左阿速卫等卫戍部队。"贵赤卫：至元二十四年立。西域亲军：元贞元年，依贵赤、唐兀二卫例，始立西域亲军都指挥使司"，[3]以此担负起大都和上都的警卫任务。为选拔和训练这支禁军，元朝每年定期开展长跑比赛，由朝廷组织、皇帝嘉奖、卫军参加，这种自上而下的重视和推行，使"贵由赤"逐渐规范并演变为官方举办的全国性重大体育赛事，形成惯例，每年定期举办。"贵由赤"的比赛最初只是在军中开展，参加者为禁卫军。忽必烈继位不久，为加强交通和信息传递，设急递铺兵，《元史》载："世祖时，自燕京至开平府，复自开平府至京兆，始验地里远近，人数多寡，立急递站铺。每十里或十五里、二十五里，则设一铺，于各州县所管民户及漏籍户内，签起铺兵。……每铺置铺丁五人，……铺兵一昼夜行四百里……"[4]这就要求急递铺兵也应具备长跑和速跑能力，出于训练和军事需要，军中的贵由赤比赛自然也加入了这些铺卒。

元代的诗词歌赋对贵由赤也多有记载。张昱在《辇下曲》写道："放教贵赤一齐行，平地风生有翅身。未解刻期争拜下，御前成个赏金银"。杨允孚的《滦京杂咏》卷上"健步儿郎似乐云，铃衣红帕照青春。一时脚力君休惜，先

---

[1] （元）陶宗仪：《南村辍耕录》，上海古籍出版社，2012，第17页。
[2] 《元史》卷99《兵志》，中华书局，1976，第2523页。
[3] 《元史》卷99《兵志》，中华书局，1976，第2527页。
[4] 《元史》卷101《兵志》，中华书局，1976，第2596~2597页。

到金阶定赐银"。这两首诗的作者都曾在中央机构任职，诗中所述在《元宫词百章》（其四十五）中记述："鬼赤遥催驼鼓鸣，短簷毡帽傍车行。上京咫尺山川好，纳钵南来十八程。"

古时"贵由赤"的比赛自1287年设立，直至1368年元朝灭亡这项赛事才中断，现今，从民族传统体育文化的挖掘和保护的角度，在内蒙古地区以"贵由赤"命名的长跑比赛又在历史的尘埃中重新兴起，"贵由赤"正以其独有的文化魅力，用传统体育文化的视角向世人展示元代厚重的历史文化积淀，并以特有的方式向全国乃至世界呈现蒙古族游牧文化的历史风貌。

"贵由赤"一方面创造了人类迄今为止最长时间、最长距离（67.6千米）的长跑比赛，开创了人类古代体育长跑的新纪元；另一方面，它从文化视角反映了蒙古民族在古代简陋的条件下，挑战身体极限、顽强拼搏的民族性格，诠释着蒙古民族坚韧、积极、乐观、拼搏的民族文化精神。"贵由赤"是蒙古族坚强意志的象征，是蒙古民族文化的"形"与"神"相结合的产物，正是这种民族文化精神的培养和迸发，铸就了13世纪蒙古族对于世界的不朽贡献。

（四）"沙阿"和"古尔"游戏

"沙阿"和"古尔"都是古代蒙古族传统的体育游戏。"沙阿"是指利用羊、鹿等踝骨进行的一种游戏，有抓、击两种玩法，俗称抓"嘎拉哈"，后又有"噶什哈""喀赤哈"的称谓；"古尔"是用牛髌骨进行击打的一种游戏，有掷远、掷准两种玩法。这两种游戏都是源自古代的军事占卜祭祀。早在部落联盟时期，蒙古族各部落在征战前都要祭拜"苏力德"（军旗），并请来萨满做占卜，以辨明吉凶、确定出征日期。到了成吉思汗时代，则每战必祭"苏力德"，每战必占卜。据《黑鞑事略》记载："其占筮，则灼羊之枚子骨，验其文理之逆顺而辨其吉凶。……每将出征，必令公预卜吉凶，上亦烧羊髀骨以符之。"这里的羊枚子骨，指的是羊的肩胛骨，蒙古人把它称为最有灵性的骨骼，为军事占卜的必备；羊髀骨，蒙古人也叫髀石，蒙古语为"沙阿"或"古尔"，都是指羊、鹿、牛腿上的游离骨——踝骨或髌骨。

在漫长的历史进程中，作为占卜、祭祀器物的羊骨，逐渐演变为"沙阿"和"古尔"游戏，其具体的规则一般是用羊、鹿后腿的踝骨，经打磨后进行游戏。在除夕守岁时，妇女、儿童多以此为乐。通常有两种形式：一种是抓"沙阿"，即东北女童的抓（欻）"嘎拉哈"，游戏时将"沙阿"掷散在地，一般用口袋（以布缝制，内装谷物），有时也用小皮球，进行抛、抓、翻、接；另一种将"沙阿"匀数分配，然后众人将"沙阿"合在一起掷散，用形状相同的"沙阿"互相弹击，击中者归为己有，依次轮回决出胜负；"古尔"一般是用牛骶骨进行游戏，将牛骶骨凹凸面磨平，在其中间钻洞灌铅互相投掷，以掷远或掷准的方式决定胜负，一般不限人数。

蒙古人对"沙阿"或"古尔"有特殊的感情。除了用来进行游戏，还把它们当吉祥礼物互相馈赠，据《元朝秘史》记载：童年时，成吉思汗就曾经与扎木合互赠"沙阿"，当时扎木合赠予铁木真狍子髀石，铁木真回赠扎木合铜灌髀石，两人结为"安达"（好朋友）。考古发现，近年来在元代古城遗址中出土了许多髀石，仅乌兰察布市元代净州路某房屋遗址一次就发现羊髀石300余枚，同时还发现了马、牛、驼、狼、鹿等动物髀石，另有灌铜、灌锡、灌银髀石等等，种类之繁多，足以说明这种游戏在蒙古族的发展和流行程度。

"沙阿"和"古尔"游戏得到了很好的保留和传承，在后世满族中也十分流行，并传播到汉族和其他少数民族地区，现在东北地区儿童游戏的（欻）"嘎拉哈"与"沙阿"和"古尔"如出一辙。

纵观以上蒙古族体育文化在蒙元时期的发展，一如其他民族一样，体现了鲜明的民族特点，游牧文明中产生的骑马、射箭、摔跤等活动在蒙古族中得到充分的认同和发展，并向更高的层次——那达慕大会形式迈进，这种集会竞赛的拉动效果，必然极大地促进"三项竞技"活动发展到更高水平，这对于游牧民族的传统体育文化而言是一个很大的突破。蒙古民族的乐舞、棋类体育文化也体现了浓郁的民族风情，这些体育文化形式将宗教信仰、图腾崇拜和军事活动等元素融入其中，这也是其民族文化发展的产物。从文化的融合角度来看，蒙古汗国到元朝建立初年，由于战争，东北地区经辽金两朝巩固繁荣的政治、经济、文化遭到了严重破坏，而元朝入主中原后，东北地区也失去了辽金时期作为国家行政中心的尊崇和优渥地位，从整体上看，其文明的发展和进步不是特别明显。具体到体育文化的发展上，我们发现，中原体育文化并未得到蒙古族的充分认可，虽然蹴鞠、马球等活动也在文献中有记载，但开展的阶层限于中原贵族，马球与中原的规制和形式也有很大的改变。这说明汉文化在东北地区传播的层面并不广泛，仅限于上层社会和士人阶层，很难普及到百姓阶层，蒙古族大部分民众还不能切身体会中原体育文化的丰富内容和无穷乐趣，因此，我们发现，蒙古族体育文化的汉化特征并不明显。但总体而言，蒙元时期蒙古族的体育文化还是持续发展的，主要体现在元朝在中原地区的经略和进步。

第八节　东胡族系各民族体育文化发展的总体特征

古代东北的东胡系各民族，尽管其民族文化发展并不完全相同，但由于相同的社会生产方式、相似的生活地域与自然环境以及相近的族属关系，从而拥有共性非常强的民族文化，这也使他们在体育文化的表现上呈现出一定的共同特征。

第一，东北古代东胡系各民族的体育文化，受其社会生产方式的制约非常明显。这些民族基本都是生活在中国东北地区的游牧民族，过着"逐水草而居"的游牧生活，其社会主要生产方式是游牧生产与狩猎生产，因此其体育文化最为主要的表现形式就是骑射体育。骑射体育对于东胡系各民族来说，不仅仅是一种用以强身健体的文娱活动，更是赖以生存的生产技能与对抗外敌的军事技能，其社会体育文化最为重要的组成部分皆由骑射文化衍生而来。如鲜卑之讲武、朋射，契丹之射柳、瑟瑟仪，蒙古族的"三项竞技"皆为骑射活动逐渐发展而衍生的新形式。这些衍生活动除了骑射活动的基本功能外，还承担更多的社会文化功能。如讲武、朋射对鲜卑来说，已经不仅是一种生产与军事技能，还具备相当的政治功能与竞技文娱功能；射柳和瑟瑟仪对于契丹来说，还具备祭祀功能；而蒙古族的"三项竞技"和那达慕大会也是敖包祭祀中的重要内容，并随着时代的发展赋予了其全新的内容和价值内涵。总而言之，游牧文化深刻地影响着古代东北东胡系民族的体育文化，以骑射活动及其衍生品为代表的体育活动，成为这些民族体育文化最为主要的表现形式。

第二，古代东北东胡系各民族拥有相近的族属关系，因此其民族体育文化也大多具备共同的渊源。就族属源流来看，鲜卑族、乌桓族皆直接出自东胡族，乌洛浑族是乌桓族在不同时期的不同称呼，契丹族出自鲜卑，奚族长期与匈奴、契丹人混居，室韦与契丹同裔，蒙古源于室韦，因此其体育文化的表现形式大多呈现相近面貌，相互之间虽有区别，但联系紧密。例如，就骑射活动而言，这些民族的马匹来源地和种类、训练方式、技能表现、配合习惯等，都很可能由于相近的文化传统而呈现高度相似性。事实上，这些民族在其社会文化的表现形式上本就十分相似，难以区别，如在今辽西地区发现的夏家店上层文化，其族属问题至今争论不休，很多墓葬的族属究竟是东胡族还是鲜卑族抑或其他民族，至今难以完全定论。因此，这些民族在体育文化上呈现出相似性或趋同性也就不足为怪了。

第三，古代东北东胡系各民族在其发展的早期阶段，其社会生产力发展水平普遍较中原地区落后，因此其体育文化发展也相对滞后，体育活动的生产与军事功能要远远强于文娱功能。而随着一些民族与中原文化的交流日益深入，中原地区的先进文化开始对这些民族产生深刻影响，很多中原地区的体育文化内容进入这些民族的社会生活中，与其传统体育文化相融合，使之焕发了全新的生命力。其中最为典型的代表即鲜卑民族。早期的鲜卑，其体育文化建立在原始的骑射活动基础之上，体育活动更多承载着生产与军事功能，骑射作为鲜卑族安身立命之本，其功能性意义要远远大于文娱意义。而在鲜卑族开始其汉化历史进程之后，随着与汉民族文化交流的深入，骑射活动在生产与军事功能的基础上，被赋予了更多的竞技与文娱功能，使其摆脱了单纯的生产与军事色彩，从而具有更多的精神文化属性。进而，汉族的很多体育活动被鲜卑族所接纳，如百戏、围棋等原本为中原地区盛行的体育活动，在北朝时期开始在鲜卑族社会中大放异彩，这不得不说是文化交流促进文化进步的一个典型案例。又如汉唐时期的契丹，长期处于较为原始的游牧生产状态，因此与早期鲜卑一样，其社会体育活动以骑射及其衍生活动为主，生产与军事是其社会体育活动最为重要的现实意义。而自契丹建立辽朝，大量中原汉族融入契丹社会，带去了更为先进的中原文化，使其体育文化迅速呈现出全新面貌。辽代的契丹社会体育活动，除传统的以射柳、瑟瑟仪为代表的骑射活动外，中原地区所流行的围棋活动也开始在契丹社会中盛行。如1954年辽宁锦西西孤山萧孝忠墓曾出土黑白二色围棋棋子76枚[1]；1977年内蒙古自治区敖汉旗丰收公社白塔子大队曾发现一座契丹辽墓，墓中出土有全套围棋用具，其中棋盘为方形白漆木桌，黑子79枚，白子76枚，出土时白、黑子呈对弈残局形式摆放在棋盘之上，从而重现了辽代契丹围棋对弈的情景，基本与中原围棋并无二致。[2] 盛行于中国南

---

[1] 冯永谦：《建国以来辽代考古的主要发现》，载于陈述主编《辽金史论集》第1辑，上海古籍出版社，1987，第323页。
[2] 参见敖汉旗文化馆《敖汉旗白塔子辽墓》，《考古》1978年第2期。

北朝时期的双陆棋也在辽代传入了契丹社会[①],《辽史》中即有多处对辽王朝贵族阶层以双陆棋进行文娱活动的记载。这些都是契丹文化与中原文化交流、融合而给契丹民族体育文化带来的直接改变。

第四，由于文化发展程度存在差异，古代东北民族与中原地区的交往深入程度往往能够决定其社会发展进程。古代东北东胡族系各民族的体育文化发展呈现这样一种趋势：与中原汉族交流越为深入的民族，其体育文化的发展水平越高，体育活动承载的社会文化功能越强，内容也越丰富。反之，则其体育文化发展水平就较为一般，体育活动的生产功能与军事功能更强，内容也相对单一。但元朝汉文化的发展呈现了一点特殊性，从整体上说，无论是元朝前期，还是以后的发展期、恢复期和创造期，汉文化在东北地区的传播尽管一如前代时期的顺畅和无障碍，但影响力未能完全显现。主要原因就是元朝的国祚太短暂，前期的破坏较为严重。因此，无论是与其前的辽金两朝相比，还是与其后的明清两朝相比较，元朝东北地区的汉文化传播及其影响都是处于两峰之间的波谷时期，这一点在体育文化的表现方面也是如此。

总而言之，古代东北东胡系民族的体育文化发展，与中原地区相比较而言显得相对落后，他们的民族体育与游牧生产活动密切相关，大多数体育活动其实是生产活动的转化，并且充满了浓郁的草原文化气息。

---

① 参见黄聪《中国北方民族体育史考》，人民出版社，2009，第135~136页。

第二章

秽貊族系各民族的体育文化发展

古代东北秽貊族系主要包括秽、貊、夫余、沃沮和豆莫娄等民族，这些民族基本上与商周时期的秽、貊二族有着族属渊源关系，是东北地区农业最为发达的族群。他们主要分布于今日的辽东半岛、松嫩平原一带，由于与中原地区接触较为密切且文化结合程度比较深，故而整体而言社会发展程度较高，而其民族体育文化发展就呈现出本民族体育与汉民族体育高度结合的特征。

第一节 秽、貊的体育文化

秽貊族系是古代东北地区影响最为深远的族系之一，研究表明，自新石器时代，貊族就已活跃于东北之鸭绿江、浑江、太子河和辽东半岛等地区；而受吉林"西团山文化"影响的"秽族"则主要居住于今松花江中游地区。商周之际，秽貊人与中原联系紧密，并深受华夏文明和北方强悍民族的影响，有被同化和融合的趋势。自西汉起，秽、貊两族相互融合与分化，逐渐发展形成了许多较大的民族共同体，如建立地方民族政权的夫余等。

关于秽、貊二族的体育文化，限于史料，所考无多。有学者从秽、貊二字的构成方式上推测两族的生活方式，分析认为：如"秽"字，亦写作"濊"，其偏旁或为禾，或为水，说明其应该主要从事农业生产，或者主要生活在靠近水的区域。这由其后族系中的其他民族反观，倒是确实如此，高度吻合。另从"貊"上看，其偏旁为"豸"，说明该族应与狩猎和畜牧联系密切。如果以上推测成立的话，那么，秽、貊二族的体育文化应多与水上活动和狩猎活动相关，只是具体形式，还有待进一步考证。此外，秦汉时期，居于东北地区的秽貊与中央政权的关系总是分合不定，当中原王朝强大时即归附；当中原王朝国势渐弱、无力顾及时，便脱离控制，甚至会有"貊人寇边愈甚"的情况。建武"二十五年""春正月，辽东徼外貊人寇右北平、渔阳、上谷、太原，辽东太守祭彤招降之。"[1]元初五年，"夏六月，高句骊与秽貊寇玄菟"[2]建光元年，"夏四月，秽貊复与鲜卑寇辽东，辽东太守蔡讽追击，战殁"[3]。"冬十二月，高句骊、马韩、秽貊围玄菟城，夫余王遣子与州郡并力讨破之。"[4]如此频仍的战事活动，说明秽貊的军事体育必然已发展到一定水平，达到可以与汉王朝军事力量进行激烈对抗的程度了。

第二节　夫余的体育文化

夫余作为一个民族，大约形成于公元前119年汉王朝破匈奴左地至公元前108年置辽东四郡之间[5]，主要居住于今松辽平原北部地区。据《三国志·魏书·乌丸鲜卑东夷传·夫余》记载："夫余在长城之北，去玄菟千里，南与高句丽，东与挹娄，西与鲜卑接，北有弱水，方可二千里。"[6]又《后汉书·东夷列传·夫余》记载："夫余国，在玄菟北千里。南与高句骊，东与挹娄，西与鲜卑接，北有弱水。地方二千里，本濊地也……于东夷之域，最为平敞，土宜五谷。"[7]其北部边界大致在黑龙江的中上游，南部则与高句丽相邻，"约在今浑河、辉发河上游的分水岭一带"[8]，西部则在今洮儿河与霍林河下游，与鲜卑接壤，而其东部边界，当在今张广才岭以西，位于松嫩平原腹地。

据《后汉书·东夷列传·夫余》记载，汉代的夫余"于东夷之域，最为平敞，土宜五谷"[9]。又《三国志·魏书·乌丸鲜卑东夷传·夫余》记载，夫余的居地

---

[1]　《后汉书》卷1《光武帝纪》，中华书局，1965，第76页。
[2]　《后汉书》卷5《孝安帝纪》，中华书局，1965，第228页。
[3]　《后汉书》卷5《孝安帝纪》，中华书局，1965，第232页。
[4]　《后汉书》卷5《孝安帝纪》，中华书局，1965，第234页。
[5]　江应樑：《中国民族史》上册，民族出版社，1990，第150页。
[6]　《三国志》卷30《魏书·乌丸鲜卑东夷传·夫余》，中华书局，1959，第841页。
[7]　《后汉书》卷85《东夷列传》，中华书局，1965，第2810~2811页。
[8]　李建才：《东北史地考略》，吉林文史出版社，1986，第19页。
[9]　《后汉书》卷85《东夷列传》，中华书局，1965，第2811页。

"多山陵、广泽,于东夷之域最平敞。土地宜五谷,不生五果"①。这说明农业生产应该在夫余族社会的生产中居于重要地位,农业经济已经比较发达,而一些与夫余有关的考古资料也证明,夫余基本上已经步入农业社会,其社会文化至少在东汉时期已经发展成为以农业为主,以畜牧业、渔猎业为辅的复合型经济。②因此,其社会体育文化就必然要与以游牧文化为核心的东胡族系各民族有极大之不同。

关于夫余体育文化的资料在文献中基本没有直接记载,但我们仍然可以从一些史料与考古资料中进行侧面考察,寻找夫余体育的一些线索。

一 夫余的军事体育文化

从现有的资料来看,军事类型体育应该是夫余体育文化最为重要的组成部分之一。据《后汉书·东夷列传·高句骊》:"建光元年……秋,宫遂率马韩、濊貊数千骑围玄菟。夫余王遣子尉仇台将二万余人,与州郡并力讨破之,斩首五百余级。"③又《后汉书·东夷列传·夫余》:"永康元年,王夫台将二万余人寇玄菟,玄菟太守公孙域击破之,斩首千余级。"④这说明汉代的夫余社会已经组建了一支两万人以上的军队。据《三国志》的记载,东汉时期的夫余不过"户八万"⑤,按每户五口记不过40万人口,数万人的军队在夫余人口中所占的比例是很大的。既然存在如此大规模的军队,可知日常军事训练必然会频繁进行,否则无法保证军队的战斗力。据《后汉书·东夷列传·夫余》:"其人粗大强勇而谨厚,不为寇钞。以弓矢刀矛为兵。"⑥又《三国志·魏书·东夷传·夫余》记载,夫余人"以弓矢刀矛为兵,家家自有铠仗"⑦,如此大规模的兵器装备,说明夫余人可能长期处于全民皆兵的日常状态,其主要武器是弓矢刀矛之类,那么射箭、刀矛类武器操练等军事体育活动,就必然成为夫余人的日常体育活动。如史料记载中的夫余早期贵族东明即十分善射,据《后汉书·东夷列传·夫

---

① 《三国志》卷30《魏书·乌丸鲜卑东夷传》,中华书局,1959,第841页。
② 李路:《汉代东北边疆民族文化与汉文化交流研究》,博士学位论文,东北师范大学,2014,第86~88页。
③ 《后汉书》卷85《东夷列传》,中华书局,1965,第2814~2815页。
④ 《后汉书》卷85《东夷列传》,中华书局,1965,第2812页。
⑤ 《三国志》卷30《魏书·乌丸鲜卑东夷传》,中华书局,1959,第841页。
⑥ 《后汉书》卷85《东夷列传》,中华书局,1965,第2811页。
⑦ 《三国志》卷30《魏书·乌丸鲜卑东夷传》,中华书局,1959,第841页。

余》："东明长而善射，王忌其猛，复欲杀之。东明奔走，南至掩㴲水，以弓击水，鱼鳖皆聚浮水上，东明乘之得度，因至夫余而王之焉。"[1] 东明善射被记载入夫余立国传说之中，说明夫余人对射箭活动之重视，射箭必然是夫余最有代表性的军事体育活动之一。

从考古资料来看，夫余人这种军事体育活动很可能受到中原地区的很大影响。例如，吉林大安汉书二期文化遗址"出土的铁器，主要有銎形斧和刀两种……形制同于战国至汉时期华夏——汉族使用的同类器物"[2]。这说明夫余人的武器装备在类型与形制上都是从中原地区传入的，由于这些兵器在中原地区已经存在操演定式，在军事训练的形式、动作等方面，应该也是学习自中原地区。此外，由于夫余军队的规模较大，且其经常联合周边民族共同征战，因此其军事训练应该十分注重军阵配合，注重协作应该是夫余军事体育的一个重要特征。

二 夫余的狩猎及其他体育文化

夫余社会的军事体育如此发达，夫余人对弓矢刀矛之类使用如此娴熟，除战斗所需外，夫余人应该还经常从事狩猎、渔猎等活动，现在发现的一些考古资料是可以说明这一点的。如在黑龙江肇源发现的白金宝遗址文化（即白金堡遗址文化）中，就出现了很多动物骨骼遗骸，有牛、狗、山羊、狍、猪、鹿、马、蚌、鲶鱼、乌鳢、鳙等，大多带有如砸痕、砍痕、锯痕、烧痕、刮磨痕等人为加工的痕迹，"从遗址内出土的生产工具观察，不见农业工具，主要是骨制的日常生活用具和渔猎工具。尤其是用于捕捞的织网工具梭和挡板以及网坠和鱼镖的大量出现，说明捕捞业在当时的生产中占有非常重要的位置。而用于狩猎且加工精美的骨镞的大量出现说明狩猎业也是非常重要的。从渔猎生产工具的大量出现，可以看出当时人们的主要生业是渔猎。"[3] 如大安汉书二期文化中发现了大量的鱼鳞、鱼骨混杂堆积，还发现了大量陶制网坠，这说明在当时的生活中渔业占有重要地位[4]；大安渔场墓群则多数墓中都有圆形或条形蚌壳随

---

[1] 《后汉书》卷85《东夷列传》，中华书局，1965，第2810～2811页。
[2] 吉林大学历史系考古专业、吉林省博物馆考古队：《大安汉书遗址发掘的主要收获》，《东北考古与历史》（第一辑），文物出版社，1982，第138页。
[3] 陈全家：《白金宝遗址（1986年）出土的动物遗存研究》，《北方文物》2004年第4期。
[4] 吉林大学历史系考古专业、吉林省博物馆考古队：《大安汉书遗址发掘的主要收获》，《东北考古与历史》（第一辑），文物出版社，1982，第140页。

葬，有的里面存有鱼骨，还发现了桦皮制的箭囊和弓囊、铁制和骨制箭镞以及木制箭杆的残痕[①]，同样可以证明渔猎在当时是非常重要的食物和某些生活用具的获取方式。除此之外，文献记载汉代的夫余"在国衣尚白，白布大袂，袍、裤，履革鞜。出国则尚缯绣锦罽，大人加狐狸、狖白、黑貂之裘……出名马、赤玉、貂狖、美珠"[②]，说明夫余人经常捕猎狐狸、狖、貂等动物，亦为夫余族渔猎业发达的证据。[③] 从这些资料来看，夫余社会的狩猎活动应该是十分发达的，只是夫余人的狩猎活动往往并不具备文娱功能而是更为偏重生产功能。

夫余社会的养殖业应当非常发达，其民众大量饲养牛、羊、马之类大型牲畜，《三国志·魏书·乌丸鲜卑东夷传·夫余》载，"其国善养牲，出名马"[④]，说明骑马活动应该也是夫余人日常从事的体育活动。

夫余人还崇尚乐舞，这种体育活动在历史文献中有着明确的记载。如《三国志·魏书·乌丸鲜卑东夷传·夫余》即记载，每逢国中大会之时，夫余人："连日饮食歌舞，名曰迎鼓……行道昼夜无老幼皆歌，通日声不绝。"[⑤] 又《后汉书·东夷列传·夫余》："以腊月祭天，大会连日，饮食歌舞，名曰'迎鼓'……行人无昼夜，好歌吟，音声不绝。"[⑥] 由是可知，乐舞是夫余人日常生活中极为重要的文娱活动，并且常常与祭祀活动联系在一起。

第三节　沃沮的体育文化

沃沮是在汉至魏晋时期生活于中国东北地区的一个边疆民族，在史料记载中有东沃沮（南沃沮）、北沃沮之分别，其在汉魏晋时尚处于原始的部落社会，社会发展程度不高。据研究，北沃沮的居地当在今吉林省东部图们江下游的珲春地区，在单单大岭以东；东沃沮的居地，按《后汉书·东夷列传·沃沮》："东

---

① 吉林省博物馆文物队、吉林大学历史系考古专业：《吉林大安渔场古代墓地》，《考古》，1975年第6期；《吉林省志》卷43《文物志》，吉林人民出版社，1991，第175页。
② 《三国志》卷30《魏书·乌丸鲜卑东夷传·夫余》，中华书局，1959，第841页。
③ 李路：《汉代东北边疆民族文化与汉文化交流研究》，东北师范大学，博士学位论文，2014，第88页。
④ 《三国志》卷30《魏书·乌丸鲜卑东夷传·夫余》，中华书局，1959，第841页。
⑤ 《三国志》卷30《魏书·乌丸鲜卑东夷传·夫余》，中华书局，1959，第841页。
⑥ 《后汉书》卷85《东夷列传》，中华书局，1965，第2811页。

沃沮在高句骊盖马大山之东，东滨大海，北与挹娄、夫余，南与濊貊接。其地东西夹，南北长，可折方千里。"①"高句骊盖马大山"，即今朝鲜咸镜道地区南北向的狼林山脉，其以东地区至滨海是一块比较狭长的地域，恰符合"其地东西夹，南北长"的地貌特征，东沃沮应该就生活在这里。

从现有史料考证，沃沮的社会发展程度是比较落后的，据《后汉书·东夷列传·沃沮》记载，其"土肥美，背山向海，宜五谷，善田种"，说明沃沮应该是一个以农业为主要生产方式的民族。考古资料亦可佐证这一记载，如今东宁县团结遗址、大城子遗址和宁安县东康遗址等沃沮文化遗址都出土了石镰、蚌镰以及磨制的有孔石刀、石斧、石磅、石磨盘等农业生产工具。另外，汪清县百草沟遗址中发现大量的农业生产工具，主要为石制，有斧、锛、刀、镰、凿等制式，并发现了保存完好的灶址②；珲春一松亭遗址出土了与百草沟遗址类似的石刀、石斧以及灶台③；在汪清县天桥岭的四个石棺墓中，出土了石斧、石锛、石刀等④。其中东宁县团结遗址下层一号房址曾出土沃沮铁镰，通体扁平窄身，弧背单刃，与内蒙古自治区奈曼旗善宝营子古城址出土的西汉铁镰相似。⑤这说明沃沮族的农业生产工具是模仿中原汉族同类工具而生产的，且其生产工具大多为石制、骨制，可见其生产力发展的水平并不高。

关于沃沮体育文化的记载，在文献中十分少见，但我们仍可以从一些侧面对之进行一定了解。

据《三国志·魏书·乌丸鲜卑东夷传·东沃沮》记载，沃沮社会盛产"貊布、鱼、盐、海中食物……人性质直强勇，少牛马，便持矛步战"⑥，从这条史料中，我们可以得出关于沃沮族体育文化的基本信息。

一 沃沮的水上体育文化

由于沃沮生活的地域依山傍海，所以海产品是其特产之方物，这说明沃沮人必然掌握了造船与近海航行技术，划船应该是沃沮社会中常见的体育活动。

---

① 《后汉书》卷85《东夷列传》，中华书局，1965，第2816页。
② 参见王亚洲《吉林省汪清县百草沟遗址发掘简报》，《考古》1961年第8期。
③ 参见李云铎《吉林珲春南团山、一松亭遗址调查》，《文物》1973年第8期。
④ 高青山等：《东北古文化》，春风文艺出版社，1992，第166页。
⑤ 参见匡瑜《战国至两汉的北沃沮文化》，《黑龙江文物丛刊》1982年第1期。
⑥ 《三国志》卷30《魏书·乌丸鲜卑东夷传·沃沮》，中华书局，1959，第846页。

又据《三国志·魏书·东夷传·挹娄》载汉魏晋时期的挹娄族："其国便乘船寇盗，邻国患之"，故而《三国志·魏书·东夷传·沃沮》又载沃沮："与挹娄接。挹娄喜乘船寇钞，北沃沮畏之，夏月恒在山岩深穴中为守备，冬月冰冻，船道不通，乃下居村落。"这两条史料进一步说明，沃沮族生活的地域应该水道密布，不然其无法长期与挹娄族进行水上战斗，进而表明沃沮是一个熟习船上技术的民族。百草沟遗址和一松亭遗址中出土的器物还有大量石镞、石网坠、陶网坠、钩形器、海螺饰物[1]，这进一步表明了沃沮人必然经常渔猎并因而能够熟练操纵船只。因此，沃沮的水上体育文化必然与舟船驾驶、渔猎生产及其相关活动的开展息息相关。

二 沃沮的军事体育文化

沃沮人性情悍勇，无惧战斗，其主要的武器是矛，方式多为步战，因此持械武术应该是沃沮人经常进行的体育活动。考古资料亦可以证明这一点，我们今天所发现的很多沃沮文化遗存中，如汪清县天桥岭石棺墓、汪清新华间居住址、汪清新安间遗址、吉林省珲春市一松亭遗址等沃沮文化遗址，都曾出土了大量长身石矛，这些石矛是"受中原文化的影响，仿铜矛形状制造的"[2]，应该就是沃沮人日常使用的武器，说明武术活动在沃沮社会中之流行。

除此之外，百草沟遗址和一松亭遗址还出土了大量骨器，如骨匕首、骨矛头、骨针、骨锥、牙刀、卜骨等遗存，这说明除了入海作业，沃沮人应该同时还进行陆地上的狩猎活动，因此狩猎体育应该在沃沮社会中已经出现了。又因沃沮族的居地多山林，所以沃沮人应该还常进行登山活动。

另据《三国志·魏书·东夷传·东沃沮》："食饮居处，衣服礼节，有似句丽"；《三国志·魏书·东夷传·高句丽》："国人有气力，习战斗，沃沮、东濊皆属焉。"说明汉代的沃沮其社会日常生活与高句丽有着密切的联系，那么一种极有可能的情况是，高句丽的一些社会体育文化内容，很可能被传入沃沮社会之中。但究竟有哪些内容，由于资料缺乏，我们就不得而知了。

---

[1] 参见王亚洲《吉林省汪清县百草沟遗址发掘简报》，《考古》1961年第8期；李云铎《吉林珲春南团山、一松亭遗址调查》，《文物》1973年第8期。

[2] 高青山等：《东北古文化》，春风文艺出版社，1992，第166~167页。

第四节　豆莫娄的体育文化

豆莫娄，其名最早见于史籍是在《魏书·豆莫娄传》中，为夫余人后裔。公元494年，夫余为勿吉所灭，其部众并没有完全消失，主要有三个流向。其一，据《高句丽本纪·文咨明王》记载："三年……二月，夫余王及妻孥以国来降。"[1]说明以末代夫余王为首的一部分夫余人，投奔了其亲缘民族高句丽族，并融入高句丽社会之中。其二，并未离开原本的夫余国居地，后来被灭夫余的勿吉族所同化，《旧唐书》称之为"浮渝靺鞨"[2]，可知一部分夫余人在唐代已经靺鞨化，不复汉代夫余之旧景。其三，据《新唐书·流鬼列传》记载："达末娄自言北扶余之裔，高丽灭其国，遗人度那河，因居之，或曰他漏河，东北流入黑水。"[3]那河，即松花江下游一带。夫余灭亡后，有一部分夫余遗人应该从松嫩平原向东北方向迁徙，以躲避勿吉的压迫，至黑龙江、松花江交界一带地区后，重新聚族而居，史料中对其名称的记载多为音译，故豆莫娄又称大莫卢、达末娄、大莫娄等。

从史料记载来看，豆莫娄对夫余文化的继承比较完整，据《魏书·豆莫娄列传》："豆莫娄国，在勿吉国北千里，去洛六千里，旧北扶余也。在失韦之东，东至于海，方二千里。其人土著，有宫室仓库。多山陵广泽，于东夷之域最为平敞。地宜五谷，不生五果。其人长大，性强勇，谨厚，不寇抄。其君长皆以六畜名官，邑落有豪帅。饮食亦用俎豆。有麻布衣，制类高丽而幅大，其国大人，以金银饰之。用刑严急，杀人者死，没其家人为奴婢。俗淫，尤恶妒妇，妒者杀之，尸其国南山上至腐。女家欲得，输牛马乃与之。或言本秽貊之地也。"[4]这里关于豆莫娄社会文化的记载，与《后汉书》《三国志》中对夫余的记载基本上是一致的。冯家昇即云其"十之九袭取《三国志》文而成，其为三国志所无者不过首五句"[5]。说明在当时的史家眼中，豆莫娄其实与夫余并无分别，其

---

[1] 〔王氏高丽〕金富轼著，孙文范点校《三国史记》，吉林文史出版社，2003，第232页。
[2] 《旧唐书》卷39《地理志》，中华书局，1975，第1524页。
[3] 《新唐书》卷220《流鬼列传》，中华书局，1975，第6210页。
[4] 《魏书》卷100《豆莫娄列传》，中华书局，1974，第2222页。
[5] 冯家昇：《豆莫娄国考》，《禹贡》第7卷第1、2期合集，第76页。

社会制度、经济文化等皆沿袭自夫余，那么，从这个角度来看，豆莫娄的体育文化应该与夫余一脉相承。

但与此同时，我们也应该注意到，豆莫娄尽管完整地继承了夫余文化，但经过漫长的历史演变，其仍然受到周边其他民族文化的深刻影响。如《魏书·失韦传》云：室韦族"语与库莫奚、契丹、豆莫娄国同"。这条史料中并列的四个民族，其中三个出自东胡族系，只有豆莫娄出自秽貊族系，说明豆莫娄的语言应该受到东胡族系语言的影响。另外，从考古学史料来看："在松花江两岸，发现有豆莫娄与勿吉两种文化混合类型的遗存，反映了豆莫娄与勿吉两族在文化上的互相影响和融合。"[1]这说明豆莫娄还与肃慎族系的勿吉族有着深入的文化交流，那么其社会体育文化亦有很大可能受到了勿吉的影响。

从前文所梳理的夫余体育文化情况来看，其主要内容有射箭、骑马、歌舞、狩猎等，豆莫娄族长期生活在东北地区的北部，远离经济、文化发达地区，因此其社会文化的发展应该进步程度不大，其体育文化的具体内容应该也不超过这一范围。考虑到其与东胡族系的很多民族有频繁交流，因此东胡传统的骑射文化应该对其影响颇大，骑射体育活动应当较夫余国时期更为发达。实际上，尽管豆莫娄是一个农业民族，但他们的居地"多山陵广泽，于东夷之域最为平敞"，更兼其出产马匹，因此是具备发展骑射体育基本条件的。

第五节　秽貊族系各民族体育文化发展的总体特征

古代东北秽貊族系的各民族，基本都是农业民族，农业生产在他们的社会经济中比重很大，是他们的主要产业，与此同时，他们兼营渔猎业与养殖业，这就使他们的日常生活方式与东胡族系各民族有极大差异，具体到体育文化的表现上，呈现出各不相同的文化面貌。

第一，秽貊族系各民族的体育文化发展十分不平衡。

从前文梳理的古代东北秽貊族系各民族的体育文化发展状况来看，其发展的不平衡性十分显著。发达者如夫余，其体育文化相比较而言内涵丰富，形式

---

[1]　佟冬主编《中国东北史》第1卷，吉林文史出版社，2006，第524页。
　　《魏书》卷100《豆莫娄列传》，中华书局，1974，第2222页。

多样，记载翔实，可以说在当时的东北民族中是比较发达的。反之如秽、貊、沃沮、豆莫娄等族，其居地往往自然环境相对恶劣，社会生产力发展较为落后，甚至尚使用石器从事生产，而其社会文化自然也处于相对蛮荒的状态，关于他们的体育文化的记载非常少见，能够遗留下来的实物性资料亦十分缺乏，显示出在体育文化发展层面上的全面落后。究其本源，这是秽貊族系各民族在社会文化发展程度上的高度差异所决定的。

第二，秽貊族系各民族的体育文化发展受到汉文化的深刻影响。

事实上，古代东北秽貊族系的各民族，是受汉文化影响最为深入、全面的民族系统。自先秦时期，秽貊族便与中原汉室有着千丝万缕的联系，夫余与历代中原王朝的交往自不待言，即使是沃沮、豆莫娄等相对弱小的民族，史料中关于他们入中原朝贡的记载亦数不胜数。且自秦汉以来，秽貊族系的各民族基本上都是以农业生产作为社会经济支柱，共同的文化类型使他们在与汉文化的接触中带有天然亲近感，因此汉文化在其社会中的传播显得相对顺畅，并不似东胡族系民族那样需要经过激烈的文化冲突与磨合。这一点我们从夫余的礼仪文化、沃沮的农业生产工具上都能清晰地看到中原文化的印记，那么，在大文化背景的影响下，中原地区的体育文化在秽貊族系各民族社会中的传播就应是顺理成章的，只是囿于史料，具体的体育内容尚待我们进一步挖掘和考证。

第三，秽貊族系各民族的体育文化有鲜明的地域特色。

古代东北秽貊族系的各民族社会经济的主要构成模式，基本都是以农业生产为主，辅以渔猎业和养殖业，而且，这些民族所生活的地域，基本上是水道网络纵横、山林密布的区域，因此其民族传统体育文化必然要形成与之相适应的内容。例如射箭活动，这些民族的射箭活动在发展的早期往往会与狩猎活动紧密结合，而非东胡系民族一样与骑马活动紧密结合，而且更为注重狩猎过程中的团体配合。又比如，因为他们的生活地域往往水道密布或者紧邻海洋，所以他们基本掌握了熟练的划船以及船上作业技术。此恰为不同的文化渊源与生活地域，在体育文化发展层面所表现出的文化差异。

第三章

肃慎族系各民族的体育文化发展

古代东北的肃慎族系包括肃慎、挹娄、勿吉、靺鞨（黑水靺鞨、粟末靺鞨）、女真、满族，但从族系源流的角度来看，这些民族都是同一民族在不同历史时期的不同称呼，追本溯源都可以上溯至先秦时期的肃慎族。实际上，肃慎在汉代称挹娄，在魏晋时称勿吉，在隋唐时称靺鞨，已基本得到学界之公认，其后五代时所谓女直、女真者，即后来之满族，亦为此族群系统下的后续称谓，其族属渊源在史料记载中是十分明确的。

究其文化源头，这些民族原本都是渔猎民族，如肃慎在西周时期的特产是"楛矢石砮"，这是一种典型的狩猎用具，肃慎将之作为民族特产，可知狩猎文化在其社会中的主流地位。由此而来，古代东北肃慎族系的各民族，其传统的体育文化自然是围绕狩猎体育这一核心而发展的。

第一节 肃慎的体育文化

肃慎，又称"息慎""稷慎"，是先秦时期生活于中国东北地区的一个强族。据《竹书纪年·五帝纪》记载："肃慎者，虞夏以来东北大国也"，其最早可能在虞舜时期就已经存在了。肃慎大约在西周以后开始频繁出现在史家记载之中，如《逸周书》《山海经》《尚书》《左传》等西周至战国期间写就的典籍，都记载了肃慎族的相关事迹。总体来看，先秦时期肃慎的活动范围，南至长白山脉，北至黑龙江中下游乃至其北，东至日本海、鞑靼海峡滨海地区，西至嫩江、第二松花江流域，是东北地区的土著民族。从肃慎之名出现开始，其一直作为历代王朝的边疆民族而存在。

  总体而言，无论是从文献记载还是考古资料来看，肃慎都是一个典型的渔猎民族，因此其民族体育活动必然与渔猎有着密切的关系。据《逸周书·王会解第五十九》记载，肃慎族曾于周成王时参加了成周之会："西面者正北方，稷慎大麈"，孔晁注云："稷慎，肃慎也。贡麈似鹿。正北，内台北也。"[①] 麈，即鹿一类的动物。成周之会上，前来朝贡的各民族进献的都是本民族最有代表性的方物，麈应该就是肃慎居地中的特产动物。又据《国语》记载："昔武王克商，通道于九夷八蛮，肃慎氏贡楛矢、石砮。"[②] 楛矢，即用楛木制作而成的箭杆；石砮，即用青石制作而成的箭头。肃慎将麈与楛矢、石砮作为其民族最有代表性的方物向周王朝进献，充分表现了以弓箭为生产工具的狩猎经济在肃慎社会中的重要地位，也说明射箭活动必然是肃慎社会中富有代表性的体育活动。

  这种情况在与肃慎有关的考古遗址中也有真实反映。如今黑龙江省宁安县镜泊湖附近的莺歌岭遗址是先秦时期肃慎族的代表性遗址，该遗址分上、下两层，下层出土了大量骨制农具，以及磨制的石镞、石刀、石矛、骨镞、骨鱼钩、骨枪头、骨刀、陶制的网坠等渔猎生产工具[③]，充分展现了肃慎人以渔猎为主的日常生产、生活状况。这些生产工具表明肃慎人经常进行射箭活动。鱼钩、网坠的出现，说明肃慎人在捕猎鱼类时，必然还充分掌握了如划船、游泳等水上活动技能。

  由于资料匮乏，关于肃慎体育文化发展的情况大体如此，基本上没有脱离原始社会渔猎文明的基本形态。并且需要指出的是，先秦肃慎社会中的体育活动，与当今已经文娱化、竞技化的体育活动是不同的，其往往与社会经济生产活动紧密结合在一起，是体育文化发展的早期表现。由于肃慎族系的民族承继状况非常明晰，其后世的挹娄、勿吉、靺鞨等民族，体育文化的发展都是在渔猎活动的基础上产生的，显然，肃慎族是他们体育文化发展的根本源头。

[①] 《逸周书》，中部备要本，清乾隆五十一年（1786）抱经堂丛书影印本。
[②] 《国语》卷五《鲁语下》。
[③] 参见张太湘等《黑龙江宁安县莺歌岭遗址》，《考古》1981年第6期。

第二节 挹娄的体育文化

挹娄，是肃慎在秦汉时期的称呼，史料记载中大多持这一观点。如《后汉书》引《魏略》曰："挹娄一名肃慎氏"[1]；又《三国志·魏书·东夷传》云："挹娄……古之肃慎氏之国也"；《后汉书·东夷传》云："挹娄，古肃慎之国也"；《晋书·东夷传》云："肃慎氏，一名挹娄"；《通典》云："挹娄，魏时通焉，云即古肃慎之国也"[2]；等等。这些史料自曹魏至隋唐，说法基本上没有变化，可知其当为信史。

后人的研究亦多持此说，如清代阿桂于《满洲源流考》中认为："挹娄之名，始于后汉。考之史传，即古肃慎氏。"[3] 吕思勉认为："史家以后世之挹娄靺鞨，在今松花江上游者，当古代之肃慎，似不为过……此其证有二：挹娄、靺鞨外，后世更无用楛矢石砮之民，一也。汉时但有挹娄，而《晋书》云：'肃慎，一名挹娄。'此必晋时挹娄人仍以肃慎之名自通。不然，则《晋书》当云挹娄古肃慎国，不得云'肃慎一名挹娄'也。二也。"[4] 李德山先生认为："挹娄是古代肃慎族的后裔，古代肃慎族在汉魏时期称为挹娄，是古代肃慎国延续而来的。"[5] 杨保隆认为："先秦称肃慎，汉至晋称挹娄。"[6] 这些研究都肯定了史料记载的真实性，此论当为公论。

汉代挹娄族的居地，"东应该到达滨海地区，南当位于长白山脉以北，西可至松嫩平原、张广才岭以东，北已至少达到黑龙江中下游地区"[7]。这一地域多高山大岭，地广人稀，冬长夏短，且与汉郡地区相距较远，以当时的社会生产力发展水平很难使农业生产在这一地域得到大规模开展，因此挹娄族的社会发展状况相对原始。从各种文献记载和考古资料综合来看，汉代的挹娄社会主要是以渔猎业为主要生产方式，辅以一定的农业和养殖业，但规模较小和发展

---

[1] 《后汉书》卷70《孔融列传》注引，中华书局，1965，第2272页。
[2] （唐）杜佑：《通典》卷186《边防二·东夷下·挹娄》，中华书局，1993。
[3] （清）阿桂等：《满洲源流考》，辽宁民族出版社，1988，第64页。
[4] 吕思勉：《中国民族史两种》，上海古籍出版社，2008，第141~142页。
[5] 李德山：《中国东北古民族发展史》，中国社会科学出版社，2003，第28页。
[6] 杨保隆：《肃慎挹娄合考》，中国社会科学出版社，1989，第17页。
[7] 李路：《汉代东北边疆民族文化与汉文化交流研究》，博士学位论文，东北师范大学，2014，第41页。

水平较低。因此其社会体育文化的发展，往往与渔猎密切相关。

　　依托渔猎业，挹娄族最富有民族特色的体育活动就是射箭。据《后汉书·东夷列传·挹娄》记载，挹娄产弓，其：“弓长四尺，力如弩。矢用楛，长一尺八寸，青石为镞，镞皆施毒，中人即死。”① 又《三国志·魏书·乌丸鲜卑东夷传·挹娄》载：“其弓长四尺，力如弩，矢用楛，长尺八寸，青石为镞……善射，射人皆入目。矢施毒，人中皆死。”② 又《晋书·四夷列传·东夷·肃慎氏》载其：“有石砮，皮骨之甲，檀弓三尺五寸，楛矢长尺有咫。”③ 综合这些史料，我们可以看到，弓箭应该是挹娄人的主要生产和作战工具之一。其弓力十分强健，射出的箭矢力道直逼弩箭，弓一般长三尺五寸。箭矢亦很有特色，用当地特产楛木制成。据清人杨宾《柳边纪略》记载："楛木长三四寸，色黑，或黄，或微白，有文理，非铁，非石，可以削铁，而每破于石，居人多得之虎儿哈河。相传肃慎氏矢以此为之……而勿吉、室韦之俗，皆以此为兵器，或曰楛矢，或曰石镞，或曰楛砮。"④ 说明楛木为箭杆实为肃慎系民族之传统。箭头用青石制造，并习惯在箭头上涂抹毒药。事实上，前文谈到先秦时期肃慎人即惯用"楛矢石砮"⑤，成周之会时即将之作为方物进献，可知挹娄人将肃慎的这一传统继承了下来。

　　当然，汉代挹娄族的箭矢并非仅为石制，如位于牡丹江流域的黑龙江宁安县东康原始社会遗址，是一处非常有代表性的汉代挹娄文化遗存，该遗址出土的遗物，有石镞154件，大部分为磨制，制作精良，又有骨镞17件，说明除了青石为镞，挹娄人还使用兽骨磨制而成的镞⑥，青石镞应该是挹娄人最有代表性的弓箭式样，故而被史家记录下来。

　　挹娄人的射箭活动往往与渔猎活动紧密结合。如东康遗址中，除了前文所列石镞、骨镞外，亦有石制网坠7件；骨制钩网器7件，可能是当地居民编织渔网的工具；蚌刀3件；蚌镞形器3件；蚌环3件；野猪獠牙制成的刀2件⑦。说明弓箭与其他渔猎器具都是挹娄人十分重要的生产工具，射箭与渔猎往往

---

① 《后汉书》卷85《东夷列传·挹娄》，中华书局，1965，第2812页。
② 《三国志》卷30《乌丸鲜卑东夷传·挹娄》，中华书局，1959，第848页。
③ 《晋书》卷97《四夷列传·东夷·肃慎氏》，中华书局，1974，第2535页。
④ （清）杨宾：《柳边纪略·卷三》，载于金毓黻《辽海丛书》第一册，辽沈书社，1985年影印本，第255页。
⑤ 《逸周书》，中部备要本，清乾隆五十一年（1786）抱经堂丛书影印本。
⑥ 朱国忱、张泰湘：《东康原始社会遗址发掘报告》，《考古》1975年第3期。
⑦ 朱国忱、张泰湘：《东康原始社会遗址发掘报告》，《考古》1975年第3期。

会同时进行。又如黑龙江宁安县莺歌岭遗址中，出土了石制的网坠、镞、矛，骨制的匕，牙制的刀，蚌刀等①，在黑龙江省宁安县牛场遗址中出土了很多鱼、龟、鹿、獾的骨骸，其中以鱼类骨骸为最多②，同样表明渔猎业是挹娄人最为重要的生产方式，挹娄人的渔猎活动应该非常频繁。汉代挹娄人的地方特产是"赤玉、好貂"③，这进一步证明了渔猎活动对挹娄人的重要作用。

对弓箭在日常生活中的频繁使用，使挹娄人掌握了高超的箭术，甚至能准确地射中人眼。按《后汉书·东夷列传·挹娄》记载，挹娄人"种众虽少，而多勇力，处山险，又善射，发能入人目"④。要达成此种程度的箭术，说明挹娄人在日常生活中会经常进行箭术训练，射箭很可能不仅仅是作为一种生产技能而存在，其对挹娄人而言还相当于一种个人武术与战斗技能。但挹娄人的射箭活动与骑马活动往往关联不大，据《晋书·四夷列传·东夷·肃慎氏》记载，其"有马不乘，但以为财产而已"⑤，说明其射箭活动并不以骑射的方式呈现出来，而是单独发展，且尽管挹娄产马，但并不用以骑乘。

另据《后汉书·东夷列传·挹娄》记载，挹娄人"处于山林之间，土气极寒，常为穴居，以深为贵，大家至接九梯"⑥。其居地的自然地理气候决定了他们的日常生活方式，在极寒的气候条件下，挹娄人应该还从事一定的冰雪运动。考虑到其特殊的房屋修建方式，"以深为贵""至接九梯"，那么，攀爬绳梯应该也是其日常进行的生活化的体育活动之一。

又同书记载，挹娄人"便乘船，好寇盗，邻国畏患，而卒不能服"。《三国志·魏书·乌丸鲜卑东夷传·沃沮》载沃沮"与挹娄接。挹娄喜乘船寇钞，北沃沮畏之，夏月恒在山岩深穴中为守备，冬月冰冻，船道不通，乃下居村落"⑦。可知挹娄人必然能够熟练掌握造船与航行技术，在山林间的水道划船而行，应该是挹娄人经常进行的一种体育活动。在这种情况下，游泳必然也是挹娄人社会中常见的体育活动，其与划船相辅相成，共同构成了挹娄水上体育的面貌。

---

① 参见张泰湘等《黑龙江宁安县莺歌岭遗址》，《考古》1981年第6期。
② 黑龙江省博物馆：《黑龙江宁安牛场新石器时代遗址清理》，《考古》1960年第4期。
③ 《后汉书》卷85《东夷列传·挹娄》，中华书局，1965，第2812页。
④ 《后汉书》卷85《东夷列传·挹娄》，中华书局，1965，第2812页。
⑤ 《晋书》卷97《四夷列传·东夷·肃慎氏》，中华书局，1974，第2534页。
⑥ 《后汉书》卷85《东夷列传·挹娄》，中华书局，1965，第2812页。
⑦ 《三国志》卷30《魏书·乌丸鲜卑东夷传·沃沮》，中华书局，1959，第847页。

第三节　勿吉的体育文化

勿吉族，是肃慎、挹娄在南北朝时期的称呼，其名最早见于《魏书·勿吉列传》，云："勿吉国，在高句丽北，旧肃慎国也。"其居地，据同书记载："去洛五千里。自和龙北二百余里有善玉山，山北行十三日至祁黎山；又北行七日至如洛环水，水广里余；又北行十五日至太鲁水；又东北行十八日到其国。国有大水，阔三里余，名速末水。"[①]这里的速末水，即松花江；太鲁水，即洮儿河；洛环水即西拉木伦河；祁黎山即今辽宁省和内蒙古自治区交界的努鲁儿虎山；善玉山即今朝阳市北大青山；和龙即今辽宁省朝阳市。南北朝时期的勿吉族，其部众分为七部，据《北史·勿吉列传》记载："其部类凡有七种：其一号粟末部，与高丽接，胜兵数千，多骁武，每寇高丽；其二伯咄部，在粟末北，胜兵七千；其三安车骨部，在伯咄东北；其四拂涅部，在伯咄东；其五号室部，在拂涅东；其六黑水部，在安车骨西北；其七白山部，在粟末东南。"[②]因此，勿吉居住地域的四至，大致为"北部大约在今松花江东流段，南部大体以今长白山为界，东部大约在今日本海西岸，西部至今松花江北流段"[③]。

魏晋时期的勿吉族，尚处于原始社会末期的父系氏族家长制阶段，社会发展尚处于较低水平。其社会经济，据《魏书·勿吉列传》记载，"其国无牛，有车马，佃则偶耕，车则步推……有粟及麦穄，菜则有葵"[④]，说明其经营一定的农业，但"男子猎犬皮裘……善射猎"，说明狩猎经济是其社会的主要生产方式，这与挹娄并无根本不同。又云其"其地下湿，筑城穴居，屋形似冢，开口于上，以梯出入"，说明勿吉人基本上继承了挹娄人的居住方式。

与挹娄一样，勿吉族的社会体育文化同样以射箭活动最为典型。据《魏书·勿吉列传》记载，勿吉人"善射猎，弓长三尺，箭长尺二寸，以石为镞……常七八月造毒药傅箭镞，射禽兽，中者便死，煮药毒气亦能杀人"[⑤]。由是可知，

[①] 《魏书》卷100《勿吉列传》，中华书局，1974，第2219、2220页。
[②] 《北史》卷94《勿吉列传》，中华书局，1974，第3124页。
[③] 李德山：《中国东北古民族发展史》，中国社会科学出版社，2003，第35页。
[④] 《魏书》卷100《勿吉列传》，中华书局，1974，第2220页。
[⑤] 《魏书》卷100《勿吉列传》，中华书局，1974，第2220页。

勿吉人的弓箭制式和制作材料与挹娄并无太大不同，而且他们都喜欢在箭镞上涂抹毒药，以之提升弓箭的威力。又同书载"其人劲悍，于东夷最强……常轻豆莫娄等国，诸国亦患之"，说明勿吉是一个好战的民族，而作为其主要武器的弓箭，必然要进行频繁的日常训练。

勿吉人在南北朝时期与中原地区保持了长期朝贡关系，交流十分密切。如自北魏太和元年（477）至东魏武定五年（547）的70年间，有记载的勿吉进入中原朝贡活动足有30多次[1]，因此为了保持这种朝贡关系，方便往来，"勿吉人在东北的中部和东部开辟了一条水陆联运交通线"[2]，可知勿吉人必然熟悉划船这一运动。如《魏书·勿吉列传》中即有勿吉朝贡的记载："去延兴中，遣使乙力支朝献。太和初，又贡马五百匹。乙力支称，初发其国，乘船溯难河西上，至太沵河，沉船于水，南出陆行，渡洛孤水，从契丹西界达和龙。自云其国先破高句丽十落，密共百济谋从水道并力取高句丽，遣乙力支奉使大国，请其可否。诏敕三国同是藩附，宜共和顺，勿相侵扰。乙力支乃还，从其来道，取得本船，泛达其国。"[3] 这里记载的乙力支朝贡，应该就是沿着这条水陆交通线进行的，其路线之长，要求朝贡人员必须具备相当的水上技能，才能够保障安全。因此，我们不难推测出，南北朝时期的勿吉人应该是经常从事水上活动的，尤以划船和游泳为代表。

另《魏书·勿吉列传》记载，勿吉"国南有徒太山，魏言'大白'，有虎豹黑狼害人，人不得山上溲污，行径山者，皆以物盛"[4]。可知受自然地理环境影响，勿吉人应该经常从事登山运动。但这种登山运动与我们今日之登山运动并不相同，我们今日之登山，指的是一种以登山、攀岩、攀冰等为方式的健身或探险运动，具有专门的防护装备，独立于旅游活动的一种体育活动，这是社会文化高度发展之下体育文化的发展也逐渐细化的结果。但从其记载来看，勿吉人的登山显然更接近一种生产和生活方式，其本来目的并不在于锻炼身体，只是由于地理环境影响而使这种活动具备了登山体育的客观效果。

---

[1] 孙进己：《女真史》，吉林文史出版社，1987，第36页。
[2] 佟冬主编《中国东北史》第1卷，吉林文史出版社，2006，第520页。
[3] 《魏书》卷100《勿吉列传》，中华书局，1974，第2220页。
[4] 《魏书》卷100《勿吉列传》，中华书局，1974，第2220页。

第四节　黑水靺鞨的体育文化

靺鞨，是勿吉在隋唐时期的称呼，与勿吉当本为一族。其名称最早见于《北齐书》，其后史籍遂称靺鞨。如《北史·勿吉列传》载勿吉，"一曰靺鞨"，《旧唐书·北狄传·靺鞨》载："靺鞨，盖肃慎之地，后魏谓之勿吉。"又据阿桂《满洲源流考·勿吉》："勿吉，始见于北魏，亦谓之靺鞨。故〈魏书〉为〈勿吉传〉，〈随（隋）书〉为〈靺鞨传〉。而〈北史〉传云，勿吉一名靺鞨，其事则实为一国。盖南北音殊，译对互异，并不得谓一国而二名也。第自唐武德以前，则勿吉与靺鞨互称。"[1] 因此，靺鞨一名实际上就是隋唐时期对南北朝勿吉各部的泛称，两个名词一度混用，至唐高祖武德年间方不称勿吉，只称靺鞨。

靺鞨在隋唐时期亦与勿吉一样，分成七个部落，据《新唐书·北狄列传·黑水靺鞨》记载："其著者曰粟末部，居最南，抵太白山，亦曰徒太山，与高丽接，依粟末水以居，水源于山西，北注它漏河；稍东北曰汨（mì）咄部；又次曰安居骨部；益东曰拂涅部；居骨之西北曰黑水部；粟末之东曰白山部。"[2] 可知靺鞨各部与勿吉各部在名称、居地上都是高度一致的。又据《新唐书·北狄列传·黑水靺鞨》载其"酋各自治"，说明隋唐时期的靺鞨尚未能建立起统一的部落联盟。

又据《满洲源流考》云："武德以后，则黑水一部独强，分为十六部，始专称靺鞨。"[3] 说明自唐高祖武德年间至粟末靺鞨建立的渤海国兴起，史籍中的"靺鞨"一词，实际上专指黑水靺鞨而言。因黑水靺鞨在当时的靺鞨七部中最为强大，仅其自身就分为十六部，故史家多将之作为这一时期靺鞨之代表。

黑水靺鞨的居地，据《新唐书·北狄列传·黑水靺鞨》："黑水靺鞨居肃慎地……直京师东北六千里，东濒海，西属突厥，南高丽，北室韦……分十六落，以南北称，盖其居最北方者也。"[4] 又《旧唐书·北狄列传·靺鞨》载："靺鞨，盖肃慎之地，后魏谓之勿吉，在京师东北六千余里。东至于海，西接突厥，南

---

[1] （清）阿桂等：《满洲源流考》，辽宁民族出版社，1988，第20页。
[2] 《新唐书》卷219《北狄列传·黑水靺鞨》，中华书局，1975，第6177页。
[3] （清）阿桂等：《满洲源流考》，辽宁民族出版社，1988，第20页。
[4] 《新唐书》卷219《北狄列传·黑水靺鞨》，中华书局，1975，第6177～6178页。

界高丽，北邻室韦……而黑水靺鞨最处北方。"[①] 可知黑水靺鞨居于靺鞨七部之最北方，继承了先秦肃慎族的居地，大体位于"东北方到今黑龙江口、库页岛，北邻鄂霍次克海，南接渤海，西抵室韦，中心地区位于今松花江口至乌苏里江口的黑龙江一带"[②]。黑水靺鞨之十六部，目前可考有八部，各自的大致区域为：位于黑龙江下游中段的思慕部、位于黑龙江口的郡利部、濒临鞑靼海峡的莫曳皆部、位于今库页岛的窟说部、位于今牡丹江中游至兴凯湖一带原为靺鞨七部之一的拂涅部、位于今锡霍特山东南沿海的虞娄部、大致位于松花江下游和乌苏里江以东的越喜部、大致位于今黑龙江依兰的铁利部[③]。此八部中，前四部位于黑龙江以北，后四部位于黑龙江以南，可知《新唐书》南北之分不虚。

一　黑水靺鞨的射箭及狩猎体育文化

靺鞨既然在族源上与勿吉有承继关系，那么自然而然的，其在体育文化的表现上与勿吉十分相似，尤以其射箭活动为代表。按《新唐书·北狄列传·黑水靺鞨》记载，黑水靺鞨部众："性忍悍，善射猎……其矢石镞，长二寸，盖楛砮遗法。"又《旧唐书·北狄列传·靺鞨》载其："兵器有角弓及楛矢。"由是可知，黑水靺鞨的弓箭制式，保存了自肃慎以来"楛矢石砮"的传统，其已经成为肃慎系民族文化的核心传承之一，历经千年而不改。"楛矢石砮"，是肃慎系民族最有代表性的体育文化表现，肃慎之后千余年的隋唐时期仍然在这一族系的社会中发挥着举足轻重的作用，是骁勇善战的靺鞨人精神文化的外在物质表现。当然，值得指出的是，从前引《旧唐书》文来看，靺鞨的弓箭在隋唐时期已经不仅仅是楛木制造，还出现了角弓，即兽角制作的弓，这是在之前的文献资料中所未体现的，是肃慎系民族射箭活动的新变化。

在射箭活动的基础上，黑水靺鞨自然而然地发展出了狩猎体育活动。如《新唐书·北狄列传·黑水靺鞨》记载，他们"俗编发，缀野豕牙，插雉尾为冠饰……土多貂鼠、白兔、白鹰"。野豕即野猪，雉即野鸡，加以貂鼠、白兔、白鹰等动物，这些应该就是黑水靺鞨人的主要狩猎产物，其种类繁多，数量亦较为客观，从而说明黑水靺鞨人的日常狩猎活动应该十分频繁。

---

① 《旧唐书》卷199《北狄列传·靺鞨》，中华书局，1975，第5358页。
② 李德山：《中国东北古民族发展史》，中国社会科学出版社，2003，第40页。
③ 参见薛虹等《中国东北通史》，吉林文史出版社，1991，第201页。

二 黑水靺鞨的军事体育文化

综合各种资料，我们可以发现，隋唐时期黑水靺鞨社会的军事体育活动应该有了很大发展。据《新唐书·北狄列传·黑水靺鞨》，黑水靺鞨"人劲健，善步战，常能患它部"，说明黑水靺鞨本身就是一个能征善战的民族。当然，类似肃慎系民族善战之记载，在关于挹娄、勿吉的史料中也经常出现，似不足以证明其军事体育有所发展。但我们应该注意到，隋唐时期的黑水靺鞨，已经不再如汉魏晋南北朝时期的挹娄、勿吉一样，与中原王朝仅保持简单的朝贡关系，唐王朝已经彻底将黑水靺鞨纳入其行政建制，黑水靺鞨诸部已经开始被唐王朝直接管理。

据史料记载，唐太宗贞观十四年（640），"黑水靺鞨遣使来朝，诏以其地为黑水州，仍置长史，遣使镇押"[1]。这是唐王朝第一次在黑水靺鞨地设置管理机构，从而使"双方在政治、经济、文化等各个领域里的交流，有了固定的模式和可依循的准则"[2]。其后，据《新唐书·北狄列传·黑水靺鞨》："开元十年，其酋倪属利稽来朝，玄宗即拜勃利州刺史。于是安东都护薛泰请置黑水府，以部长为都督、刺史，朝廷为置长史监之，赐府都督姓李氏，名曰献诚，以云麾将军领黑水经略使，隶幽州都督。"[3]《旧唐书·北狄列传·靺鞨》又载："开元十三年，安东都护薛泰请于黑水靺鞨内置黑水军。续更以最大部落为黑水府，仍以其首领为都督，诸部刺史隶属焉。中国置长史，就其部落监领之。十六年，其都督赐姓李氏，名献诚，授云麾将军兼黑水经略使，仍以幽州都督为其押使，自此朝贡不绝。"[4] 这里记载的是唐玄宗开元十年（722），黑水靺鞨酋长倪属利稽入唐朝贡，请求归属，唐玄宗遂封其为勃利州刺史，后又于开元十三年（725）设置黑水都督府，设立黑水军[5]，仍以黑水靺鞨首领为都督，从而将黑水靺鞨以羁縻统治的形式纳入国家行政体系。且唐王朝将其首领赐姓李氏，此当

---

[1] 《旧唐书》卷199《北狄列传·渤海靺鞨》，中华书局，1975，第5361页。
[2] 李德山：《六至九世纪东北边疆民族与中央王朝关系史研究》，博士学位论文，东北师范大学，2006，第216页。
[3] 《新唐书》卷219《北狄列传·黑水靺鞨》，中华书局，1975，第6178页。
[4] 《旧唐书》卷199《北狄列传·靺鞨》，中华书局，1975，第5359页。
[5] 关于黑水军和黑水府的设置时间，《旧唐书》卷199《北狄列传·靺鞨》记载为开元十三年；《唐会要》卷96《靺鞨》记载为开元十年；《资治通鉴》卷213《唐纪·玄宗开元十四年》记载为开元十四年。此从《旧唐书》说。

为极大之殊荣，充分说明唐王朝对黑水靺鞨之重视。

这里，我们之所以认为黑水靺鞨的军事体育有了较大发展，就是因为黑水军的设立。唐王朝特意于东北地区建立黑水军，一方面固然是因为靺鞨本来就是一个骁勇善战的民族，以之为军队可以在战斗力上有一定保证；另一方面，是为了在加强东北地区能够直接掌控的军事力量的同时，"牵制渤海势力，控制东北全局"[①]。可以说，黑水军设置的背后，有着唐王朝极为重要的战略意图。那么在这种情况下，唐王朝为保持这一支军队的战斗力，对其的军事训练必然要十分重视。一种可能的情况是，由于在黑水都督府设立之后，黑水靺鞨对唐王朝可谓忠心不二，朝贡活动络绎不绝，唐王朝对其赏赐亦足以丰厚称之，这些赏赐品应该较大地提升了黑水军的战斗力。如仅就黑水靺鞨一部的拂涅部而言，据《册府元龟·外臣部·朝贡》记载，该部仅开元年间就入贡11次之多，其首领于开元六年（718）复授为守中郎将，以后再授为中郎将；并授其以下首领为折冲、果毅等官。唐王朝对其的封赏皆为军职，因此其赏赐品中拥有一定数量的军事物资是非常可能的。以唐王朝的生产力发展状况，尤其是以军队武器的发展来看，这些物资进入黑水军后对其的益处当是显而易见的。另外，考虑到黑水军实际上已经被纳入唐王朝军队体系之中，那么唐王朝军队中相对更为先进的军事训练方法就必然会流传到黑水军中去，从而使靺鞨军队的日常训练内容发生极大的变化，一种最为可能的情况是，黑水靺鞨在唐王朝的影响下，军事训练已经由相对原始、粗放的训练方式转为全面学习唐王朝的军队训练手段。

三 黑水靺鞨的乐舞及其他体育文化

据史料记载，黑水靺鞨应该流行具有其独特民族风格的乐舞。据《隋书·东夷列传·靺鞨》记载：

> 开皇初，相率遣使贡献。高祖诏其使曰："朕闻彼土人庶多能勇捷，今来相见，实副朕怀。朕视尔等如子，尔等宜敬朕如父。"对曰："臣等僻处一方，道路悠远，闻内国有圣人，故来朝拜。既蒙劳赐，亲奉圣颜，下情不胜欢喜，愿得长为奴仆也。"其国西北与契丹相接，

---

① 佟冬主编《中国东北史》第2卷，吉林文史出版社，2006，第48页。

每相劫掠。后因其使来，高祖诫之曰："我怜念契丹与尔无异，宜各守土境，岂不安乐？何为辄相攻击，甚乖我意！"使者谢罪。高祖因厚劳之，令宴饮于前。使者与其徒皆起舞，其曲折多战斗之容。上顾谓侍臣曰："天地间乃有此物，常作用兵意，何其甚也！"①

这里靺鞨人在宴会上表演的舞蹈，其动作多模仿战斗场面，将舞蹈动作与武术相结合，即所谓"曲折多战斗之容"，这必然是靺鞨民族在长期生活中由其好战之民族性情与战斗生活所影响而生成的一种特殊舞蹈形式，是中原地区所不常见的。这种舞蹈所体现的靺鞨舞者的不屈意志和勇武品格，使当时的隋朝君臣莫不为之赞叹，可知其当时已经达到相当高的艺术成就，并带有鲜明的民族风格。总而言之，"这类舞蹈既具有祭祀和娱乐等多种功能，同时又是在一定礼仪要求下的一种军事训练活动……是一种模仿战斗和格斗场景的'武舞'"②。

除以上内容外，从文献记载来看，黑水靺鞨社会应该还存在一些其他类型的体育活动。据《新唐书·北狄列传·黑水靺鞨》："死者埋之，无棺椁，杀所乘马以祭。"③《旧唐书·北狄列传·靺鞨》亦载其"死者穿地埋之，以身衬土，无棺敛之具，杀所乘马于尸前设祭"④。这两条史料中表现出的靺鞨人对马匹的使用状况，与挹娄、勿吉时已经有所不同。据前文论述，挹娄、勿吉时期的马匹，并非用以骑乘，而是作为财产。但靺鞨人已经可以将生前所乘马匹当作陪葬品，说明骑马在隋唐时期黑水靺鞨社会中已经是一种非常常见的行为，马匹不再单纯被视为财产，其骑乘功能开始发挥作用，由此得知，隋唐时期靺鞨社会中出现了以骑马和驭马为主要体现的骑术体育活动。但黑水靺鞨人的骑马活动是否与射箭活动连接在一起，从而进一步发展出骑射体育活动，由于资料的缺乏，我们就不得而知了。

另据《新唐书·北狄列传·黑水靺鞨》记载："居无室庐，负山水坎地，梁木其上，覆以土，如丘冢然。夏出随水草，冬入处……畜多豕，无牛羊。有车马，田耦以耕，车则步推。有粟麦。"⑤《旧唐书·北狄列传·靺鞨》又载其

---

① 《隋书》卷81《东夷列传·靺鞨》，中华书局，1973，第1822页。
② 郝勤主编《体育史·中国古代体育的形成》，人民体育出版社，2006，第196页。
③ 《新唐书》卷219《北狄列传·黑水靺鞨》，中华书局，1975，第6178页。
④ 《旧唐书》卷199《北狄列传·靺鞨》，中华书局，1975，第5358页。
⑤ 《新唐书》卷219《北狄列传·黑水靺鞨》，中华书局，1975，第6178页。

"无屋宇,并依山水掘地为穴,架木于上,以土覆之,状如中国之塚墓,相聚而居。夏则出随水草,冬则入处穴中……其畜宜猪,富人至数百口,食其肉而衣其皮"①。这两条史料说明,第一,由于黑水靺鞨以地穴为室,且地穴常修建于山水旁,故黑水靺鞨人应该经常进行登山运动;第二,黑水靺鞨居地冬季苦寒,故而其可能会进行诸如滑雪之类的冰雪运动;第三,黑水靺鞨人经营一定的农业,故而其应该日常从事一些类似于推车、耕田之类与农业有关的体育活动。但这些体育活动的形式与内容究竟怎样,由于资料缺乏,同样尚待考证。

第五节 粟末靺鞨与渤海国的体育文化

粟末靺鞨,为隋唐时期靺鞨七部之一,因居住于"粟末水"(今松花江)流域而得名。唐代初年,靺鞨七部中仅余"黑水靺鞨、粟末靺鞨,其五部无闻"②。其中黑水靺鞨居住于靺鞨七部的最北部,大约在黑龙江南北地区,而粟末靺鞨则居住于最南部,史载"其著者曰粟末部,居最南,抵太白山,亦曰徒太山,与高丽接,依粟末水以居"③。因此,粟末靺鞨的主要活动地域就是以今吉林市为中心的松花江流域一带。

粟末靺鞨原本的社会体育文化应该与黑水靺鞨相近,但由于其居地在靺鞨七部中最为靠近中原的地区,所以粟末靺鞨与中原地区的文化交流很早就开始了,因此其体育文化应该也产生了一些变化。隋文帝时,粟末靺鞨即因不堪近邻高句丽的侵扰,在厥稽部酋长突地稽的率领下举族内附,隋文帝将之安置于营州(今辽宁省朝阳市附近),并很快"悦中国风俗,请被冠带"④。这说明,粟末靺鞨在隋王朝时期即已经开始与中原地区的汉民族文化有了非常深入的交流,其社会风俗产生了非常明显的转变,可想而知其社会体育文化应该也在其影响下发生了变化,一些汉族体育活动应该已经传入粟末靺鞨社会之中。当然,由于有关这一时期粟末靺鞨的记载相当少见,因此其具体内容我们已经不得而知,但毫无疑问的是,粟末靺鞨通过这一时期与汉族的深入接触,为其在建立

---

① 《旧唐书》卷199《北狄列传·靺鞨》,中华书局,1975,第5358页。
② 《金史》卷1《世纪》,中华书局,1975,第1页。
③ 《新唐书》卷219《北狄列传·黑水靺鞨》,中华书局,1975,第6177页。
④ 《隋书》卷81《东夷列传·靺鞨》,中华书局,1975,第1822页。

渤海国之后其社会体育文化的蓬勃发展奠定了坚实的文化基础。

据《新唐书·北狄列传·渤海》记载："渤海，本粟末靺鞨附高丽者，姓大氏。"公元698年，大祚荣建立了震国，自称震国王，"尽得扶余、沃沮、弁韩、朝鲜海北诸国"[1]。后被唐王朝册封为渤海郡王，遂改为渤海国，这是历史上肃慎系民族所建立的第一个统一的民族政权。渤海国在其发展过程中，经历了一个统领靺鞨民族各部落的过程，《唐会要·靺鞨》载"及渤海浸强，黑水靺鞨亦为其所属"[2]，就是这一过程的直接体现。又据金毓黻《渤海国志长编》载："渤海部族本为粟末靺鞨……开元元年，玄宗遣使册拜祚荣为渤海郡王，自是始去靺鞨之号。初，勿吉七部俱称靺鞨，其中之白山部，素附于高丽，伯咄、安居骨、号室等部，亦皆微弱。高王建国，皆为编户。其后，武文宣诸王，斥大土宇，拂涅、虞娄、越喜、铁利诸部，胥为所并。故其后所名渤海人者，实兼此诸部族而言，不得以粟末一部专之也。"[3]这说明在渤海国建立后，逐渐兼并了白山、拂涅、虞娄、越喜、铁利诸部靺鞨，渤海国的民族构成不再单以粟末靺鞨一部构成，而已经成为整个靺鞨民族的联合体，即所谓"后渤海盛，靺鞨皆役属之，不复与王会矣"[4]。

渤海国的居地，据《旧唐书·北狄列传·渤海靺鞨》记载："其地在营州之东二千里，南与新罗相接。越熹靺鞨东北至黑水靺鞨，地方二千里，编户十余万，胜兵数万人。"可见，渤海位于辽东腹地，大致以原本粟末靺鞨居地为基础。鼎盛时期其地域"南比新罗，以泥河为境，东穷海，西契丹……地方五千里"[5]，地跨今东北大部、朝鲜半岛以及俄罗斯远东地区。

渤海国自公元698年建立，至公元926年被辽太祖耶律阿保机吞并，共历228年。在这期间，渤海国传十五代王，拥有五京、十五府、六十二州、一百余县，可谓隋唐时期东北地区最为鼎盛的地方政权之一。需要明确的是，"渤海建立在当时东北中原府州制之外，属当时唐朝在边境设的羁縻府州之一，仍属当时天下一体内的边境民族地区的地方政权。就渤海国自身而言，是由奴隶制地方政权发展为封建制地方政权，他在向封建政权发展中选择的完全模仿中原的制度，他与唐是'车书本一家'的关系，是在一家中与中原同制。"[6]另外，

---

[1]　《新唐书》卷219《北狄列传·渤海》，中华书局，1975，第6180页。
[2]　（宋）王溥《唐会要》卷96《靺鞨》，中华书局，1955，第1724页。
[3]　金毓黻：《渤海国志长编》卷16《族俗考》，辽阳金氏千华山馆，1934年铅印本。
[4]　《新唐书》卷219《北狄列传·黑水靺鞨》，中华书局，1975，第6179页。
[5]　《新唐书》卷219《北狄列传·渤海》，中华书局，1975，第6179~6180页。
[6]　张博泉、魏存成：《东北古代民族·考古与疆域》，吉林大学出版社，1998，第81~82页。

自大祚荣接受唐王朝册封之后,历代渤海王都要通过这一手段来维持其统治的合法性,并经常入中原朝贡,建立了十分密切的隶属关系。可以说,渤海国与唐王朝所建立的封贡关系,是唐王朝边疆羁縻制度最为成功的代表之一,也是"中国的历代封建政权对东北边疆进行有效管辖的最成功的范例"[1]。

在这种情况下,渤海国开始全方位地学习中原文化,前文所云其下辖五京、十五府、六十二州、一百余县,其中"以肃慎故地为上京,曰龙泉府,领龙、湖、渤三州。其南为中京,曰显德府,领卢、显、铁、汤、荣、兴六州。秽貊故地为东京,曰龙原府,亦曰栅城府,领庆、盐、穆、贺四州。沃沮故地为南京,曰南海府,领沃、睛、椒三州。高丽故地为西京,曰鸭渌府,领神、桓、丰、正四州;曰长岭府,领瑕、河二州。扶余故地为扶余府,常屯劲兵扞(hàn)契丹,领扶、仙二州;鄚颉府领鄚、高二州。挹娄故地为定理府,领定、潘二州;安边府领安、琼二州。率宾故地为率宾府,领华、益、建三州。拂涅故地为东平府,领伊、蒙、沱、黑、比五州。铁利故地为铁利府,领广、汾、蒲、海、义、归六州。越喜故地为怀远府,领达、越、怀、纪、富、美、福、邪、芝九州;安远府领宁、郿、慕、常四州。又郢、铜、涑三州为独奏州。"[2]

又其官阶设置,"官有宣诏省,左相、左平章事、侍中、左常侍、谏议居之。中台省,右相、右平章事、内史、诏诰舍人居之。政堂省,大内相一人,居左右相上;左、右司政各一,居左右平章事之下,以比仆射;左、右允比二丞。左六司,忠、仁、义部各一卿,居司政下,支司爵、仓、膳部,部有郎中、员外;右六司,智、礼、信部,支司戎、计、水部,卿、郎准左:以比六官。中正台,大中正一,比御史大夫,居司政下;少正一。又有殿中寺、宗属寺,有大令。文籍院有监。令、监皆有少。太常、司宾、大农寺,寺有卿。司藏、司膳寺,寺有令、丞。胄子监有监长。巷伯局有常侍等官。其武员有左右猛贲、熊卫、罴卫,南左右卫,北左右卫,各大将军一、将军一。大抵宪象中国制度如此。以品为秩,三秩以上服紫,牙笏、金鱼。五秩以上服绯,牙笏、银鱼。六秩、七秩浅绯衣,八秩绿衣,皆木笏。"[3]

由是观之,渤海国的政治制度与唐王朝是十分相似的,实际上就是对唐王朝政治与经济制度的深入模仿,是唐王朝中央集权制度的缩影,即所谓"大

---

[1] 李德山:《中国东北古民族发展史》,中国社会科学出版社,2003,第49页。
[2] 《新唐书》卷219《北狄列传·渤海》,中华书局,1975,第6182页。
[3] 《新唐书》卷219《北狄列传·渤海》,中华书局,1975,第6182~6183页。

抵宪象中国制度如此"。渤海国还十分积极主动地学习与效仿中原文化之精髓，"其王数遣诸生诣京师太学，习识古今制度，至是遂为海东盛国"[1]。作为中原官修史书之《新唐书》做如此记载，充分说明渤海国文化昌明之风姿，其与中原文化之亲近已得到当时中原知识分子的高度认可与承认，"海东盛国"亦为极高之赞誉。除此之外，渤海国的社会文化还受到契丹与高句丽的影响，据《旧唐书·北狄列传·渤海靺鞨》记载："风俗与高丽及契丹同，颇有文字及书记"，说明渤海国应该将很多契丹与高句丽的社会文化吸收了过去，以至于中原史家做出如此认知。中原之汉民族、东北之契丹与高句丽，皆为社会体育文化发达的民族，这三个民族的体育文化在渤海社会中产生了交集，那么渤海国体育文化之发达，就是自然而然的了。

一 渤海国的骑射体育文化

渤海人善于骑射，这在很多史书中是有明确记载的，如《辽史》载："高模翰，一名松，渤海人。有膂力，善骑射，好谈兵。"[2]身为渤海人，却在十分善于骑射的契丹民族史料中以善骑射而得以记载，说明如高模翰一般的渤海人，其骑射技术之高明，在当时的游牧民族社会中也是值得称道的。

又如18世纪李氏朝鲜学者柳得恭所著《渤海考·君考·震国公》云："高王讳祚荣，震国公子也，尝为高句丽将，骁勇善骑射。"这里的高王即渤海国的建立者大祚荣。汉唐时期高句丽社会的骑射体育文化是十分发达的，大祚荣在依附于高句丽时，即因"骁勇善骑射"而闻名于高句丽社会，说明大祚荣本身必然是一个骑射技艺高超的人。

又据黄维翰《渤海国记》记载，渤海人的后代遗裔显然对于骑射十分擅长："其归中国者五：季唐同光四年七月，渤海前入朝使高正词授太子洗马。周显德元年，渤海国乌思罗等三十人来归。宋太平兴国四年，太宗平晋阳、移兵幽州，渤海酋帅大鸾河率小校李勋等十六人、部族三百骑与范阳军民二百余人来归，宋以鸾河为渤海都指挥使。九年，宋主宴大明殿，召鸾河抚慰久之，谓殿前诸校刘延翰曰：'俟高秋戒候，当与骏马数十匹，令出郊游猎，以遂其性'，因赐

---

[1] 《新唐书》卷219《北狄列传·渤海》，中华书局，1975，第6182页。
[2] 《辽史》卷76《高模翰传》，中华书局，1974，第1249页。

以酒暨缗钱十万。"[1] 这里的渤海遗民，分别为五代唐时任太子冼马的高正词、后周太祖显德年间的乌思罗、北宋太宗天平兴国年间的大鸾河（显然为渤海王室遗民）等及小校李勋等。从记载来看，这些渤海遗民显然都是擅长骑射者。

另从记录当时事件的一些日本史料记载来看，隋唐时期的渤海人显然是擅长骑射运动的。当时的渤海与日本多有相互交流活动，渤海使节到了日本后，日本天皇多喜命他们进行骑射以为礼节与娱乐。如据《日本续纪》："（天平十二年）甲辰，天皇御大极殿南门，观大射。五位以上射了，乃命渤海使己珍蒙等射焉。"[2] 758年12月，杨承庆一行到达日本，日廷在进行款待时，除令本地官员骑射外，亦"唤客亦令同射'"[3] 762年，王新福一行"堪射者亦预于列"[4]。777年，五月"天皇御重阁门，观射骑。召渤海使史都蒙等，亦会射场"[5]。779年，张仙寿等出使日本，二月，日本天皇命"内射。渤海使亦在射列"[6]。810年，高难容等第二次出使日本，天皇"御丰乐殿，观射。藩客赐角弓射焉"[7]。诸如此类的记载非常多，说明公元8世纪的渤海人，必然整体上是一个善于骑射的民族，不然其与日本交往过程中，关于骑射活动的记载不会如此频繁地出现。

此外，从渤海国特产来看，渤海人也必然是一个善于骑射的民族。据《新唐书·北狄列传·渤海》记载："俗所贵者，曰太白山之菟，南海之昆布，栅城之豉，扶余之鹿，鄚颉之豕，率宾之马，显州之布，沃州之绵，龙州之紬，位城之铁，卢城之稻，湄沱湖之鲫。果有九都之李，乐游之梨。"[8] 另据金毓黻《渤海国志长编·食货考》记载，渤海国历年入中原朝贡的贡品，如虎皮、豹皮、海豹皮、貂鼠皮、熊皮、罴皮、野猫皮、白兔皮、猞猁、羊、鹰、鹘、鲸鲵、鲻鱼、麝香等物，占据了很大部分。[9] 这些资料显示出两个很重要的信息，第一，渤海国产名马，即所谓"率宾之马"，这应当是继承了自挹娄、勿吉而来的产马传统。又《渤海国志长编·食货考》记载，"渤海二次献马于唐。李

---

[1] 黄维翰：《渤海国记·下篇·遗民》，载于金毓黻《辽海丛书》第1册，辽沈书社，1985年影印本，第175页。
[2] 孙玉良编著《渤海史料全编》，吉林文史出版社，1992，第245页。
[3] 孙玉良编著《渤海史料全编》，吉林文史出版社，1992，第250页。
[4] 孙玉良编著《渤海史料全编》，吉林文史出版社，1992，第257页。
[5] 孙玉良编著《渤海史料全编》，吉林文史出版社，1992，第265页。
[6] 孙玉良编著《渤海史料全编》，吉林文史出版社，1992，第268页。
[7] 孙玉良编著《渤海史料全编》，吉林文史出版社，1992，第283页。
[8] 《新唐书》卷219《北狄列传·渤海》，中华书局，1975，第6183页。
[9] 见金毓黻《渤海国志长编》第6册，辽阳金氏千华山馆，1934年铅印本。

正已为平卢节度,尝市渤海名马。东丹国初建,亦贡马于契丹,此皆为渤海产马之证"[1],这就为渤海人开展骑射和骑术体育活动提供了基础。第二,渤海国的特产与方物,很大部分是动物及其副产品,显然是渤海人狩猎而来,其中如虎、豹、熊等大型凶猛动物以及鹿、鹰等奔跑、飞行速度很快的动物,以当时的生产力发展水平来看,必然要以群体骑射狩猎的形式才能猎取,以步战方式几乎没有可能,这说明渤海人的骑射狩猎活动必然十分盛行。

然而这样就产生了一个问题,据前文梳理,在挹娄、勿吉时期,至少在文献记载中,肃慎系民族的射箭活动并无与骑马活动结合在一起的明显证据,他们并没有骑射传统。挹娄人仅擅长步战,马匹不是骑乘而是作为财产所用,勿吉人亦没有骑射的记载。甚至与粟末靺鞨同时期的黑水靺鞨,关于其骑射活动的记载也非常少见。那么,为什么作为挹娄、勿吉后裔的渤海人,却如此擅长骑射呢?这一问题,我们结合渤海前身粟末靺鞨的发展历史应该可以得到答案。

从文献记载来看,建立渤海国的粟末靺鞨大氏一部,在其建国之前曾依附于高句丽政权。高句丽民族,历史上就是一个善于骑射的民族,其骑兵部队在魏晋至隋唐时期的东北地区十分强大,在历代高句丽骑兵与东北地区其他军事力量如夫余、公孙氏、曹魏、慕容鲜卑乃至唐王朝军队等的战斗中,皆互有胜负,在如此长时期的历史跨度中都能保持如此高的战斗力,充分说明了高句丽骑射文化的发达。而渤海开国君主大祚荣及其所率大氏一部,曾长期与高句丽民族共同生活,《旧唐书·渤海靺鞨传》即云其为"本高丽别种也"。直至唐高宗时期唐王朝打败高句丽,设立安东都护府之后,大祚荣一部才摆脱了高句丽的控制,因此,他们将高句丽的骑射文化学习过去就是十分正常的了。而且,从粟末靺鞨的居地来看,其所居住的松花江流域,紧邻高句丽,因此两个民族必然对彼此十分熟悉,这就为粟末靺鞨学习高句丽骑射创造了条件。

此外,唐败高句丽后,内附的粟末靺鞨,曾与契丹民族一起,被唐王朝安置于营州。据《旧唐书·北狄列传·契丹》记载:"又契丹有别部酋帅孙敖曹,初仕隋为金紫光禄大夫。武德四年,与靺鞨酋长突地稽俱遣使内附,诏令于营州城傍安置,授云麾将军,行辽州总管。"[2] 两族曾在同一地域"长期共存,使得两族之

---

[1] 参见金毓黻《渤海国志长编》第6册,辽阳金氏千华山馆,1934年铅印本。
[2] 《旧唐书》卷199《北狄列传·契丹》,中华书局,1975,第5350页。

间的交往逐渐频繁"[1]。又据郑麟趾《高丽史·世家第二·太祖二》记载:"王以契丹尝与渤海连和,忽生疑贰,背盟殄灭,此甚无道,不足远结为邻,遂绝交聘,流其使。"[2] 这里记载的虽然是渤海与契丹背盟之事,但亦足以证明两族曾皆为同盟,说明其交往关系之密切。在这种情况下,粟末靺鞨乃至渤海人,很可能也从契丹人那里受到骑射文化的浸润,从而为其民族骑射文化的发展提供了契机。

二 渤海国的军事体育文化

依前文论述,渤海国的民族构成主要来自靺鞨各部,兼有其他周边民族融入其中。靺鞨族本就是一个骁勇善战的民族,《旧唐书·北狄列传·靺鞨》载其"性凶悍,无忧戚,贵壮而贱老",《新唐书·北狄列传·黑水靺鞨》其"人劲健,善步战,常能患它部……性忍悍,善射猎,无忧戚,贵壮贱老。"渤海国的前身粟末靺鞨,也同样如此,史载其"凡有七种:其一号粟末部,与高丽相接,胜兵数千,多骁武,每寇高丽中"[3]。特别是其民族特产最为显要者是一种兵器——楛矢石砮,且靺鞨族的舞蹈,亦"使者与其徒皆起舞,其曲折多战斗之容"[4],其在进行文娱活动时,亦喜将战斗内容融入舞蹈之中。这种勇悍好战的民族性情,使渤海人成为一个以勇武著称的民族,如《契丹国志·渤海国传》即云其"男子多智谋,骁勇出他国右,至有'三人渤海当一虎'之语"[5]。可知渤海人凶悍性情名声之盛。

此种好战之民族性情,使渤海人非常重视军事体育活动的开展与军事机构的建设,其最为显著者,就是渤海自其建国之初模仿唐制所建立起的一套完备的武官与军队管理制度。

据《新唐书·北狄列传·渤海》记载:"其武员有左右猛贲、熊卫、罴卫,南左右卫,北左右卫,各大将军一、将军一。大抵宪象中国制度如此。"[6] 又金毓黻在《渤海国志长编·职官志》中曾对渤海武官制度有详细考证,记有十卫武官:

---

[1] 康建国等:《契丹人与渤海人关系探微》,《辽宁师范大学学报》(社会科学版) 2012 年第 6 期。
[2] 参见〔李氏朝鲜〕郑麟趾《高丽史》,韩国首尔大学藏万历四十一年太白山史库本钞本。
[3] 《隋书》卷 81《东夷列传·靺鞨》,中华书局,1973,第 1821 页。
[4] 《隋书》卷 81《东夷列传·靺鞨》,中华书局,1973,第 1822 页。
[5] (宋) 叶隆礼:《契丹国志》,中华书局,2014,第 277 页。
[6] 《新唐书》卷 219《北狄列传·渤海》,中华书局,1975,第 6183 页。

1. 左右猛贲卫：大将军各一人，掌宫禁宿卫；将军各一人，为大将军之贰，①余官未详。此左右猛贲之所仿也，唐书称左右猛贲，无卫。

2. 左右熊卫：大将军各一人；将军各一人，掌同左右猛贲卫……将军之下尚有都将、郎将之官。

3. 左右罴卫：大将军各一人；将军各一人，掌同左右猛贲卫。

4. 南左右卫：大将军各一人；将军各一人，掌南卫禁兵。

5. 北左右卫：大将军各一人；将军各一人，掌北卫禁兵。②

此南北左右卫，仿自唐制左右羽林军、左右龙武军、左右神武军而设立，因唐制有禁军南北衙，故渤海称南北卫。

另渤海国的军事管理机构亦为仿自唐制，其设置十分完备：

1. 太尉、司徒、司空各一人，为三公，佐王平治邦国，无所不统。
2. 兵署少正。
3. 右辅内官，都督掌所部兵马、甲械、城隍、镇戍、粮廪。
4. 节度使，掌总军旅，于诸府之卫要处置之，兼总民事。
5. 设各级将军衔，记有：辅国大将军、慰军大将军、云麾将军、归德将军、忠武将军、宁远将军、义游将军。
6. 设右武散阶上柱将。
7. 设右勋官，记有：开国公、开国侯、开国伯、开国子、开国男。③

由是可知，渤海国的军制，在深入模仿唐制的基础上已经发展得十分完备。这就必然要求渤海人在日常的军事训练中亦模仿与学习唐军，从而很多中原地区的军事体育活动就会被传入渤海军队之中。据学者统计，唐代中原地区的军事体育活动，大体设有蹴鞠、投跋距、舞剑浑脱、角抵、拔河、赛跑、田

---

① 谨案唐志，左右卫上将军各一人，从二品；大将军各一人，正三品；将军各一人，从三品。掌宫禁宿卫，凡五府及外府皆总别焉。
② 参见金毓黻《渤海国志长编》第6册，辽阳金氏千华山馆，1934年铅印本。
③ 参见金毓黻《渤海国志长编》第6册，辽阳金氏千华山馆，1934年铅印本。

猎等数种①，可以臆测的是，这些中原地区的军事体育活动，应该在唐代的渤海军队中也是盛行的，但其中大部分活动由于史料的缺乏，其具体形式我们已经无从考证了。

三 渤海国的乐舞体育文化

据前引《隋书·北狄列传·靺鞨》记载，隋朝时期，靺鞨族即已经发展出以"曲折多战斗之容"为特征的民族舞蹈，以靺鞨民族为主体的渤海国，自然继承了这一能歌善舞的民族传统，发展出了独具特色的民族乐舞文化。

据金毓黻《渤海国志长编·族俗考》记载：

> 《金史·世纪》谓渤海有文字、礼乐……宋陈旸《乐书》载有靺鞨舞之名。《金史·乐志》亦纪有"渤海乐"，惟语焉不详。隋开皇初，靺鞨使来朝。文帝令宴饮于前，使者与其徒起舞，多战斗之容。此盖勿吉故俗也。渤海建国后，已制新乐。大兴三年，已珍蒙聘日本，奏"渤海乐"是也。日本尝遣内雄来学音声，学成归国，十年无消息。文王曾遣乌须弗往问之，自是"渤海乐"遂传于日本，祭神祢时或作之，又以为舞乐之一。宋王曾使于契丹，至柳河馆，见其地渤海人岁时聚会作乐，先命善歌善舞者数辈前引，士女相随，更相唱和，回旋宛转，号曰"踏锤（chuí）"。金代亦传有"渤海乐"，自明昌后教坊尝兼之。泰和初，太常工人数少，以渤海与汉人教坊兼习，盖其所制新乐必优于旧，故金人用之。此又燕乐之可考见者。②

由是可知，渤海人的乐舞活动，已经发展出了"渤海乐"这一特有的民族音乐形式与"踏锤舞"这一特有的渤海舞蹈。事实上，"渤海乐"在当时的中原史书中并无记载，如《新唐书》《旧唐书》中就并未发现关于渤海乐的记录，最早的关于其的记载则是来源于日本史书《续日本纪》，据统计，其中直接与"渤海乐"有关的共有三条。③

---

① 参见王宽《唐代军事体育运动研究》，《兰台世界》2012年第30期。
② 参见金毓黻《渤海国志长编》第6册，辽阳金氏千华山馆，1934年铅印本。
③ 参见金毓黻《渤海国志长编》第6册，辽阳金氏千华山馆，1934年铅印本。

圣武天皇天平十二年（740）正月丙辰，"遣使送客馆，赠渤海大使忠武将军胥要德从二位。首领无位已于弃蒙从五位下，并赐绸布一百五十端，庸布六十端。"丁巳，"天皇御中宫阁门。已珍蒙等奏本国乐，赐帛绵各有差。"①

孝谦天皇天平胜宝元年（749）十二月丁亥，"大神祢宜尼大神朝臣杜女拜东大寺。天皇、太上天皇、皇太后同亦行幸。是日，百官及诸氏人等咸会于寺，请僧五千礼佛读经。作大唐渤海吴乐，五节田舞、久米舞。"②

光仁天皇宝龟八年（777）五月丁巳，"天皇御重阁门，观射骑。召渤海使史都蒙等，亦会射场。令五位已上，进装马及走马，作田舞于舞台。蕃客亦奏本国之乐。事毕，赐大使都蒙以下采帛各有差。"③

在这三条日本史料中，第一条，记载了圣武天皇时期渤海大使胥要德等出使日本，已珍蒙奏渤海乐之事，这里的已珍蒙可能是随行乐师。第二条，记载了孝谦天皇时期，日本皇室礼佛过程中，由日本乐师演奏渤海乐，并配合以日本风俗舞蹈之事。第三条，记载了光仁天皇时期，渤海使节史都蒙等在天皇观骑射过程中，亲自上阵表演骑射、乐舞之事。由这三条日本史料，我们可以得到几条很重要的信息。

第一，渤海国有专门进行音乐演奏的乐师，已珍蒙应该就是渤海大使的随行乐师。实际上，专门的乐师在东夷系民族中自有其传统，如据《旧唐书·音乐志》记载："《周官》：'韎（mèi）师掌教《韎乐》，祭祀则帅其属而舞之，大享亦如之。'《韎》，东夷之乐名也。举东方，则三方可知矣。又有'鞮鞻氏掌四夷之乐，与其声歌，祭祀则龡而歌之，燕（yàn）亦如之。'作先王乐者，贵能包而用之。纳四夷之乐者，美德广之所及也。东夷之乐曰《韎离》……《离》，言阳气始通，万物离地而生也。"④这里的"韎乐"就是西周时期东夷人的乐舞形式，"韎师"就是专门掌管"韎乐"的官职，出使日本的已珍蒙应该就是渤海国中掌管乐舞之人。《新唐书·渤海传》在论其"大抵宪象中国制度"之时，云渤海有"太常"一职，据《隋书·百官志》记载："太常，掌陵庙群祀，礼乐仪制，天文术数衣冠之属"，⑤说明礼乐活动是太常管理职责之一，乐师等当

---

① 《续日本纪》，东京经济杂志社明治三十年（1897）版，第223页。
② 《续日本纪》，东京经济杂志社明治三十年（1897）版，第291页。
③ 《续日本纪》，东京经济杂志社明治三十年（1897）版，第640页。
④ 《旧唐书》卷29《音乐志》，中华书局，1975，第1068~1069页。
⑤ 《隋书》卷27《百官志》，中华书局，1973，第755页。

归其统领。

第二，在日本史料的记载中，渤海乐的演奏，多与礼仪相结合。如第一条中已珍蒙作渤海乐，实际上应该是作为对圣武天皇献礼之用。第二条中，渤海乐则作为日本皇室礼佛活动之用。第三条中，亦为对光仁天皇观骑射献礼之用。这与前引《旧唐书·音乐志》中"靺乐"这种乐舞多与祭祀活动联系在一起的情况并不矛盾，渤海国本国人作渤海乐时，应该也是与礼仪文化紧密结合的。

另日本史料中关于渤海舞的记载还有很多。

如《续日本纪》记载："乙酉，授高丽大使杨承庆正三位……作女乐于舞台，奏内教坊踏歌于庭……甲午，太保藤原惠美朝臣押胜宴蕃客于田村第。敕赐内里女乐并绵一万屯……"①

又如《日本三代实录》记载："戊辰，天皇御丰乐殿，赐宴渤海客徒……内教坊奏女乐，妓女百四十八人递出舞。"②

又如《扶桑略记》记载："十九年……十二月……十六日，仰遣内教坊别当右近少将伊衡于内教坊，选定渤海客宴日舞人等。仰定坊家可调舞人二十人、舞童十人、音声二十人……"③

这些日本史料都表明了这样一个基本事实，即渤海乐舞，是与宫廷宴飨及其他政治活动紧密联系在一起的。那么，既然存在专门掌管乐舞的官员，而这种乐舞活动又与礼仪活动关系密切，渤海的乐舞活动就必然会产生宫廷化倾向。事实上，当时的渤海贵族阶层，乐舞享乐之风流传甚广。1949年，吉林敦化牛顶山古墓群曾出土渤海贞惠公主墓碑，今收藏于吉林省博物馆，上有贞惠公主墓志，其中生动的刻画了贞惠公主的形象，"箫楼之上，韵调双凤之声；镜台之中，舞状两莺之影"④，这充分说明，如贞惠公主之类的渤海贵族，不仅喜好乐舞，而且常常其本人也是乐舞高手。乐舞，本身具有体育的本质属性，渤海贵族很可能将乐舞作为一种文娱活动之余，还将之作为一种陶冶情操、强身健体的手段。

在中国史籍中，关于渤海乐舞的记载出现时间较晚。新、旧《唐书》中皆

---

① 孙玉良：《渤海史料全编》，吉林文史出版社，1992，第250页。
② 孙玉良：《渤海史料全编》，吉林文史出版社，1992，第344页。
③ 孙玉良：《渤海史料全编》，吉林文史出版社，1992，第360页。
④ 阎万章：《渤海"贞惠公主墓碑"的研究》，《考古学报》1956年第2期。

无关于其的记载,唯《金史》《宋书》中可以得见。据研究,"纵观《金史》……史料,可以得出如下三点认识:第一,渤海国时期即有成熟的礼乐制度,故金代'渤海乐'得以流传;第二,在金代,'渤海乐'与'女真旧音'一道被放在民族传统音乐的地位;第三,无论是世宗乐制'粲然大备'时期,还是章宗进一步'正礼乐'时期,渤海教坊都在金代宫廷音乐机构中发挥了不可替代的作用。"① 渤海国舞蹈如"踏锤"的一些具体形式已经不可考,唯宋人王曾记载其"渤海人岁时聚会作乐,先命善歌善舞者数辈前引,士女相随更相唱和,回旋婉转,号曰'踏锤'"②。另,今日之吉林省敦化地区尚有踏锤舞留存,并于2006年被列入敦化市第一批非物质文化遗产名录,但敦化今日之踏锤舞,与千年之前的渤海舞蹈是否在形式上保持一致,却已经是不可考证的了。

　　日本人藤原师长(1138~1192)于1171年编撰的《仁智要录》是一部收录中国唐传筝曲的谱集,其卷11《高丽曲》中的第20首名为《新靺鞨》。据研究:"《新靺鞨》作为渤海乐传入日本,并作为比较重要的音乐在日本宫廷演出,1021年,在朝见天皇时的乐舞演出中也有此曲。《乐家录》将新靺鞨列入番舞小曲。"③

　　新靺鞨舞,日本学者酒寄雅志曾于日本杂志《中国》1989年第9期《特集·渤海国》有较为详细之介绍,云:"头戴缨脚左右平伸的唐冠、穿着红袍和绿袍的四名舞者,随着大鼓的音响,两手持笏在胸前,平稳地下拜,进而屈膝跪坐,并再拜。继而身体前倾,把笏放在舞台的地面上,左手伸向左前方,左臂搭在舞台地面的笏上,腰部下弯,两脚重合伸出,向右横卧。接着,右手划弧,屈膝跪坐,笏左放,右手伸向右前方,右臂搭在舞台地面的笏上,腰部下弯,两脚重合伸出,向左横卧。然后,再度右手划弧,重复同样动作。最后,起身而立,把笏插在腰部背后。这种宽舒的动作,就是流传至今的'新靺鞨'舞姿。"④ 但从新靺鞨舞的服饰与动作来看,这显然是一种与礼乐文化紧密结合的宫廷舞蹈,而非王曾所记载之"踏锤"之类大众性的舞蹈。

---

① 刘晓东:《"渤海乐"性质的文献学考察》,《北方文物》2011年第2期。
② 金毓黻:《渤海国志长编》第6册,辽阳金氏千华山馆,1934年铅印本。
③ 中国大百科全书总编委会:《大百科全书·音乐舞蹈》,中国大百科全书出版社,2009,第427页。
④ 〔日〕酒寄雅志:《跨越海洋的渤海乐》,李凤英、刘晓东译,《北方文物》2010年第2期。

又，"据京都乐人安倍季尚（1630~1708）所著的《乐家录》（1690年，即元禄三年），'新靺鞨'乃靺鞨国之曲。该舞由靺鞨国传入中华，是作为礼拜舞踏的形式而出现的。靺鞨国亦即渤海国的使者来日本之时，该舞也是作为拜礼而以再拜舞踏的形式出现的"①。由是观之，前文所引《续日本纪》中渤海赴日大使的礼乐活动，其舞蹈就应该是这种新靺鞨舞，其乐师所奏音乐，应该就是这种新靺鞨乐。而这种新靺鞨乐、新靺鞨舞之所以在日本社会有所流传，大抵不外金毓黻先生之论述："日本尝遣内雄来学音声，学成归国，十年无消息。文王曾遣乌须弗往问之。自是，渤海乐遂传于日本，祭神弥时或作，又以为舞乐之一。"②

另据今人研究，这种新靺鞨乐的具体内容已经可以比较清晰地为我们所得知，其具体乐谱亦已得到科学总结，从而使我们在千年之后的今天尚能一窥渤海乐舞之风采。

四 渤海国的马球体育文化

马球，据本章契丹马球节论述，应该是源自中原地区的一种体育活动，在唐代十分流行。在隋唐时期，马球活动也经由中原传到了渤海。在今黑龙江省宁安县牡丹江畔的上京龙泉府遗址，曾发掘出一枚骨制漆色小马球，现藏于黑龙江省渤海上京博物馆。③该马球"直径约八厘米许，相当坚硬，上有着色痕迹，内地的木制马球颇为近似"④。该枚马球的发现，充分证明了唐代渤海国存在马球运动，且与中原马球运动有渊源关系。事实上，在相关的文献记载中，也多次出现渤海进行马球运动的记录。如《辽史·逆臣列传·耶律辖底》记载："及释鲁遇害，辖底惧人图己，挈其二子迭里特、朔刮奔渤海，伪为失明。后因毬马之会，与二子夺良马奔归国。益为奸恶，常以巧辞获免。"⑤这里耶律辖底三人所参加的"毬马之会"，就是渤海人所举办的马球盛会，可知渤海人应该经常举办大型马球比赛，以作竞技与娱乐之用。

---

① 〔日〕酒寄雅志：《跨越海洋的渤海乐》，李凤英、刘晓东译，《北方文物》2010年第2期。
② 金毓黻：《渤海国志长编》第6册，辽阳金氏千华山馆，1934年铅印本。
③ 王勇：《渤海上京出土的马球与渤海人的马球运动》，《北方文物》2010年第3期。
④ 国忠：《渤海马球考略》，《黑龙江文物丛刊》1983年第4期。
⑤ 《辽史》卷112《逆臣列传·耶律辖底》，中华书局，1974，第1498页。

另据日本平安时代（794～1192）初期的汉诗集《经国集》记载，唐太宗开元十五年（727），日本嵯峨天皇曾召见了渤海来使，其中即有一支马球队伍，当为交流之用。唐穆宗长庆元年（821），渤海著名访日使臣王文矩访日，于次年在丰乐殿受到嵯峨天皇宴请，并举办了一场渤海与日本之间的马球比赛。嵯峨天皇甚为高兴，并专门为这场马球比赛赋诗一首，题为《早春观打毬》，诗云："芳春烟景早朝晴，使客乘时出前庭。回杖飞空疑初月，奔毬转地似流星。左承右碍当门竞，群踏分行乱雷声。大呼伐鼓催筹急，观者犹嫌都易成。"[1]这一历史事件说明，渤海的马球活动，已经不仅仅是其民族体育文化的组成部分，更作为一种外交手段和文化输出行为在与周边国家的交往中发挥独特的作用。

渤海马球运动的具体规则与形式，我们今天已经很难考证了，但据研究，"当时渤海与日本马球技术与规则基本与中原一致"[2]，那么我们可以借助唐代马球运动开展的一些具体要素与规则，从侧面对渤海马球的具体细节进行考察。

唐朝的马球活动非常繁荣，而开展马球活动主要包含六大要素。

第一，具备优良马匹的来源。

在唐王朝的机构设置中，专门有饲养马匹的太仆寺。据《唐六典》记载：

> 太仆寺：卿一人、少卿二人、丞四人、主簿二人、录事二人、府十七人、史三十四人、兽医六百人、兽医博士一人、学生一百人、亭长四人、掌固六人。[3]
>
> 卿一人，从三品；少卿二人，从四品上。太仆卿之职，掌邦国厩牧、车舆（yú）之政令，总乘黄、典厩、典牧、车府四署及诸监、牧之官属，少卿为之贰。凡国有大礼、大驾行幸，则供其五辂（hé）属车之属。凡监、牧所通羊、马籍帐，则受而会之，以上于尚书驾部，以议其官吏之考课。凡四仲之月，祭马祖、马步、先牡、马社。丞四人，从六品上；主簿二人，从七品上；录事二人，从九品上。丞掌判寺事。凡补兽医生皆以庶人之子，考试其业，成者补为兽医，业

---

[1] 金毓黻：《渤海国志长编》第6册，辽阳金氏千华山馆，1934，铅印本。
[2] 黄聪：《中国古代北方民族体育史考》，人民出版社，2009，第300页。
[3] （唐）李林甫：《唐六典》，中华书局，1992，第476页。

优长者，进为博士。主簿掌印，勾检稽失，省署抄目。录事掌受事发辰。①

其机构之复杂，充分说明了唐王朝对马政之重视，从而保证了优良马匹在唐朝社会中的流通。无独有偶，《新唐书·北狄列传·渤海》载渤海国出产"率宾之马"，说明渤海国亦能保证马球活动开展的马匹来源。

第二，马球。

唐代之马球，多为漆色木球。而渤海上京龙泉府曾出土一枚骨质马球，从材质和纹理推断，可能为象牙制作。马球表面呈淡黄色，面部隐约有涂朱的痕迹，做工十分考究，说明渤海制作马球的技术是非常成熟的。

第三，球杖。

球杖，又称"月杖""鞠杖"等，据敦煌文书S.1366/3《使衙油面破历》记载："三十又造扇木匠，一石二升支孔法律纳球仗面一斗，油一升。"②可知唐代之球杖，多为木制，其制作过程中应该还会使用油浸技术，以增强木杆之韧性。另唐诗中有很多描绘球杖的诗句，如蔡孚诗《打球篇》，有"金锤玉莹千金地，宝杖雕文七宝球"句，说明唐代的球杖应该还多雕刻花纹装饰，以增强美观性。

第四，球衣。

唐代的马球服饰，目前所见的国内文献基本没有记载。仅敦煌文书S.2049V/6以及P.2544（5-3）中记有一首《杖前飞·马球》，诗中曾提及唐代球衣之颜色，诗云：

时仲春，草木新，□初雨后路无尘。林间往往临花马，楼上时时见美人。

相咦同情共言语，闲闷结伴游球场。传中手执白玉鞭，都史乘骑紫骍马。

青一队，红一队，敲磕玲珑得人爱。前回断当不赢输，此度若输后须赛。

脱绯紫，著锦衣，银镫金鞍耀日辉。场里尘飞马后去，空中球势

---

① （唐）李林甫：《唐六典》，中华书局，1992，第478~480页。
② 《英藏敦煌文献》第2册，四川人民出版社，1990，第278页。

杖前飞。

　　球似星，杖如月，骤马随风直冲穴。□□□□□□□□，□□□□□□□。

　　人衣湿，马汗流，传声相问且须休。或为马乏人力尽，还须连夜结残筹。①

　　由是可知，唐朝马球，对阵之双方分青、红二色，除此之外其他的信息我们已经无从知晓了。而渤海之球衣，是否也与唐朝中原地区保持一致，我们亦不可得知。

　　第五，球场。

　　唐代的马球球场，亦有特殊之规格。据研究，首先，其场地类型分土筑球场和草地球场两种。其次，球场的三面会砌有矮墙，另一面会修建如亭、楼之类可做看台的建筑。最后，球场的周长大概在"千步"，即千米左右，与今日之现代马球场相似②。

　　第六，球门。

　　唐代文献中关于球门的记载并不多见，然《宋史·礼志》载："打球，本军中戏。太宗令有司详定其仪……有司除地，竖木东西为球门，高丈余，首刻金龙，下施石莲华座，加以采缋（huì）。左右分朋主之，以承旨二人守门，卫士二人持小红旗唱筹，御龙官锦绣衣持哥舒棒，周卫球场。殿阶下，东西建日月旗。教坊设《龟兹部》鼓乐于两廊，鼓各五。又于东西球门旗下各设鼓五。"③此为宋代马球球门之制式，当与唐代相去不远。

　　除以上开展马球活动的六要素之外，唐代马球的具体规则亦有记载。

　　第一，在比赛开始前，要先奏乐。

　　如《新唐书·敬宗本纪》记载："己酉，击鞠，用乐。"④又《旧唐书·敬宗本纪》载："丁未，御中和殿击球，赐教坊乐官绫绢三千五百匹。"⑤如此，马球之前先奏乐，当与唐朝之礼乐文化有密切关系。

---

① 《英藏敦煌文献》第3册，四川人民出版社，1990，第207页；《法藏敦煌文献》第15册，上海古籍出版社，2001，第256页。
② 高原：《唐代马球运动考》，硕士学位论文，兰州大学，2006，第16~17页。
③ 《宋史》卷121《礼志》，中华书局，1977，第2841~2842页。
④ 《新唐书》卷8《敬宗本纪》，中华书局，1975，第227页。
⑤ 《旧唐书》卷17《敬宗本纪》，中华书局，1975，第508页。

第二，以比赛双方"得筹"之先后或数量计算输赢。

从文献记载来看，唐朝马球的输赢是靠"得筹"来判定，但"得筹"亦出现了两种方式。

其一，据《资治通鉴·唐纪六十九·僖宗广明元年》记载："上令四人击球赌三川，敬瑄得第一筹，即以为西川节度使，代安潜。"[①]这里记载了陈敬瑄得第一筹为胜，说明唐代马球的一种输赢方式就是得第一筹者获胜，即一球定输赢。

其二，据前引敦煌文书《杖前飞·马球》，有"或为马乏人力尽，还须连夜结残筹句"。既然存在"残筹"，即说明存在相对的"整筹"，此绝非一球定输赢的方式可以决出。然既存在所谓的"整筹"，说明应该存在一个事先规定的得筹数量，先达到这一数量者为胜。不然"残""整"之相对即不存在了。

第三，参赛者的数量并不固定。

在唐代文献中，并未发现类似现代马球存在人数规定的规则记载，此类记载多为虚数。如《旧唐书·昭宗本纪》载："辛巳，汴州护驾都将朱友伦击鞠坠马卒，全忠怒，杀同鞠将校数人。"[②]又《旧唐书·崔胤列传》记载："其年十月，全忠子友伦宿卫京师，因击鞠坠马而卒。全忠爱之，杀会鞠者十余人，而疑胤阴谋，由是怒胤。"[③]仅云参加马球者十余人。

又《旧唐书·敬宗本纪》载，唐敬宗宝历二年（826）："十二月甲午朔。辛丑，帝夜猎还宫，与中官刘克明、田务成、许文端打球，军将苏佐明、王嘉宪、石定宽等二十八人饮酒。"[④]这里的二十八人，当为唐敬宗之御用球手，与前文之十余人又不同。又前引《资治通鉴·唐纪六十九·僖宗广明元年》记载，参加球赛者亦仅有四人。由是可知，唐代马球参赛的人数随意性非常大，远未如今日之马球运动规则严明。

综上，通过对唐代中原地区马球运动一些基本信息的梳理，我们大体可以获悉唐代马球运动的基本风貌。而考虑到渤海国与唐王朝关系之密切，渤海文化与中原文化渊源之深厚，渤海风俗之近于中原者，那么渤海之马球基本情况，当大体与唐代中原地区相类似。

---

① （宋）司马光：《资治通鉴》卷253《唐纪六十九·僖宗广明元年》，中华书局，1956，第8222页。
② 《旧唐书》卷20《昭宗本纪》，中华书局，1975，第777页。
③ 《旧唐书》卷177《崔胤列传》，中华书局，1975，第4587页。
④ 《旧唐书》卷17《敬宗本纪》，中华书局，1975，第522页。

关于渤海的体育活动，应该还有其他的内容，如盛行于高句丽的围棋、投壶、百戏、蹴鞠等，这些活动早在唐以前就已经传入东北及朝鲜半岛，考虑到渤海与高句丽民族的渊源，此种竞赛活动会继续为渤海人喜爱并广为流行。还有，从渤海国居地的地理气候条件来看，其地应是冰雪覆盖之地，因此，渤海人具备从事冰雪运动的天然条件；另前文也提到"后渤海盛，靺鞨皆役属之"[①]。那么，黑水靺鞨是具备从邻部流鬼人和室韦人那里学到冰雪技能的地理条件的，自然有可能在归附后将这项技能传入渤海内地。只是以上这些体育内容，限于史料，我们只能予以推测。

五 渤海国体育文化的基本特征

通过前文梳理，我们可以发现，渤海国由于其相对发达的文化和强盛国力，从而发展出了丰富多彩的体育文化。渤海人在日常生活中，经常从事体育运动，各种类型的体育活动形式多样、内涵丰富，如乐舞、马球等体育活动甚至已经成为渤海民族的象征，体育已经成为渤海社会生活不可或缺的组成部分。总体而言，其具备以下几个特征。

第一，渤海国的体育文化非常善于吸收其他民族体育文化的优秀成分。从渤海国的前身肃慎系各民族来看，挹娄、勿吉的社会体育文化受制于其地域和社会发展水平，显得相对原始和单一，其地域性和民族特性表现得都非常明显。渤海国虽然继承了挹娄、勿吉的体育文化，但在其民族发展过程中，吸收了很多外来文化基因，其在隋唐时期体育文化总体呈现出的面貌，已经与挹娄、勿吉甚至同期的其他靺鞨部族相去甚远。例如，渤海国几乎将同期中原地区唐朝的军事体育活动完全模仿过去，从上层制度建设至底层军事操练，皆仿唐制；渤海国还从中原地区学习了马球活动，并且使这一活动在渤海社会大放异彩。

与此同时，渤海国不但吸收外来体育文化，还善于将这些外来文化与其民族传统文化相结合。这一点最为典型的代表就是骑射活动，肃慎系民族在靺鞨之前射箭与骑马活动或各自独立，或结合很不紧密，但至渤海国时，他们将本民族传统射箭活动与高句丽、契丹等族的骑射活动进行了紧密结合，并且将这一活动发展至很高层次，如其开国君主大祚荣等人的骑射技艺之高，都是闻名

---

① 《新唐书》卷219《北狄列传·黑水靺鞨》，中华书局，1975，第6179页。

周边民族与地区的。

值得指出的是，前引《续日本纪》光仁天皇宝龟八年（777）五月丁巳，"天皇御重阁门，观射骑。召渤海使史都蒙等，亦会射场。令五位已上，进装马及走马，作田舞于舞台。蕃客亦奏本国之乐。事毕，赐大使都蒙以下采帛各有差"[1]。这里的渤海大使史都蒙，应该是本自中亚而来的渤海化了的粟特人。此外，《续日本纪》中记载的安贵宝、史道仙、安欢喜等诸多安姓与史姓渤海使节，实际上都是粟特昭武九姓中之人。[2] 如此之多的粟特人，在渤海担任要职，那么中亚粟特文化想必在渤海文化中应该占有一席之地。史都蒙擅长骑射，且会演奏渤海乐，那么渤海体育文化是否受到了粟特体育文化的影响，从而产生了新的文化交流现象，由于资料的缺乏我们很难深入研究，但其作为一种可能性值得引起我们的充分重视。

第二，渤海国还善于创作富有全新内涵的体育活动形式，其最富代表性的就是渤海乐舞。事实上，东北地区各民族，大多都是能歌善舞的民族，但至少从文献记载中看，很少有民族能如渤海一样，将这一文体活动发扬至如此地步，以至于中外史书都对其大记特记，甚至专门发展出一种乐舞门类。更有甚者，如日本皇室亦喜将渤海乐舞与其重大政治与宗教活动结合起来，可知渤海乐舞艺术成就之高，文化影响之广远。总而言之，渤海人对乐舞活动的全新创造以及赋予其的丰富文化内涵，在同时期的东北民族中是独树一帜的。

第三，渤海国体育文化之繁荣，已经可以使之借助体育活动进行文化输出。从文献记载来看，以乐舞、马球为代表的渤海体育活动，多次出现在其与日本以及唐王朝的交往活动之中。如渤海与日本，据统计，"自从开元十六年（728年）渤日双方正式建交以来，双方间的使节往来络绎不绝。据载，渤海国在其存续期间，正式向日本派遣使节达34次，而日本回聘的使团先后也有13次之多"[3]。我们抛却在这一交往进程中双方之间的罅隙与龃龉，仅就其使节互派次数来看，称得上过往甚密。而在这数十次渤海使节赴日的过程中，渤海乐、渤海舞、马球等活动，多次出现在两国外交的正式场合，从而为两国邦交起到了很大的促进作用，也使日本对渤海文化有了直观而深入的认识。与此同时，渤海国的很

---

[1] 《续日本纪》，东京经济杂志社明治三十年（1897）版，第640页。
[2] 参见张碧波《渤海国与中亚粟特文明考述》，《黑龙江民族丛刊》2006年第5期；孙炜冉等《粟特人在渤海国的政治影响力探析》，《中国边疆史地研究》2014年第3期。
[3] 包鸿梅：《渤海与日本的文化交流研究》，硕士学位论文，黑龙江大学，2011，第14页。

多体育文化活动,也随着他们的使节流传到了高句丽等民族以及中原地区,从而使其他民族和地区的人民加深了对渤海文化的认识。这种外向型的体育文化发展倾向,使渤海国的体育文化成为隋唐时期东北民族体育文化的一朵奇葩。

第六节　女真的体育文化

女真,是东北地区古民族之一,起源于黑水靺鞨,五代时始称女真。据《三朝北盟汇编》甲集《政宣上帙三》所载:"女真,古肃慎国也。本名朱理真,番语讹为女真",《满洲源流考》卷7《部族七》亦载:"金国本名珠里真,与本朝旧称所属曰珠申相近,实即肃慎之转音也。"[①] 金毓黻先生在《东北通史》中也写道:"女真之名,本由肃慎二字之音转变而来",可见,女真是肃慎、朱里真等的同音异译。辽道宗时,为避辽兴宗(耶律宗真)名讳,"女真"曾改为"女直"。

女真分为生女真和熟女真。黑水靺鞨在渤海国强盛之时一度中断了与唐朝的联系,后契丹灭渤海,"黑水靺鞨附属于契丹。其在南者籍契丹,号熟女直;其在北者不在契丹籍,号生女直。生女直地有混同江、长白山,混同江亦号黑龙江,所谓'白山、黑水'是也"[②]。依此记载,是否加入契丹籍和居住的地域是分辨生、熟女真的条件。辽朝时,契丹统治者把女真中较为强大的部落迁到辽阳以南,编为属籍,因这部分人的社会发展水平较高,故称"熟女真";而留居原地的女真部落则称为"生女真"。11世纪末至12世纪初,居住在按出虎水(今黑龙江省阿什河)一带的生女真完颜部逐渐强大起来,将生女真及居住在牡丹江、松花江下游的女真其他各部统一起来,并吸收了一部分渤海遗民,形成了女真民族共同体。

女真在中国北方建立了历史上又一个强大的少数民族政权——金朝。辽朝时,契丹贵族对女真人实行了残酷的民族压迫,其种种暴行激起了女真人的强烈反抗,女真完颜部的杰出首领完颜阿骨打遂于辽天庆四年(1114)九月,联合诸路兵马起兵反辽,并于秋冬之际,败辽军于宁江州(今吉林省扶余县境)。1115年正月,完颜阿骨打称帝建国,国号大金,建元收国,定都会宁(今阿城

---

① (清)阿桂:《满洲源流考》卷7《部族七》,辽宁民族出版社,1988,第82页。
② 《金史》卷1《世纪》,中华书局,1975,第2页。

市白城子），阿骨打是为金太祖。

女真立国之前，文化相对落后，所谓"生女真无书契，无约束，不可检制"[1]。建国后，金王朝不仅有本民族的语言，而且创立了本民族的文字，但随着汉文化影响的深入，汉语很快成为女真族的主要语言，到金世宗时，女真的上层社会有些人甚至不通晓自己的语言了。女真人虽然以武力强悍、征战骁勇著称，但在建政后，并不以武力治国。正如《金史·文艺列传》所载："金用武得国，无以异于辽，而一代制作能自树立唐、宋之间，有非辽世所及，以文而不以武也。"[2]与辽朝相比，也正是因为金朝以文而不以武为尚，所以金朝建立后，金朝女真比辽朝契丹更容易，也更主动接受汉文化。因此，可以说，金朝的女真文化如果从整体上看，实际上就是带有东北少数民族和东北地域特征的汉文化。而女真的体育文化，一方面深受辽朝契丹体育文化的影响，保持了东北边疆民族独有的个性和特征；另一方面，由于大批汉民移入东北地区，在文化领域呈现了前所未有的交流和融合，中原的体育文化在女真民族得到了再次发展和繁荣。

一 女真的骑射与射柳体育文化

（一）骑射

生活在白山黑水之间的女真人，具有东北渔猎民族的典型特征。据史书记载，女真"其人勇悍，善骑射，喜耕种，好渔猎。每见野兽之踪，蹑而求之，能得其潜伏之所。又以桦皮为角，吹呦呦之声，呼麋鹿而射之"[3]。可见，骑射在女真人的日常生活中，是重要的猎捕手段和生产方式。金建国以前，女真人备受辽朝欺凌，加之部落内部摩擦不断，可谓内忧外患，战事频繁，而骑射作为当时战争中的主要军事技能和作战方式，自然得到统治阶层广泛地重视和推行，完颜阿骨打就是骑射中的佼佼者，《金史》记其"十岁，好弓矢。甫成童，即善射……顾见太祖手持弓矢，使射群鸟，连三发皆中"[4]。足见其射艺高超。骑射也是女真人日常娱乐的主要方式，所谓"女直旧风，凡酒食会聚，以骑射为乐"[5]，

---

[1] 《金史》卷1《世纪》，中华书局，1975，第3页。
[2] 《金史》卷125《文艺列传》，中华书局，1975，第2713页。
[3] （金）宇文懋昭：《大金国志》卷39《初兴风土》，载于《二十五别史》，齐鲁书社，2000，第286页。
[4] 《金史》卷2《太祖本纪》，中华书局，1975，第19页。
[5] 《金史》卷80《阿离补列传》，中华书局，1975，第1812页。

女真人在生产、军事、娱乐中将骑射技艺世代传承并不断发扬。

金朝立国后，初期，骑射活动仍然蓬勃开展，统治阶层亦能率先垂范倡导骑射，金世宗完颜雍，"善骑射，国人推为第一，每出猎，耆老皆随而观之"①；皇统元年，"熙宗猎于海岛，三日之间，亲射五虎获之"②，金章宗完颜璟也是一名出色的射手，明昌五年（1194）七月射于豁赤火，"一发贯双鹿"和一天之内"获鹿二百二十二，……辛巳，次鲁温合失不。是日，上亲射，获黄羊四百七十一"③。虽然帝王善射，但随着与中原汉文化的不断融合，加之建国后相对安逸的生活环境以及统治阶层政策的导向，女真人的尚武精神日渐销蚀，骑射技能则每况愈下。金世宗时期，朝廷其实已经意识到这种状况，因此才有"今则弈棋双陆，宜悉禁止，令习骑射"④；金世宗还告诫宰臣，令猛安谋克⑤户谙习骑射，《金史》载："西南、西北两路招讨司地隘，猛安人户无处围猎，不能闲习骑射。委各猛安谋克官依时教练，其驰慢过期及不亲监视，并决罚之。"⑥所以，从文献上看，统治者是积极鼓励并努力加强女真人骑射技能训练的，希望女真人不忘旧俗，重振雄风，但种种举措却难以挽回女真骑射衰落的颓局。世宗时，朝廷从猛安谋克甲士中遴选亲军，居然"其中多不能弓矢"，甚至"每遣奉使入宋国，朝射往往不胜，有损国威"。到金章宗时，明昌四年（1193），章宗诏令，女真进士及第后"仍试以骑射，中选者升擢之"⑦；承安三年（1198），则规定："女直人以年四十五以下，试进士举，于府试十日前，委佐贰官善射者试射。"⑧以上措施，其目的都是加强女真骑射技艺而定的政策，但从实际效果来看，收效甚微。自章宗朝伊始，大批女真人弃武从文，试图以科举谋取功名，使骑射技艺在女真社会急转直下甚至荒废。鉴于此，朝廷也不得不在泰和七年（1207）十二月再发诏令："戊午，诏策论进士免试弓箭、击球"，这也意味着重振骑射在女真民族几成徒劳。

女真民族靠骑射打天下，正是其强大的骑兵和高超的射艺使其军队拥有超

---

① 《金史》卷6《世宗本纪》，中华书局，1975，第121页。
② 《金史》卷66《始祖以下诸子列传》，中华书局，1975，第1559页。
③ 《金史》卷11《章宗本纪》，中华书局，1975，第232页。
④ 《金史》卷80《阿离补列传》，中华书局，1975，第1812页。
⑤ 猛安谋克是女真立国之前建立的一种亦兵亦农的社会组织，最初为组织围猎生产而设，后承担了训练武艺、管理军务的职责，皆由女真人构成。
⑥ 《金史》卷8《世宗本纪》，中华书局，1975，第194~195页。
⑦ 《金史》卷10《章宗本纪》，中华书局，1975，第229页。
⑧ 《金史》卷51《选举》，中华书局，1975，第1143页。

凡的战斗力，在短短的十余年间从一个落后的部落直至建立金王朝，但入主中原后，在外部环境和内部因素的共同作用下，作为立国之本的骑射几近衰亡，民风渐趋文弱，武士精神逐渐消逝，最终不得不折服于蒙古人的弯刀和铁骑之下。

（二）射柳

关于射柳，前文在契丹骑射一节中已有提及，女真的许多生活习俗与契丹一脉相承，金代的射柳活动亦受辽俗影响深刻。据《金史·礼志》载："皇帝回辇至幄次，更衣，行射柳、击毬之戏，亦辽俗也，金因尚之。"[1] 所不同的是，契丹的射柳活动与农业祭祀祈雨行为紧密相连，而女真的射柳活动其目的多是拜天或竞技娱乐。《金史》记载：收国元年（1115）五月，"甲戌，拜天射柳。故事，五月五日、七月十五日、九月九日拜天射柳，岁以为常"[2]；世宗大定三年（1163）五月，"乙未，以重五，幸广乐园射柳，命皇太子、亲王、百官皆射，胜者赐物有差"[3]；章宗明昌元年（1190）五月，"戊午，拜天于西苑。射柳，击毬，纵百姓观"[4]。从文献中也可以看出，女真人的射柳多是在重五、中元、重九等节日举行，看来，射柳已是大型节庆活动的重要内容之一。

女真的射柳活动在程式方面较为规范，《金史》记载："凡重五日拜天礼毕，插柳毬场为两行，当射者以尊卑序，各以帕识其枝，去地约数寸，削其皮而白之。先以一人驰马前导，后驰马以无羽横簇箭射之，既断柳，又以手接而驰去者，为上。断而不能接去者，次之。或断其青处，及中而不能断，与不能中者，为负。每射，必伐鼓以助其气。"[5] 射柳前，先行拜天，后插柳于场内，柳枝要削去皮露出白色，按照尊卑等级的顺序系手帕于柳枝之上以区分，这是前期准备工作。具体射柳过程中，要在前人引导下，驱马用无羽横簇箭射断柳枝，如果在射断柳枝时还能用手接住射断的柳枝则为上等，不能接住则次之。如果柳枝射断的地方不是在"削白之处"，则与没有射断、射不中是一样的，皆判定为负。每次进行射柳活动时，还要有鼓乐以助威。可见，其程式和规则是比较详尽的，而且对射手的骑射技艺要求也相当之高，不但要求射中柳枝而且要疾

---

[1] 《金史》卷35《礼志》，中华书局，1975，第826页。
[2] 《金史》卷2《太祖本纪》，中华书局，1975，第27页。
[3] 《金史》卷6《世宗本纪》，中华书局，1975，第131页。
[4] 《金史》卷9《章宗本纪》，中华书局，1975，第214页。
[5] 《金史》卷35《礼志》，中华书局，1975，第826页。

驰而至接住所射之柳，这在之前其他民族的射柳活动中是未曾发现的。另据《虏庭事实》记载："虏人州军及军前，每遇端午、中元、重九三节，择宽敞之地，多设酒、醴、牢饩、饼饵、果实祭于其所，名曰'拜天'。祭罢，则无贵贱、老幼，能骑射者，咸得射柳，中者则金帛赏之；不中者，则褫衣以辱之。射柳既罢，则张宴饮以为极乐也。"在射柳活动结束后，优胜者有"金帛赏之"，而没有射中的要接受"褫衣"的罚辱，最后众人设宴畅饮。

所以，从以上史料记载看，女真人的射柳活动一方面体现了尊卑等级的礼仪观念，射柳时要"当射者以尊卑序"，依次行射；而在射后的奖赏上，也分太子、亲王、百官"胜者赐物有差"，这应该是受中原汉文化礼制影响所致的结果。另一方面，女真的射柳活动规则已趋于完备和细化，从器材方面规定须"以无羽横镞箭射之"，而从胜负及优良等级的判定上亦做出了明确的规定。因此，综合以上各方面因素，从固定的节庆时间和场合、统一的器材和规制、完备的程式和规程以及赛前、赛后的组织和管理，包括明确的目的性等，都足以说明女真族的射柳活动已经步入成熟，并且成为融多元文化于一体的民族特色体育活动。女真人射柳的风姿在诗歌中也有称颂，如李俊民《庄靖集》卷4《绝句·观射柳》云："羽箭星飞霹雳声，追风马上一枝横。平生百中将军手，不意今朝见柳营。"[1]诗中将女真人钟情射柳的情怀畅意地进行了表达。

关于女真人射柳所用的"无羽横镞箭"，学界亦对其有专门的研究，前文谈到金因辽俗，行射柳之戏，那么，这种"无羽横镞箭"也当与辽代射柳所用箭镞相似，而我们从考古史料中也确有发现这种形制的箭镞出现于辽代墓葬。据考古工作者在辽宁北票扣卜营子辽墓的考古发现，这种平头铁镞，镞身扁平，如倒置的等腰三角形，前端刃线略呈弧形，为扇形铁镞，另在其他辽墓中也有类似的箭镞出土，学者认为，这就是辽、金时期射柳所用"横镞箭"，只有这种横刃的箭镞才能射断圆的柳枝。[2]近年来，随着学者在辽金考古上的新发现，考古史料的不断增多，金代大量弓弩、箭镞的出土，可谓形制各异，为我们研究辽金兵器的演变发展提供了参考，但与辽代"无羽横镞箭"完全一致的考古文物并未有见，关于此结论，尚需我们进一步挖掘和探索。

---

[1] （金）李俊民：《庆靖集》卷4《绝句·观射柳》，山西古籍出版社，2006，第234页。
[2] 参见熊志冲《中国古代射柳活动综考》，《成都体育学院学报》1987年第3期。

二　女真的马球体育文化

马球亦称"击鞠""击球""击毬",金朝对马球活动多以"击毬"相称。上文在论述女真射柳一节其实已对金代的马球有所提及,如"射柳、击毬之戏,亦辽俗也,金因尚之";"拜天于西苑。射柳,击毬,纵百姓观";另金章宗承安三年(1198)五月壬寅,"射柳,击毬,纵百姓观"[①];等等。可见,金代宫廷多将射柳和击毬同时举行,其场合仍然是在拜天祭祀活动中多有出现。关于女真马球活动的起源,我们通过文献史料考证,女真建立金国前,马球活动在女真族已有开展,《金史》卷23《五行》载:"斡塞伐高丽,太祖卧而得梦,亟起曰:'今日捷音必至。'乃为具于毬场以待。"[②] 这里出现的毬场就应是马球场,可见,马球活动在女真早有流行;而从"射柳、击毬之戏,亦辽俗也,金因尚之"的记载看,女真的马球当源自辽代契丹民族。

关于金代女真马球活动的规则及相关要求,我们主要通过《金史》卷35《礼志》中的相关记载予以考证,"皇帝回辇至幄次,更衣,行射柳、击毬之戏,亦辽俗也,金因尚之。……已而击毬,各乘所常习马,持鞠杖。杖长数尺,其端如偃月。分其众为两队,共争击一毬。先于毬场南立双桓,置板,下开一孔为门,而加网为囊,能夺得鞠击入网囊者为胜。或曰:'两端对立二门,互相排击,各以出门为胜。'毬状小如拳,以轻韧木枵其中而朱之。皆所以习跷捷也。既毕赐宴,岁以为常。"[③] 前文在契丹马球的论述中也是依据此段史料反观辽代马球的器材、规则及与中原马球活动的异同,故在此不予赘述。但结合其他史料,我们发现,金代女真的马球活动还有一些值得特别关注的因素。比如,在鞠杖的制作上,《金史》中有"工部下开封市白牯取皮治御用鞠杖"[④]的记载,即用牛皮制作鞠杖,应该是在手柄处缠绕,这在唐宋及辽代的马球鞠杖形制中并未见有说明;此外,金代球门与宋代也有差别,《宋史》载:"竖木东西为毬门,高丈余,首刻金龙,下施石莲华坐,加以采缋。"[⑤] 从形制上看,金代球门显然不及宋代奢华、精美,而更重实用价值。据《金史》卷24《地理志》记载,

---

① 《金史》卷11《章宗本纪》,中华书局,1975,第248页。
② 《金史》卷23《五行志》,中华书局,1975,第534页。
③ 《金史》卷35《礼志》,中华书局,1975,第826~827页。
④ 《金史》卷100《术虎筠寿列传》,中华书局,1975,第2214页。
⑤ 《宋史》卷121《礼志》,中华书局,1977,第2841页。

"有常武殿、有广武殿为击毬、习射之所",可见,女真皇室的毬场应是殿堂楼观之类建筑物,也必是相当考究之风格。而从用途上看,金代的毬场不仅仅局限于打马球,也是祭天仪式和集会、庆捷之场所,这从前文"凡重五日拜天礼毕,插柳毬场为两行……""'今日捷音必至。'乃为具于毬场以待"的记述中都有体现。此外,《金史》中还有毬场作为"较射之所"[①]和"习射之所"[②]的记载。

金代女真皇室和贵族的马球活动开展较为广泛,《金史》卷6《世宗本纪》载,世宗于大定六年三月"至西京。庚午,朝谒太祖庙。壬申,击毬",卷64《后妃列传》载世宗为东京留守时也曾"击毬",卷86《独吉义列传》载其为"武胜军节度使"时,"日与官属击毬游宴",[③]如此种种,可见,从京州到府地均有马球活动的开展,也足见女真贵族对马球运动的钟爱。究其原因,女真人已将马球运动与军事武备联系在一起,欲通过马球比赛加强军事训练,因此才会有"纵百姓观"之说,显然是为教化子民、谙习骑射。金前期的几位皇帝,海陵、世宗、章宗都对马球大加提倡,并且经常亲历亲为参加马球比赛,由此也招致部分臣工的反对。如金世宗时期,司天监马贵中就上疏劝谏:"陛下为天下主,守宗庙社稷之重,围猎击毬皆危事也。前日皇太子坠马,可以为戒,臣愿一切罢之。"[④]而金世宗却批驳说"祖宗以武定天下,岂以承平遽忘之邪。皇统尝罢此事,当时之人皆以为非,朕所亲见,故示天下以习武耳"[⑤];金世宗的儿子完颜碌在守母丧期间,世宗下令去打马球,太子太师完颜守道谏曰:"哀制中未可。"金世宗驳斥道:"此习武备耳,自为之则不可,从朕之命,庸何伤乎?"[⑥]可见,金世宗已将马球的社会功能提升至战略高度,所以才会"示天下以习武耳"。

马球活动在女真社会走向衰落是自宣宗时期开始,由于女真人汉化现象严重,价值观念与汉族日益趋同,武备思想松弛,马球活动不再被视为军事训练的内容,而常与宴饮娱乐活动相联系,导致社会功能缺失,社会价值降低,久而久之便被视作无益的娱乐活动加以禁止,有的女真贵族甚至"耕鞠场种禾"[⑦]。而擅长打马球,往往被视为纨绔子弟的标志,据刘祁《归潜志》记载:"南渡

---

① 《金史》卷24《地理志》,中华书局,1975,第551页。
② 《金史》卷24《地理志》,中华书局,1975,第573页。
③ 《金史》卷86《独吉义列传》,中华书局,1975,第1917页。
④ 《金史》卷131《马贵中列传》,中华书局,1975,第2813页。
⑤ 《金史》卷131《马贵中列传》,中华书局,1975,第2813~2814页。
⑥ 《金史》卷88《完颜守道列传》,中华书局,1975,第1958页。
⑦ 《金史》卷115《列传第五十三·赤盏尉忻》,中华书局,1975,第2532页。

之后，为将帅者多出于世家，皆膏粱乳臭子，若完颜白撒，止以能打毬称。又，完颜讹可，亦以能打毬，号杖子元帅。"①字里行间，鄙夷之意可见一斑；《金史》卷73《按答海列传》亦载"御毬场分朋击毬，连胜三算，宗工旧老咸异之"，②从"咸异之"可看出，此种情形已不符合社会思想之主流，由此对照，足见金初与金末女真人对马球态度是迥然相异的。

三 女真的乐舞体育文化

作为靺鞨民族的后裔，女真民族在唐渤乐舞文化交流的基础上，博采众家之长，继承和发扬了靺鞨人的乐舞文化，谱写了女真乐舞多元融合、生机勃勃的多彩篇章，为民族体育文化和艺术文化的发展绘制了浓郁的色彩。女真人"风俗好歌舞"，上至权贵，下至平民，不分贵贱尊卑，男女老幼皆爱乐舞。据《三朝北盟会编》记载，一些贵族王公子弟动辄"携尊驰马，戏饮，其地妇女闻其至，多聚观之，间令侍坐，与之酒则饮，亦有起舞歌证以侑觞者"；③另据《说郛三种》卷8《房庭事实》记载："女真风俗初甚淳质，其祖宗者不知人主之为贵。邻人酝酒欲熟，则烹鲜击肥而邀主于其家，无贵贱老幼，团坐而饮。酒酣则宾主迭为歌舞以夸尚。"④可见，女真民间乐舞可谓相当普及，求婚嫁娶、友人相聚、宾客欢饮等场合皆有乐舞相伴。金代女真乐舞的形式，我们通过对文献史料和考古史料的整理与研究，也有些许发现，具体如下。

（一）宫廷乐舞

金代女真的宫廷乐舞并非建国伊始就较为完善，而是在不断融合其他民族尤其是中原汉族乐舞文化的基础上逐渐完备起来的。据《金史》卷39《乐志》记载："金初得宋，始有金石之乐，然而未尽其美也。及乎大定、明昌之际，日修月葺，粲然大备。"⑤看来，金代宫廷乐舞的发展至"大定、明昌之际"（1161~1196）才趋于成熟。金代女真的宫廷乐舞从机构设置到仪礼制度基本沿袭了中原宋朝

---

① （元）刘祁：《元明史料笔记丛刊：归潜志》，中华书局，1983，第64页。
② 《金史》卷73《按答海列传》，中华书局，1975，第1683页。
③ （宋）徐梦莘：《三朝北盟会编》卷3《政宣上帙三》，上海古籍出版社，1987，第18页。
④ （明）陶宗仪等编《说郛三种》，上海古籍出版社，2012，第172页。
⑤ 《金史》卷39《乐志》，中华书局，1975，第881页。

的体系，其历任统治者也效仿中原皇帝的做法，在位期间要对文武二舞进行改动，以彰显当世君王的文功武德，如："皇统年间，定文舞曰《仁丰道治之舞》，武舞曰《功成治定之舞》。《贞元仪》又改文舞曰《保大定功之舞》，武舞曰《万国来同之舞》。大定十一年又有《四海会同之舞》，于是一代之制始备。"①此外，在金朝的乐舞中依然可见源自中原的八佾乐舞，《金史·礼志》记载："又设宫县乐南壝（wěi）外门之外，八佾二舞表于乐前，又设《采茨》乐于应天门前。"②"大乐令帅工人布于宫县之内，文舞八佾立于县前表后，武舞八佾各为四佾立于宫县左右，引舞执纛等在前，又引登歌乐工由卯陛而升，各就其位。歌、击、弹者坐，吹者立。"③这些史料将金代女真宫廷中八佾乐舞表演的时间、地点、表演形式及伴奏乐器等都做了说明，而且十分详尽。

金代女真的宫廷乐舞还借鉴渤海等其他民族的传统乐舞，《金史·乐志》中记载"渤海乐"与本国旧乐、汉人雅乐等同样受到金人重视，而"渤海乐"也成为宫廷礼乐，那么与"渤海乐"相伴的"踏锤舞"也必是金代宫廷的正式乐舞。

（二）宗教祭祀性乐舞

作为东北地区的古老民族，女真与其先民一样信奉萨满教，而且萨满教在女真社会中十分流行，张碧波先生在《萨满文化研究》中写道："女真族也有这种历史文化现象，王者兼萨满，王者与巫者集于一身……女真族"尚巫祝"，萨满文化贯穿女真——金代之始终。"④萨满乐舞是女真乐舞文化的重要组成部分，有关其记载在史书中多有出现，据《三朝北盟会编》卷220《政宣上中矢二十·宣和乙巳奉使行程录》中关于金上京萨满乐舞的描述："五六妇人，涂丹粉，艳衣，立于百戏后，各持两镜，高下其手，镜光闪烁，如祠庙所画电母。"⑤另在《南渡录》中也记述了宋朝徽钦二帝被掳至金国，所见萨满乐舞的情形："亦有巫者，制服画冠，振铃击鼓，罗列于前……"可见，萨满乐舞在金代女真社会中已广泛流行。

金代诞生了新道教，即全真教。为广泛吸引信徒，全真教将乐舞作为传播扩散的重要手段，全真教前期的几代掌教也都是乐舞的推崇者，"道乐无尘无

---

① 《金史》卷39《乐志》，中华书局，1975，第882页。
② 《金史》卷28《礼志》，中华书局，1975，第696页。
③ 《金史》卷28《礼志》，中华书局，1975，第702页。
④ 张碧波、庄鸿雁：《萨满文化研究》，甘肃民族出版社，2012，第425~432页。
⑤ （宋）徐梦莘：《三朝北盟会编》卷220《政宣上中矢二十·宣和乙巳奉使行程录》，上海古籍出版社，1987，第146页。

虑，欣则行歌道舞"。可以说，全真教的教义活动也极大地丰富了金代乐舞的内涵，而金代乐舞为全真教入俗阐道提供了极大的便利。全真教在金代传播甚广，据元好问先生的《紫微观记》记载："南际淮，北至朔漠，西向秦，东向海，山林城市，庐舍相望。什百为偶，甲乙授受，牢不可破。"[①]可谓信徒无数，盛况空前。那么，作为金代重要民族的女真族，接受这种全真乐舞当属自然。但特别要加以说明的是，全真教毕竟是以汉族为主体创立的新的道教流派，而金廷对全真教的态度也举棋不定，时好时坏，时禁时弛，总体上呈现的是控制与利用的态势，因此，全真乐舞在女真贵族及皇室开展十分局限，但也绝非无有，《金史》载："章宗初即政，议罢僧道奴婢。太尉克宁奏曰：'此盖成俗日久，若遽更之，于人情不安。陛下如恶其数多，宜严立格法，以防滥度，则自少矣。'"[②]据考证，不主张遽罢僧道的太尉克宁乃为女真贵族，占籍莱州，而莱州素来是全真教流行之地，"贵家子"也出家习之，还有一层关系，太尉克宁是全真弟子孟志源的曾祖，所以，可见这样一位女真贵族与全真教的渊源自是由来已久，所以，即便朝廷对全真教的态度飘忽不定，但仍难禁贵族信徒追奉全真教，那么，女真民间自然更加难以控制，因此，我们有理由推测基于传教目的全真乐舞在女真民族是普遍流行的。只是由于文献散佚、史料局限，目前，关于女真流行的全真乐舞的具体形式还比较模糊，尚待考究。[③]

（三）狩猎生产性乐舞

女真是靺鞨后裔，靺鞨舞蹈"曲折，多战斗之容"，作为渔猎民族的女真人，继承了靺鞨舞蹈的风格，将狩猎生产和生活中的礼仪风俗、信仰崇拜演化为乐舞形式以作为情感表达的方式，在女真及其后世满族的舞蹈中，我们多看到呼鹿、刺虎、射等与野兽搏击的肢体表现，或弯弓射箭，或挥矛刺杀，或驰逐伏击，尽显女真人与大自然抗争搏击的矫健身姿，这些狩猎生产性乐舞广泛流行于女真民族中，对女真乐舞的发展产生了深刻的影响。

（四）考古所见其他形式的乐舞

近年来，考古挖掘的新发现，为我们研究金代女真乐舞提供了重要的史料

---

① （金）元好问：《元好问全集》下册，山西人民出版社，1990，第13页。
② 《金史》卷94《襄列传》，中华书局，1975，第2088页。
③ 参见王定勇《全真教与金代乐舞》，《求索》2010年第9期。

支撑，也使我们较为直观地看到了女真乐舞的表现形式和风格特点。如在山西省高平县西里门村发现的金代乐舞石刻上，其中一幅金代乐舞图，图中六人，俱是女真形象，六人姿态各异，舞者二人，持乐器伴奏二人，击节相和者一人，观者一人。从服饰上看，六人中五人戴四角瓦楞帽，皆身着窄袖袍，腰系蹀躞带，抱肚带花边，足蹬高靴；亦有人佩戴耳环，脑后垂发辫；第二人左挂箭壶，右挂弓囊，其余人挂有革制飘带。因此，从瓦楞帽、蹀躞带及身上饰物、发式等方面都印证，此为女真民族的特征，画中舞者当为女真人，说明当时山西地区这种女真族表演的舞蹈已十分流行。

北宋末年，女真人南下时，最先占领的就是今山西南部地区，并以此为据点继续向南推进，因此，女真族的文化对该地区影响较深，该地流行女真乐舞自是理所当然的。然则该地虽超出本书"东北边疆"的地域范畴，但由此反观北方的女真民族当是此种风格乐舞的始创者，其服饰、形式自然与之相同。

另据黑龙江伊春金山屯区横山屯北侧出土的"八面乐舞浮雕石幢"显现，一位舞女正翩翩起舞，舞者躯干向一侧稍微倾斜，两臂弯曲向上张开，双膝弯曲外张。有学者研究，此种舞姿应非女真传统形式，而与敦煌壁画中乐舞或印度舞十分相似，应当源自中原宫廷乐舞。[1]可见，中原的乐舞文化在女真族中已有流行，这种交流和融合是女真全面接受汉文化的具体表现，也体现了女真乐舞体育文化多元融合、兼收并蓄的风格特征。在辽宁辽阳出土的二十四孝石雕《老莱子歌舞娱亲》，同样突出的是中原儒家思想，当是汉族与女真乐舞文化交融的又一有力佐证。

四 女真的摔跤体育文化

摔跤是由古代角抵活动发展演变而来的，而角抵亦称"角力""角觝"，晋代时也称"相扑"。女真人称摔跤手为"跋里速"，因此，女真传统摔跤在金代被称作"跋里速"戏，而《金史》中记为"角力"的较多，有关史料如下。

《金史·昂列传》记载："昂本名奔睹，景祖弟孛黑之孙，斜斡之子。幼时侍太祖。太祖令数人两两角力。时昂年十五，太祖顾曰：'汝能此乎？'对曰：'有命，敢不勉。'遂连仆六人。太祖喜曰：'汝，吾宗弟也，自今勿远左右。'居数日，赐金牌，令配以侍。"[2]

---

[1] 万大勇：《横山墓群八面乐舞浮雕石幢简析》，《剧作家》2011年第2期。
[2] 《金史》卷84《昂列传》，中华书局，1975，第1885页。

《金史·蒲察世杰列传》载："蒲察世杰本名阿撒……初在梁王宗弼军中。为人多力，每与武士角力赌羊，辄胜之。"①

《金史·石抹荣列传》载："石抹荣字昌祖。……荣年长，事秦王宗翰，居幕府。天眷二年，充护卫。熙宗宴饮，命胙王元与荣角力，荣胜之，连仆力士六七人。熙宗亲饮之酒，赐以金币，迁宿直将军。"②

海陵时期，贞元三年（1155），"六月丙戌，登宝昌门观角抵，百姓纵观"③。

正隆元年（1156）正月"乙丑，观角抵戏"④。

从以上史料分析，金代女真统治阶层对摔跤活动是极力推崇并倍加重视的，主要体现在一是角力、角抵之戏经常在御前进行表演，说明统治者对此活动十分喜爱；二是每每胜者不但可以获得"赐金牌""赐金币"的恩赏，有时还能加官进爵，上文中石抹荣即因此"迁宿直将军"，因此，摔跤活动在女真社会尤其是贵族和军中的开展当十分普遍，这也是统治阶层自上而下推广的结果。还有，摔跤活动应是军中重要的习练内容和练兵手段，史料中完颜奔睹、蒲察世杰、石抹荣皆为军中将帅，自身擅于角力并能躬亲示范，以武服人，想必军中也一定不乏角力方面的能人俊才，而"角力"对于士兵战斗素养的提升也大有助益，所以，其在军中流行当属合情合理。再有，上述史料中谈及"百姓纵观"，其实不仅是角抵活动，前文的射柳、击球等活动都有"百姓纵观"的情形出现，其目的无外乎威服与倡导，既彰显女真民族的文治武功，同时也积极引导社会思想和风尚。

女真的摔跤活动发展到世宗、章宗时期，开始呈衰落趋势，究其原因，主要是金朝境内汉人聚众造反，而类似摔跤等习练武事之举便被明令禁止了。《金史》载：明昌四年（1193）三月，"制定民习角抵、枪棒罪"⑤。但从后世女真及其满族摔跤活动的开展情况看，这一纸诏令似乎并没有起到很好的效果，只是阶段性地遏制了女真民间的角力活动，而在女真贵族和族群内部由于沿袭已久、根基甚深，很多地方仍然是禁而不止，谙习不减。这里特别需要说明的是，金代的摔跤活动应当也存在有两种形式，一种是源于中原的角抵之戏，多于宴饮欢娱时表演以助兴；另一种则是女真族传统的摔跤活动，即"跋里速"戏，

---

① 《金史》卷91《蒲察世杰列传》，中华书局，1975，第2020页。
② 《金史》卷91《石抹荣列传》，中华书局，1975，第2027页。
③ 《金史》卷5《海陵本纪》，中华书局，1975，第104页。
④ 《金史》卷5《海陵本纪》，中华书局，1975，第106页。
⑤ 《金史》卷10《章宗本纪》，中华书局，1975，第228页。

也就是成熟于清朝时期的中国式摔跤的前身，囿于史料，关于金代"跋里速"戏的具体形式和内容还有待进一步考证。

五　女真的棋牌体育文化

女真的棋牌类活动在金代及其后世的文献中多有提及，考古方面亦提供了大量的实物予以佐证，从目前的史料中发现，双陆、围棋、象棋等在金代女真社会中都有出现。金代棋牌类文化活动的广泛开展，恰恰是世居东北边疆的女真人接受和吸纳中原汉地文化的缩影，而中原的棋牌类活动也给金代女真社会增添了丰富的文化娱乐内容，对金元乃至后世棋牌类活动的发展和传承产生了积极的影响。

双陆棋。女真立国之前，已有关于双陆棋的记载，据《松漠纪闻》所载："道宗末年，阿骨打来朝，以悟室从。与辽贵人双陆，贵人投琼不胜，妄行马。骨打愤甚，拔小佩刀欲割之，悟室急以手握鞘，骨打止得其柄，杙其胸，不死。道宗怒。"[①] 这是关于女真双陆棋的最早记载。同书又载："辽亡，大实林牙亦降。后与粘罕双陆争道，罕心欲杀之而口不言。大实惧，及既归帐，即弃其妻携五子宵遁。"[②] 看来，双陆棋的开展在女真贵族中不是个案，较为普及。前文《金史》中也有"女直旧风，凡酒食会聚，以骑射为乐。今则弈棋双陆，宜悉禁止，令习骑射"的记载，那么既然弈棋双陆已经发展到了应由官方明令禁止之地步，可见其在女真社会中的流行和影响已经非常广泛而深刻，否则不至于引起统治阶层的担忧。洪皓在《松漠纪闻》中也描写了金朝境内双陆活动在宫廷和民间流行情况："燕京茶肆，设双陆局，或五或六，多至十，博者蹴局，如南人茶肆中置棋局也。"[③] 如此风行程度，那么，"宜悉禁止"也就不足为奇了。关于女真双陆的实物史料，目前在考古上鲜有发现，仅吉林省文物考古研究所和吉林大学边疆考古研究中心在吉林前郭塔虎城遗址发掘中发现了2枚疑似双陆棋子，为泥质红陶材质，高约2.3厘米，形状中空、鼓腹、上细、底平。除此之外，尚未见其他考古发现。

围棋。围棋亦称"对弈""弈棋"。关于女真围棋的记载在文献中所见不多，前文《金史》中"弈棋双陆"是为一处，另还有《金史·张大节列传》中称张大节，

---

① （宋）洪皓《松漠纪闻》，载于金毓黻《辽海丛书》第1册，辽沈书社，1985年影印本，第205页。
② （宋）洪皓《松漠纪闻》，载于金毓黻《辽海丛书》第1册，辽沈书社，1985年影印本，第206页。
③ （宋）洪皓《松漠纪闻》，载于金毓黻《辽海丛书》第1册，辽沈书社，1985年影印本，第209页。

"又善弈棋，当世推为第一，尝被召与礼部尚书张景仁弈"[1]。《大金国志》中也有记载："熙宗自为童时聪悟，适诸父南征中原，得燕人韩昉及中国儒士教之，后能赋诗染翰，雅歌儒服，分茶焚香，弈棋象戏，尽失女真故态矣。"[2] 由此可见，金熙宗也擅围棋。而同样，围棋既然与双陆相提并论，想必在女真社会也定广为流行，这在考古上是有重要佐证的，目前已出土的金代棋类实物中，以围棋实物最为集中，主要以围棋子为主。如：在黑龙江肇东八里城（金代肇州城，为金代重镇）遗址发现石质围棋子7件，器形规整，均为磨制，棋子直径为1.7~2.2厘米不等[3]；在吉林大安尹家窝堡辽金遗址中发现玉石材质围棋子1枚，其平面呈圆形，上表面弧凸，底面平整。直径约1.8厘米，厚约0.4厘米[4]；在辽宁岫岩县长兴辽金遗址中发现有石质棋子，为灰黑色页岩所制，圆形，通体磨光，直径1.8厘米、厚0.5厘米[5]；在吉林省白城市洮北区德顺蒙古族乡前呼伦艾力村四家子古城遗址（辽金时期古城址）中发现棋子3枚，为素烧陶制，黑色，多重尖瓣花纹，直径1.6厘米。[6] 这样的考古资料还有很多，从中我们不难发现，出土的围棋子其材质可谓多种多样，石制、玉石、陶制等，工艺也有简单磨制、通体磨光、雕花素烧等，这说明在金代社会中，上至女真贵族，下至平民百姓，围棋是其日常生活中重要的益智休闲体育活动。而从围棋子出土的地点看，在金上京、辽金统治的北方地区都有发现，说明金代围棋流行十分广泛，也再次印证其受众人群是多种多样的。

象棋。前文说道，《大金国志》中熙宗由韩昉等中国儒士教会"弈棋象戏"，此"象戏"应为象棋。另据考古资料显示，1975年4月，北京市文物工作队在北京市丰台区大葆台金代遗址的一处水井遗迹中发现了一件残象棋盘，据考证，这也是迄今发现的年代最为久远的象棋盘实物，为研究中国象棋发展史提供了非常宝贵的考古资料。该棋盘雕刻在一块辽代细沟纹砖的背面，长40厘米、宽35厘米、厚6厘米，形制与相关文献记载和现行棋盘相同。[7] 此外，在

---

[1] 《金史》卷97《张大节列传》，中华书局，1975，第2146页。
[2] （宋）宇文懋昭：《大金国志》卷12《熙宗孝成皇帝》，载于《二十五别史》，齐鲁书社，2000，第103页。
[3] 云瑶：《黑龙江省肇东八里城发现的金代文物》，《北方文物》1989年第4期。
[4] 吉林大学边疆考古研究中心、吉林省文物考古研究所：《吉林大安市尹家窝堡遗址发掘简报》，《考古》2017年第8期。
[5] 辽宁省文物考古研究所、岫岩满族博物馆：《辽宁岫岩县长兴辽金遗址发掘简报》，《考古》1999年第6期。
[6] 赵里萌、孟庆旭等：《记城四家子古城流散文物》，《辽金历史与考古》2017年第2期。
[7] 北京市文物工作队：《北京大葆台金代遗址发掘简报》，《考古》1980年第5期。

吉林省农安金代窖藏文物中出土了一枚铜质象棋子，面铸楷书"卒"字，直径2.5厘米，厚0.2厘米。①还有，黑龙江境内的几处金代遗址中也出土和发现了铜制象棋，绥滨金代遗址出土了"将"字棋，阿城金上京出土"马"字棋，有趣的是，这些棋一面为字，另一面则相应地刻有"将""马"的图案，这是与现代象棋的不同之处。②从以上文献和考古史料上分析，金代的象棋活动开展也应较为普及，而受众人群应是女真贵族居多，这主要是基于我们目前发现的象棋子以铜质为主，考虑金代禁铜政策较严，此种材质象棋子当不会为普通百姓所有。另外，随着象棋在中原地区的发展，在北宋时期出现了铜质棋子，并有一面为字、一面为图像的棋子出现，那么，同样形制的棋子又出现在金代，加之象棋在北宋发展和普及的程度要远超过辽金，因此，我们有理由推测金代象棋的引入和发展，应该是受到北宋的深刻影响。

骰子和骨牌。目前发现的金代骰子主要有陶制、瓷制、骨制等，均为正方体、六面凿刻圆点为数字的形制。其中有两处发现值得注意，其一是阿城齐国王墓中出土两枚骰子，和两件牙栉一同放置在墓主人完颜晏随身佩戴的荷包中。其二是白城市四家子古城遗址发现了一件关公印模，其中关公左手平托三枚骰子。这两处发现充分说明，骰子已经完全融入金代贵族和平民的社会生活中，成为一种随身携带、普遍使用的日常用品了。骨牌，是在骰子的基础上，将点数组合形成的，游戏时各方以一定规则摸牌，以比较点数或组合成特定牌组为胜。骨牌因常以骨制而得名，相传为北宋宣和年间创制的博具，因此又称"宣和牌"，今多称为"天九牌"或"牌九"。在金代城址或瓷窑遗址的考古报告中偶有提及，但是并未受到学者们的重视，资料阙如。2000年于前郭塔虎城遗址发现的一枚完整的骨牌，是证明其流行于金代的重要实物，这枚骨牌呈长方形，一半为四点涂红，一半为五点涂黑，同现代牌九中的"杂九"牌完全一致。可见最晚在金代中晚期，骨牌的用具和规则已经基本定型。③

六 金代的武举制

武举制，始立于唐武则天统治时期的长安二年（702），是朝廷为选拔武略人

---

① 张英等：《吉林农安金代窖藏文物》，《文物》1988年第7期。
② 李士良：《金代象棋》，《学习与探索》1985年第1期。
③ 参见李士良《金代象棋》，《学习与探索》1985年第1期。

才而设的考核制度,自此为历代沿袭。女真人建立的金朝,是中国第一个建立武举制度的少数民族政权,其在直接承袭宋代武举制度基础上,形成了较为完善的金代武举体制,从而极大地促进了金代民间武学的发展,推动了女真及其他各族军事武艺的进步,对金代尤其是女真民族军事体育产生了积极而深远的影响。

据《金史》记载:金代的武举,"尝设于皇统时,其制则见于《泰和式》"[1],可见,金代武举是在金熙宗皇统年间(1141~1149)设立的,但其较为完备的武举制度则是在金章宗泰和年间得以完成的。《金史》中,对武举制进行了详细的记述,具体如下:

> 武举……有上中下三等。能挽一石力弓,以重七钱竹箭,百五十步立贴,十箭内,府试欲中一箭,省试中二箭,程试中三箭。又远射二百二十步垛,三箭内一箭至者。又百五十步内,每五十步设高五寸长八寸卧鹿二,能以七斗弓、二大錾头铁箭驰射,府试则许射四反,省试三反,程试二反,皆能中二箭者。又百五十步内,每三十步,左右错置高三尺木偶人戴五寸方板者四,以枪驰刺,府试则许驰三反,省试二反,程试三反,左右各刺落一板者。又依序列问律一条,又问《孙》《吴》书十条,能说五者为上等。凡程试,若一有不中者,皆黜之。若射贴弓八斗,远射二百一十步,射鹿弓六斗,《孙》《吴》书十条通四,为中等。射贴弓七斗,远射二百伍步,射鹿弓五斗,《孙》《吴》书十条通三,为下等。解律、刺板,皆欲同前。凡不知书者,虽上等为中,中则为下。凡试中中下,愿再试者听。[2]

从这段史料来看,金代的武举分上、中、下三等。具体测试内容武艺实践方面有射贴、远射、射卧鹿、驰刺诸项;军事理论方面,考核《孙子》《吴子》兵书,还有一条朝廷法令。其具体的内容和标准如下。

射贴:能挽一石力弓,以重七钱竹箭,靶位距离150步外,十箭之内,要求府试中一箭,省试中两箭,程试中三箭。射箭方式应是步射。

远射:府、省、程三试均要求220步垛,三箭内须至少有一箭射到。射箭

---

[1] 《金史》卷51《选举志》,中华书局,1975,第1151页。
[2] 《金史》卷51《选举志》,中华书局,1975,第1151页。

方式应是步射。

射卧鹿：能以七斗弓、二大凿头铁箭驰射，距离150步以内，每50步设两个高五寸长八寸卧鹿，要求府试四反（返）中两箭，省试三反（返）中两箭，程试二反（返）中二箭。射箭方式应是骑射。

驰刺：以枪驰刺，在150步内，每三十步，左右错落各放置高三尺的木偶人两个，木偶人头上戴五寸见方木板，府试则许驰三反，省试二反，程试一反，要求左右各刺落一板。方式是骑马驰刺。

在完成以上的测试内容后，考核朝廷法令一条，另须考核孙、吴兵书十条，能说对五条为上等；射贴弓八斗，远射210步，射鹿弓六斗，孙、吴书十条说对四条，为中等；射贴弓七斗，远射205步，射鹿弓五斗，孙、吴书十条说对三条，为下等。此外，在程试时，以上考核内容如有一项不合格者，就要加以贬退；对孙、吴兵书考核不合格者，即使成绩为上等，也要降为中等，成绩中等者，则要降为下等；应试成绩为中等和下等的，可自愿再试上等和中等，反之则不允许。

从金代的武举制度的内容、标准和相关要求看，金代武举不仅重视武艺、驰射等实践内容的考核，更加重视法令、兵书等理论方面的素养，甚至要求更为严苛，"凡不知书者，虽上等为中，中则为下"，因此，简拔的人才也必是文武双全的军事佐领。从《金史》中考证："凡武举，泰和三年格，上甲第一名迁忠勇校尉，第二、第三名迁忠翊校尉。中等迁修武校尉，收充亲军，不拘有无廕（yìn），视旧格减一百月出职。下等迁敦武校尉，亦收充亲军，减五十月出职。"① 这是章宗泰和三年（1203）武举的授官规定，可以看出，通过武举选拔的人才都被纳入亲军。所谓亲军，是女真皇室、贵族直接掌控的卫队，《金史》载："合扎者，言亲军也，以近亲所领，故以名焉。"② 按金代的合扎猛安谋克制度，此时的亲军当皆为女真人，这些武举人也自然应该是女真族人。宣宗贞祐三年（1215），武举的地位得以提高，"同进士例，赐敕命章服"③；宣宗兴定二年（1218）五月，"辛巳，策论词赋经义进士及武举人入见，赐告命章服"④。从文献上看，金代武举人的授官相较文举级别较低，后有提升，有所好转。

---

① 《金史》卷52《选举志》，中华书局，1975，第1165~1166页。
② 《金史》卷44《兵志》，中华书局，1975，第1001页。
③ 《金史》卷51《选举志》，中华书局，1975，第1152页。
④ 《金史》卷15《宣宗本纪》，中华书局，1975，第336~337页。

金代的武举发展到宣宗时期，由于蒙古军南下，军事形势严峻，而女真人亦汉化严重，骑射松弛，战斗力下降，所以，宣宗于贞祐二年（1214）十一月丙子"许诸色人试武举"[①]，"诸色人"就是当时的女真统治者用来特指金朝境内除女真人之外的其他各族人，其中包括汉、渤海、契丹、奚族等[②]。这样，就打破了此前武举只向女真人开放的政策，从而吸引了大批非女真人也积极参与武艺训练和军事技能提高之列。

金代武举的设立客观上刺激了武学的发展，女真人本身尚武善射，民间武艺、驰刺较为普及，加上统治者的推行和家学传承，武举又为习武之人敞开了晋升的门栏，自然培养和造就了一大批文武兼备的军事人才。在此过程中，民间习武练艺活动蓬勃开展，军事技能和技术人才辈出，对于促进女真军事体育的开展起到了积极的推动作用。

第七节　满族的体育文化

满族共同体是由女真民族的建州女真发展起来的。建州女真是指明代建州三卫管辖下的女真各部，其经济社会发展水平较快，势力也相对强大。万历十一年（1583），努尔哈赤以其父祖十三副遗甲起兵，经过六年的艰苦奋战，统一了建州女真。占据了东起鸭绿江和佟家江，西至抚顺关、清河堡一线，南部接近瑷阳、孤山、宽奠等地，北面包括英额河流域。建州女真的势力更加壮大，与此同时，努尔哈赤又先后灭亡扈伦四部的哈达部、辉发部，继而征服东海女真；万历四十一年（1613），灭亡乌拉部；万历四十四年（1616），称汗立国，建元天命，建立金国，史称后金；万历四十七年（1619），攻取叶赫。至此，"满洲国自东海至辽边，北自蒙古嫩江，南至朝鲜鸭绿江，同一音语者俱征服。是年，诸部始合为一"。女真完成统一，这在满族共同体形成和发展的过程中是具有里程碑意义的重要事件。后金政权建立后，女真在政治、经济、文化领域实施了一系列卓有成效的改革，促进了满族的形成，尤其是满文的创制和推行，使女真族步入了新的历史发展阶段，也标志着满族的形成。天聪九

---

① 《金史》卷14《宣宗本纪》，中华书局，1975，第305页。
② 参见闫兴潘《论金代的"诸色人"——金代民族歧视制度化趋势及其影响》，《山西师范大学》（社会科学版）2012年第4期。

年（1635），皇太极颁布诏令："中国原有满洲、哈达、乌剌、叶赫、辉发等名，无知者往往称之诸申。夫诸申之号，乃席北（锡泊）超墨尔根之裔，与我有何相干？嗣后，一切人等只称中国原名满洲。"[①] 自此，女真族改称满洲族，简称满族，这也标志着满族最终形成。天聪十年（1636）四月，皇太极改国号为清，清王朝建立。可见，满族已不是单纯的建州女真，而是女真与其他民族共同结成的满族共同体。

满族及其先民长期居住在"白山黑水"之间，世代从事狩猎、捕鱼、采集等生产活动，在生产方式、居住环境、社会背景、风俗习惯和军事活动、宗教信仰等方面创造了丰富多彩的民族文化，成为中华民族传统文化领域一颗璀璨的明珠。满族体育文化源于渔猎经济，发展于军事体育，完善于民族融合。其传统项目多来源于社会生活的实践，在康乾盛世的大背景下，体育文化的内涵和形式更是得到快速的发展和进步，体现了满族体育文化独有的魅力和民族性格。

一　清入关前满族的体育文化

（一）骑射

清王室是女真族后裔，女真族历来过着游牧生活，视己为"马背上的民族"，信奉"弓马之利，以定天下"。骑射不仅是满族生产生活的重要组成手段和内容，也是清初体现军队作战能力的重要军事技能。清代早期的帝王，几乎都是技术精湛的骑射高手，无论是努尔哈赤、皇太极，还是顺治、康熙、乾隆，都十分重视骑射，顺治帝的"南苑行围"和康熙帝所创立的"木兰秋狝"等活动都是为弘扬祖制、练习骑射技能，以达到"习熟弓马，谙练队伍"之目的。

努尔哈赤具有精湛的骑射技术，据《满洲实录》记载，戊子年（1588）四月，努尔哈赤在迎娶哈达国万汗的孙女阿敏哲哲为妃时，曾与栋鄂部最著名的射手钮翁锦进行过射箭比赛，结果这位栋鄂部的第一高手只取得了五矢中三的成绩，而努尔哈赤连发五矢，不但每矢皆中且力道之深，需"凿落块木，而五

[①] 中国第一历史档案馆：《清初内国史院满文档案译编》（上）《天聪朝》，光明日报出版社，1989，第205页。

矢始出"。努尔哈赤在武力征服女真各部时，更深知骑射的重要性，骑射也因此成为八旗军重要的军事训练内容。据《旗军志》记载，八旗军每年都要举行大规模的角射活动，角射时有十分具体的规则和详尽的赏罚制度，也正是这种赏罚分明、纪律严明的举措，使八旗军训练刻苦、作风强悍、技艺高超、战力超群。

太宗年间，八旗子弟骄奢之风日甚，为整肃军纪，皇太极较努尔哈赤更为强调骑射的重要性。据《满洲源流考》记载，皇太极曾深有感慨："我国士卒，初有几何？因娴于骑射，所以野战则克，攻城则取，天下人称我兵曰：立则不动摇，进则不回顾。威名震摄，莫与争锋。"[1] 在《满文老档》的记载中，皇太极本人多次亲率皇室贵族子弟演练骑射。天聪六年（1632）十月二十一日，在一次众额附参加的皇族围猎活动中，皇太极要求："此次行猎，命诸贝勒、大臣之子及牛录额真之子一同出猎，以习骑射。"[2] 又崇德元年（1636）六月十六日，"圣汗至马馆，观诸王、贝勒赛马，赛程二十里外。分为十等，一等马赏烟十斤。"[3] 而据《满文老档》记载，崇德元年六月二十二日，圣汗再次至村外观赛马。崇德元年时，皇太极已成满、蒙、汉三族"共主"，而七日内，他两次亲临马馆，观看诸王、贝勒赛马，并亲自恩赏，足见皇太极对骑射的重视程度。

清代帝王对骑射活动的重视与自上而下的推广，保证了骑射作为一种传统而实用的军事、体育活动，在清王朝统治期间广泛地流行开来。

马匹和弓箭作为骑射不可或缺的工具历来受到清皇室的热衷和喜爱，也是许多部族首领向皇族纳贡的首选，《满文老档》中多次记述了诸王、贝勒之间以良马为礼物互相馈赠的情况。例如：天命六年（1621）六月初二日，太祖皇帝"赐黄泥洼主将巴游击备鞍良马一匹，自此于巳刻入城。"[4] 天命七年（1622）正月初七日，"吉木布台吉献良马一匹，遂赐以重五十两之酒海、孔雀翎蟒缎一疋（shū）……又献骟马一匹、骒马九匹，遂赐甲六副……"[5] 等，类似的记

---

[1] （清）阿桂：《满洲源流考》卷16《国俗》，辽宁民族出版社，1988，第317页。
[2] 中国第一历史档案馆、中国社会科学院历史研究所译注《满文老档》，中华书局，1990，第1346页。
[3] 中国第一历史档案馆、中国社会科学院历史研究所译注《满文老档》，中华书局，1990，第1513页。
[4] 中国第一历史档案馆、中国社会科学院历史研究所译注《满文老档》，中华书局，1990，第208页。
[5] 中国第一历史档案馆、中国社会科学院历史研究所译注《满文老档》，中华书局，1990，第294页。

载不胜枚举。关于弓箭方面的记载亦不少见，如天命八年（1623）七月二十五日，努尔哈赤曾亲自授诸贝勒以良弓之法。"尔等之弓折身立之不好，弓梢长且硬，差矣。弓软而长射之，则身不劳也。人之体，皆相同疲惫之时不可以此弓射之。"①天聪六年（1632）四月十四日，皇太极"赐乌克善舅舅御用紫缎袍一、弓一张"②。以上这些，一方面说明清王室贵族及部落首领都视良马、良弓为珍物，并身先士卒，谙习骑射；另一方面也体现良马、良弓在战争中有着重要作用和价值，所以皇族间才会将弓、良马互相馈赠并作为觐献或恩赏之物。但这些无疑从侧面反映了满族是一个善于御马、精于角射的民族，正因骑射在宫廷中的广泛开展，所以才会对良弓和良马情有独钟，甚至成为贵族阶层身份与地位的象征。

（二）围猎

围猎是一种集体的、组织严密的狩猎活动，又是一种意义重大的军事体育训练和娱乐活动。清前期的狩猎活动有着如下多重意义。

首先，猎获的野物可以解决军中粮食短缺的问题，按《满文老档》记载，天聪六年（1632）五月十九日，"汗曰：'军中粮尽，可以打猎。'遂令行围，杀黄羊万余，其肉按旗甲兵数分给，汗射两次，一矢贯二黄羊"③。天聪六年（1632）七月十四日，仍然是因军中粮食殆尽，皇太极遂率士兵行猎打围，并说："今并非好行猎也，乃因军中无粮，欲得行粮也。"④这些记载都说明围猎在清前期社会中是一种重要的获取食物的途径。

其次，围猎活动要求参与者高度的配合性与服从性，因此，清朝统治者常常借围猎锻炼军队、严明军纪。在《满文老档》的记载中，努尔哈赤和皇太极都曾对皇族及部下约法三章，严禁偷窃行盗、禁止袭扰百姓、遵从行围法令，并对触犯法规者予以重罚，将围猎视如行军打仗，严肃对待，以此达到从严治军的目的。"行军喧哗出声，敌必知觉；出猎喧哗出声，山谷应，兽必逸。每

---

① 中国第一历史档案馆、中国社会科学院历史研究所译注《满文老档》，中华书局，1990，第552页。
② 中国第一历史档案馆、中国社会科学院历史研究所译注《满文老档》，中华书局，1990，第1268页。
③ 中国第一历史档案馆、中国社会科学院历史研究所译注《满文老档》，中华书局，1990，第1284页。
④ 中国第一历史档案馆、中国社会科学院历史研究所译注《满文老档》，中华书局，1990，第1322页。

赴各地，皆先谕令众兵记之。"①皇太极天聪六年（1632）十二月初十日，皇太极率诸贝勒出猎，打猎的士兵因强行占用老百姓的榛子柯，而受到鞭刑，为此事皇太极特地召集八大臣面谕："自今之后，不许私入庄屯，擅取民间堆积柴草。不许往尚未狩猎之山上伐木。乱行者执究。"②在这种严厉的要求之下，清朝前期的围猎活动，即使是行猎露营，也按行军宿营一样进行要求，"冬则立栅，夏则掘壕"③。这些记载都充分表现了清前期行猎如行军的围猎特征。

再次，借围猎活动教导子孙，因循祖训。满人善骑射，从其先世肃慎到金朝女真，历代如此，也因此铸就了前清（后金）强大的军事力量，但进入辽沈后，八旗子弟居功自傲、贪图享乐、骄奢淫逸之风日甚，变得"多以骄逸自安，罔有学勤弓马者"④。皇太极遂多次借行猎之机，训导子孙，教育皇室子弟因循祖制，居安思危，并对一些好逸恶劳之徒予以惩戒。据《满文老档》记载，崇德元年（1636）七月二十五日，"圣汗谕诸固山贝子曰：'尔等敬听。昔太祖时，我等得知明日出猎，即于今日调鹰蹴球，若不令往，泣请随行。观今之子弟，唯知游逛市井，耽于戏乐。在昔时，无论长幼，贫困之际，每闻出兵行猎，兴致盎然。彼时随从甚少，人各牧马披鞍，析薪自□（缚）。虽如此艰辛，犹各为主效力不绝。国势之隆，非由此努力而致乎？今之子弟，每闻出兵行猎或言妻子有疾，或以家中有事为辞者多矣。不思行兵出猎、勇往奋发，而耽恋妻室，国势能无衰乎"⑤，充分体现出清入关前统治者进行围猎活动的良苦用心。

满族皇室的围猎活动经过长期的历练，不仅场面宏大，而且分工细致，参与者更要做好身体、器具等多方面的准备工作，这其中自然也衍生了许多其他体育活动，如前文所提"蹴球"和"调鹰"，都是围猎活动中的重要内容，崇德元年（1636）十月十六日，皇太极曾亲率众亲王、贝子往萨尔许放鹰，"辰

---

① 中国第一历史档案馆、中国社会科学院历史研究所译注《满文老档》，中华书局，1990，第33~34页。
② 中国第一历史档案馆、中国社会科学院历史研究所译注《满文老档》，中华书局，1990，第1356页。
③ 中国第一历史档案馆、中国社会科学院历史研究所译注《满文老档》，中华书局，1990，第35页。
④ （清）昭梿：《啸亭杂录》，中华书局，1980，第16页。
⑤ 中国第一历史档案馆、中国社会科学院历史研究所译注《满文老档》，中华书局，1990，第1555页。

刻出内治门，驻跸放鹰凡六日。二十三日未刻进福胜门"①。

渔猎活动在清入关前的满族皇室中也很常见，努尔哈赤和皇太极父子多次亲率众福晋、贝勒前往捕鱼。捕鱼的工具多样，叉、网、弓、弩一应俱全。《满文老档》中关于渔猎活动的记述有多次，如天命八年（1623）四月十六日，圣汗在辽河张网捕鱼，"汗亲乘舟行，以钢叉得鱼十尾，夜宿辽河渡口"②；天命八年（1623）七月初四日，"汗率诸贝勒大臣等出城捕鱼，宴筵毕，遂还"③；天命九年（1624）正月十三日，努尔哈赤召集众捕鱼人在正月十五于都尔并集中，"以待捕鱼。汗将携众福晋前往"④；崇德元年（1636）五月二十日，皇太极"偕二亲王往浑河捕鱼"⑤；等等。这些都充分说明渔猎活动在清前期的宫廷生活中开展得十分普遍。

（三）冰嬉

冰嬉同样是清朝前期的一项重要体育活动。关于冰嬉的起源，目前许多学者持不同的观点，一说宋代宫廷即有此项活动，因《宋史·礼志》中有"幸后苑观花，作冰嬉"的记载；一说冰嬉源于明代，因刘若愚《明宫史》中有"至冬冰冻时，可拉冰床……行冰上如飞"的记载；还有说冰嬉考定出于清代。关于冰嬉的起源，笔者在此不做探讨，但根据各家论述，冰嬉有几个主要的特征值得引起关注。一是冰嬉因其对自然条件的要求，它应是中国北方地区特有的体育活动。二是满族作为女真的后裔，长期居住在今松花江和黑龙江流域，那里气候寒冷，冰雪覆地，这就为冰嬉运动成为清前期社会中重要的生产生活及军事作战技能提供了自然基础。三是满族的主体是建州女真，但其发展过程中，融合了其他民族而结成了一个新的民族共同体，其中必然包括北方一些善于冰雪滑行的民族，并因此将这些民族的冰嬉运动吸收到清朝社会生活中就是一种自然的选择。

---

① 中国第一历史档案馆、中国社会科学院历史研究所译注《满文老档》，中华书局，1990，第1627页。
② 中国第一历史档案馆、中国社会科学院历史研究所译注《满文老档》，中华书局，1990，第458页。
③ 中国第一历史档案馆、中国社会科学院历史研究所译注《满文老档》，中华书局，1990，第536页。
④ 中国第一历史档案馆、中国社会科学院历史研究所译注《满文老档》，中华书局，1990，第582页。
⑤ 中国第一历史档案馆、中国社会科学院历史研究所译注《满文老档》，中华书局，1990，第1472页。

清入关前冰嬉活动的具体形式，在《满文老档》中亦有比较详细的记载。如天命十年（1625）正月初二日的宫廷冰上活动，"汗率众福晋、八旗诸贝勒、福晋、蒙古诸贝勒、福晋、众汉官及官员之妻，至太子河冰上，玩赏踢球之戏。诸贝勒率随侍人等玩球二次之后，汗与众福晋坐于冰之中间，命于二边等距离跑之，先至者赏以金银，头等各二十两，二等各十两"[1]。这段史料较为详尽地记载了清朝前期冰嬉活动的具体内容，综合其他史料分析如下。

第一，文中所谓的"玩赏踢球之戏"，应是冰上蹴鞠。据清代潘荣陛的《帝京岁时纪胜》记载："金海冰上作蹙鞠之戏，每队数十人，各有统领，分位而立，以革为毯，掷于空中，俟其将坠，群起而争之，以得者为胜"[2]。从其中内容可以看出，清代前期冰上蹴鞠基本上与盛行于唐宋时期的蹴鞠运动没有很大的区别，只不过活动场所由一般的陆地转而为冰面之上。又据清人吴振棫《养吉斋丛录》记载，清入关后冰上蹴鞠活动已名为"抢毯"，同样十分流行。"'抢毯'。兵分左右队，左衣红，右即衣黄。既成列，御前侍卫以一皮毯猛踢之至中队，众兵争抢，得毯者复掷，则复抢焉。"[3] 从这些记录我们可以看出，清前期的"玩赏踢球之戏"，在参加人数、比赛形式、游戏规则等方面的记载较为笼统，在具体制度、组织上应该还是较为原始和粗糙的。

第二，文中"等距离跑"，实为冰上赛跑的一种形式，与清后期冰嬉活动鼎盛昌的项目"抢等"有所类似。据《养吉斋丛录》记载："冰嬉之制，所以习武行赏，俗谓跑冰鞋……冰鞋以一铁直条嵌鞋底中，作势一奔，迅如飞羽。始曰：'抢等'。"[4] 这时的"抢等"，实际上与今日流行的速滑运动已经十分相似了。但清入关前的"等距离跑"明确表述为"跑"，并且未见冰刀、冰鞋等滑冰工具的出现，从《满文老档》关于"等距离跑"的记述中，还有"跑时摔倒于冰上者，汗观之大笑"[5]的描写，更印证此时的"等距离跑"为"跑"，未有任何滑行工具，更为确切地说明应该称之为"跑冰"，这也体现了清代冰嬉活动初级阶段的发展水平。

此外，在《满文老档》的记载中，还多次出现努尔哈赤使用冰床作为交通

---

[1] 中国第一历史档案馆、中国社会科学院历史研究所译注《满文老档》，中华书局，1990，第619页。
[2] （清）潘荣陛：《帝京岁时纪胜》，北京古籍出版社，1981，第38页。
[3] （清）吴振棫：《养吉斋丛录》，中华书局，2005，第192页。
[4] （清）吴振棫：《养吉斋丛录》，中华书局，2005，第191页。
[5] 中国第一历史档案馆、中国社会科学院历史研究所译注《满文老档》，中华书局，1990，第619页。

工具进行征战的记载,如天命六年(1621)十二月,"迁移之户口,一半步行,一半备有冰床,妇孺皆乘冰床"①等,可见冰上活动在清入关前的军事生活中开展得亦十分广泛。但此时的冰嬉发展,若我们纵观清朝冰雪活动的整体全貌,则尚处于萌芽时期,但也正是该时期奠定的基础、积累的经验促成了清朝后期王室冰嬉大典的鼎盛。

(四)百戏及乐舞

在《满文老档》及诸多文献史料中,出现频次最高的体育活动是百戏和乐舞,多为筵宴群臣、宫中畅饮之时,借百戏和乐舞以助酒兴。天命七年(1622)正月初一,努尔哈赤率领八旗的贝勒、大臣,出城叩谒堂庙后,"召集诸贝勒大臣,汉、朝鲜官员及蒙古诸贝勒,备陈各种汉人乐舞,具盛筵"②。天命年间,二十八日(原档残缺),"科尔沁桑噶尔寨贝勒之女嫁多尔衮阿哥,杀九畜,置四桌,汗与诸福晋、诸贝勒、大臣等出坐八角殿,演百戏而宴之"③。天聪元年(1627)五月初三,皇太极和三大贝勒为朝鲜国王之弟饯行,"备陈汉人百戏,大宴之"④等。类似的记载不胜枚举,充分说明这些在各种宫廷宴会中演出的"百戏"或"乐舞",已成为清入关前满族宫廷体育活动的重要内容。

而满洲人、蒙古人、汉人乃至朝鲜族等的乐舞在满族的宫廷活动中都有所出现。《清代档案史料丛编》曾记载了一则针对宫廷舞戏者的赏赐清单,清单中也对出演百戏、乐舞者的身份做了介绍。努尔哈赤乙卯年(1615)元月初四,于崇政殿演戏,赏"于木头上打斤头之高丽人三名……于地上打斤斗之高丽人四名……骑木马者八人,歌唱者六人,作瓦尔喀舞者四人……踢缸汉人归女一人,踏独绳汉人妇女一人……含刀者一人……跳高汉人四名……"⑤可见,清入关前的宫廷百戏乐舞活动中,高丽人(朝鲜)、汉人、瓦尔喀人(东海女真的一部)等不同的民族和部落均有参与。究其原因,在清(后金)的发展过程中,

---

① 中国第一历史档案馆、中国社会科学院历史研究所译注《满文老档》,中华书局,1990,第269页。
② 中国第一历史档案馆、中国社会科学院历史研究所译注《满文老档》,中华书局,1990,第287页。
③ 中国第一历史档案馆、中国社会科学院历史研究所译注《满文老档》,中华书局,1990,第718页。
④ 中国第一历史档案馆、中国社会科学院历史研究所译注《满文老档》,中华书局,1990,第844页。
⑤ 中国第一历史档案馆:《清代档案史料丛编》第14辑,中华书局,1990,第121~122页。

随着其本身实力的逐渐强大,很多被征服民族也开始在清社会中生活,并将自己民族的传统体育文化带到了清社会之中,从而构成了多元性的清朝体育文化。

二 清入关后至1840年满族的体育文化

清世祖顺治元年(1644),清军入关,定都北京,统一全国,盛京作为陪都,是为东北地区的政治中心。清王朝在盛京地区实行的是旗、民分治政策,即将八旗满族子弟与其他民族进行区别对待,进行人为的民族隔离与阶级划分,而事实上以满、汉杂居共处为代表的民族融合趋势在清代已经比较明显。清入关后,满族体育文化所呈现的特点是,一方面,富有军事色彩的民族传统体育活动备受推崇,并得到朝廷通过颁布法令、皇帝校阅等手段自上而下地推行;另一方面,由于满汉融合日渐深入,许多源自中原地区的体育活动,在满族宫廷乃至民间开展日趋广泛。此外,满族的体育文化大多体现和反映了封建阶级的上层文化,并具有一定的阶级性,体现了满族体育活动的表现形式又带有繁缛华贵、典制化、寓竞技娱乐于一体的特点。[①]本节在阐述清入关后满族的体育文化时,依然从宫廷和民间两方面予以考虑,虽然此时清廷已入驻京师,超出本书"东北"的研究范畴,但考虑京城皇室八旗均为东北满族入主中原,其体育文化的发展仍然与东北地区满族一脉相承,二者不可分割,理应作为整体予以研究。

(一)骑射

清军入关后,随着反清复明势力在清朝统治者的高压镇压下逐渐减弱,社会矛盾趋于缓和,战事逐渐减少,作为主要军事技能的骑射在军中的重视程度大不如前,尤其是从龙入关的满族八旗兵丁,在生计方式上皆有俸禄供养,不再需要依托骑射的狩猎经济生产方式;在生活环境上,由于深入中原,与汉民族交往密切,受汉文化影响日深,以骑射为代表的少数民族文化已非主流文化,自然受到高势位文化的影响而趋于边缘化。这样,入京八旗和各地驻防的八旗兵丁则处于既无战事要求,又无生产需求的状态,骑射训练逐渐懈怠,骑射技能自然减退。而留居东北的满族八旗,因偏居一隅,其骑射文化保留得却相对完好,并呈现了多元化的发展趋势。

---

① 陈立华:《满族体育文化论纲》,民族出版社,2016,第25页。

清军入关后，在清代东北的民族构成中，满族仍然占人口的大多数，而且其经济生产方式依旧保持着原始的狩猎形式，据《吉林外记》载：满族人"皆熟国语，捕打海参、海菜为生，少耕作。春夏秋冬，射猎无虚日，尤娴于枪"[1]。可见，骑射作为重要的生产技能在社会生产中发挥着重要作用。此外，骑射活动在满族民间开展得也十分广泛，而且衍生出了许多相关的体育竞技活动。据《天咫偶闻》记载："士夫家居亦以射为娱。家有射圃，良朋三五，约期为会。"[2]这种以满族家庭亲友聚会为背景的射箭娱乐活动有很多花样，如"射羊眼""射香火""射花篮式""射鸽子"等。清初文人吴振臣被发配宁古塔后，和当地满族朝夕相处，他在《宁古塔纪略》中有如下记载："巴公长子昼则读书，晚则骑射。各携自制小箭一十二枝，每人各出二枝。如聚五人，共箭十枝，竖于一簇。远三十步，依次而射，射中者得箭。每以此为戏。"[3]由此可见，这种骑射活动深得满族人的喜爱，并已成为人们日常娱乐生活中的重要内容。

骑射活动在满族不同群体间呈现了不同的发展态势，这与其生活环境、生产方式及社会氛围等因素是密不可分的，但骑射作为大清立国之本，在清初是得到统治阶层自上而下推行的，尤其是在顺康雍乾几代，统治者们更是身体力行，多措并举，将自皇太极时期确立的"国语骑射"进行大力推行，其目的是提升满族八旗军队的作战能力，并起到因循祖训、弘扬国俗的作用。

首先，在教育方面，自清初骑射便是学子必修科目，康熙二十八年曾专有敕令，但凡八旗学子求学、考举都要学习骑射，合格后方能应文科考试，以达到"庶文不妨武备"之目的，入关以后，清政府为加强"国语骑射"，陆续开设了大量学校，如在东北黑龙江、吉林、盛京等地设立的旗官学、义学、私塾中，都有专司教授"国语骑射"的官员。《养吉斋丛录》也记载："清制皇子入学，师傅之外，别有谙达教满、蒙书者和'教弓箭者'。"可见，在清朝前期，皇族子弟谙习弓马已是教育的重要内容。

其次，在人才选拔上，据《清史稿·选举志》记载："凡乡、会试俱分试内、外三场。首场马射，二场步射、技勇，为外场。"[4]《清实录·世祖章皇帝实录》

---

[1] （清）萨英额：《吉林外记》，吉林文史出版社，1986，第84页。
[2] （清）震钧：《天咫偶闻》，北京古籍出版社，1982，第12页。
[3] （清）吴振臣：《宁古塔纪略》，载于《中国边疆研究文库》初编《东北边疆卷》，黑龙江教育出版社，2014，第141页。
[4] 《清史稿》卷108《选举志》，中华书局，1977，第3171页。

卷93记载了自顺治壬寅年开启的清朝武举殿试："谕兵部、国家选举人才共襄治理，文武两途，允宜并重……应照文进士一体殿试，朕亲行阅视。先试马步箭，次试策文。永著为例。其应行事宜并考试日期，尔部速议具奏。"[①] 由此可见，清代武举依文举形式设定，分为童、乡、会、殿四级，其考试内容基本相同，考试分为外、内两场进行。外场考马射、步射等，马射即骑射是其重要考核内容。顺康雍乾时期，武举考试内容大抵一致，而且规定，"马、步射均合式后"，方可进入下一场技勇考试；至道光十三年（1833），则更明确规定："武科之设，以外场为主。其弓力强弱，尤足定优劣……默写《武经》，又其余事，断不能凭此为去取"，更加强调外场马、步射的决定性作用。鉴于以上的人才选拔制度，可以看出自国家层面对满族骑射的重视和推行力度。

（二）围猎

清军入关后，随着政治的稳定和经济的发展，围猎已不再是重要的食物获取来源，但朝廷尤其是统治者对行围打猎的重视则有增无减，其主要目的是防止满族八旗军士贪图安逸、荒废骑射。在宫廷中，清顺治帝时，即严格要求满族八旗子弟勿废围猎，以继承民族骑射的传统，而顺治本人也率先垂范，经常习练射猎，其中尤以"南苑行围"最为卓著。《清实录·世祖章皇帝实录》载，顺治四年（1647）五月："上率诸王贝勒贝子公大臣等出正阳门。幸南苑北，较阅驰马。视其先至者，分别等差赏赉。"[②] 同年七月："上幸边外行猎，驻跸沙河地方。是日，昌平道陈维新、副将张珍等迎驾，赐食，并缎袍、帽、靴等物。"[③] 顺治六年（1649）六月："上幸南苑，赐和硕巽亲王满达海鞍马一、空马一，和硕端重亲王博洛、多罗谦郡王瓦克达鞍马各一。"[④] 顺治亲政后，于顺治八年（1651）四月，颁布了有关诸王及文武群臣扈从行猎出师和阅兵的"仪注"，以此来规范南苑行围与阅兵活动的礼仪和程式；顺治十年时，福临还手握弓矢晓谕臣下："我朝以此定天下，朕每出猎，期练习骑射。今综万几，日不暇给，然未尝忘也。"[⑤] 他还坚定地表示：虽机务至繁，亦应不忘武事，每岁应出猎二三次。

---

① 《清实录·世祖章皇帝实录》卷93，中华书局，1985，第734页。
② 《清实录·世祖章皇帝实录》卷32，中华书局，1985，第265页。
③ 《清实录·世祖章皇帝实录》卷33，中华书局，1985，第274页。
④ 《清实录·世祖章皇帝实录》卷57，中华书局，1985，第452页。
⑤ 《清史稿》卷5《世祖本纪》，中华书局，1977，第132页。

康熙时期，康熙帝在继承顺治"南苑行围"的基础上，习武塞上，每年行围于木兰，将"木兰秋狝"定为恒制，目的仍是提高满族八旗士兵的战斗素养。史载："每岁举行秋狝之典，历朝因之，绳法先猷（yóu），永远遵行也。"①《康熙政要》亦载："常举行围之典，自康熙壬戌（1682）以迄壬寅（1722），或猎于边墙，或田于塞外，几无虚岁。"木兰围场，在今河北省东北部，东接内蒙古赤峰，西近丰宁，南北衔接燕山山脉和蒙古高原，总面积达14000多平方公里，是世界上第一个，也是迄今规模最大的皇家猎苑。清皇室及八旗精兵几乎每年都在这里行围练兵，据统计，自康熙帝至嘉庆帝的140多年里，御驾亲临的围猎活动有105次之多，直至道光帝时才渐渐淡出。清王朝设立木兰围场还有其特定的政治和军事意义：一则围场地处战略要地，北控蒙古、南拱京师，位置显要；二则每年在这里以行围狩猎的方式演练军旅，还可达到钳制蒙古、震慑沙俄、巩固北部边防的目的，以推行"肄武绥藩"的国策。而"木兰秋狝"对于提高满族八旗子弟的骑射技能和军事战力也确实起到了实质性作用，这在满族八旗兵勇在雅克萨、乌兰布通与昭莫多等战役中是有所体现的。因此，当有人反对行围练习骑射，以免"劳苦军士"时，康熙帝不无感慨：

　　从前曾有以朕每年出口行围，劳苦军士条奏者。不知国家承平虽久，岂可遂忘武备。前噶尔丹攻破喀尔喀，并侵扰我内地扎萨克至乌兰布通。朕亲统大兵征讨。噶尔丹败走，后又侵犯克鲁伦。朕统兵三路并进，至昭莫多剿灭之。……朕又遣大兵前往，击败策零敦多卜等，复取西藏，救土伯特于水火之中。我兵直抵西藏，立功绝域。此皆因朕平时不忘武备，勤于训练之所致也。若听信从前条奏之言，惮于劳苦，不加训练，又何能远至万里之外，而灭贼立功乎。②

雍正皇帝在位13年，虽未亲力亲为北巡木兰、行围秋狝，却一直重视武备，注重保持满洲骑射的传统，他本人也曾坦言："盖皇考六十年来所行之事，朕力能效法者，无不遵奉施行；其力所不能者，则待朕黾勉于他日。即如皇考慎重武备，每岁巡行边塞，校猎讲武一事。朕年来未一举行，而庸劣无知之官

---

① （清）昭梿：《啸亭杂录》卷7，中华书局，1980，第219页。
② 《清实录·圣祖仁皇帝实录》卷299，中华书局，1985，第891页。

员及怠惰不堪之兵丁，颇有以朕之不往为是者。此皆愚贱之人，偷安自便，不知大体之论。国家武备关系紧要，不可一日废弛。朕之不往，乃朕不及皇考之处。"① 看来，并非雍正不想为之，实个人性情及能力使"木兰秋狝"被迫中止。至乾嘉两朝，木兰行围得以恢复，乾隆帝率众巡猎之目的自然是承袭祖训，以至"使官兵等熟习骑射，不至废弛"，而乾隆帝也特别注重在围猎过程中与蒙古王公等外藩首领的联系和沟通。《清史稿》中详尽记载了乾隆帝于木兰与蒙古王公共同行围的情景：

> 帝戎服乘骑出宫，扈引如巡幸仪。既驻行营，禁兵士践禾稼、扰吏民，诃止夜行，违者论如律。统围大臣莅场所，按旗整队，中建黄纛为中军，两翼斜行建红、白二纛为表，两翼末国语曰乌图哩，各建蓝纛为表，皆受中军节度。管围大臣以王公大臣领之，蒙古王、公、台吉为副。两乌图哩则各以巴图鲁侍卫三人率领驰行，蝉联环匝，自远而近。盖围制有二，驰入山林，围而不合曰行围，国语曰阿达密。合围者，则于五鼓前，管围大臣率从猎各士旅视山川大小远近，纡道出场外，或三五十里，或七八十里，齐至看城，是为合围，国语曰乌图哩阿察密。②

可见，"木兰秋狝"在此时不仅仅是皇家的娱乐休闲活动，更兼具军事和政治等多重社会功能，乾隆帝恢复此项国策，对于沟通满蒙贵族之间的联系、促进多民族国家的统一具有不可替代的作用。"木兰行围"在清道光皇帝年间被逐渐废止，其原因是多方面的，既有历史的，也有现实的，当然也有道光帝本身的，在此不予详述。然而这并不意味着清代围猎、骑射的民族传统受冷落了，而恰恰相反，道光帝非常重视行围打猎的重要作用。道光三年（1823）二月，道光帝对皇子南苑行围做了具体规定并要求永远遵行，"此次大阿哥、惠郡王南苑学围，跟随大阿哥之谙达，自应携带鸟枪，身佩弓箭，帮同阿哥射牲放枪。其余哈哈珠色等，以及随往之侍卫，一概不许滥射牲兽，亦不准私放鸟枪……此旨著行知各该处，永远遵行"③。道光十八年（1838）三月，道光帝又

---

① 《清实录·世宗宪皇帝实录》卷49，中华书局，1985，第735页。
② 《清史稿》卷90《礼志》，中华书局，1977，第2669~2670页。
③ 《清实录·宣宗成皇帝实录》卷49，中华书局，1986，第875页。

再次重申"京师南苑,为我朝肄武之地,皇子皇孙,亦于此讲武习勤,操练弓马,家法相承,垂诸久远,断不可废之典"①。道光帝除强调南苑行围应作为家法相承断不可废之典之外,对盛京、吉林等地行围、骑射亦颇为重视,并曾因盛京将军组织骑射训练不力而将其革职;而对于吉林,道光帝则认为:"嗣后吉林士子,仍著循旧例……总须恪遵圣训,以娴习骑射为当务之急,毋得习尚文辞,转漓淳朴,以副朕黜华崇实之至意"②。盛京、吉林为清王朝龙兴之地,尤其盛京,更为满洲之根本,而像围猎这样能体现民族传统文化的综合性活动受到统治者格外的关注和青睐自是在情理之中。

综上所述,围猎活动作为大清的民族传统、立国之本,自清入关后仍然得以蓬勃地开展,并未因经济的富足和社会的稳定而减弱,相反,却得到统治阶层出于武备思想和民族精神而加以倡导和躬行,并已然形成规模和常态,甚至上升为国家制度层面加以推行。正是因为有了这样的力度,无论是东北边疆还是戍守各地的满族八旗子弟,在一定时期,通过贯彻国家政策使行围、骑射成为重要的军事训练手段,并成为重要的生活方式。东北作为满族的发祥地和清王朝的龙兴之地,其自然经济发展水平尚未可与中原内地相提并论,其军事方面仍要承担镇守旧都、戍边防变的重任,其文化方面因与汉地较远,加之清朝早期的"柳边战略",自然受汉文化影响最小,而对于满族的"大本营",清政府则更加重视对民族文化的保护和传承,因此,围猎活动无论是在皇室还是在民间都得到了巩固和发展,甚至较入关前更加成体系、更具体育性。但道光朝以后,随着康乾盛世的势头减弱、国力衰弱,国内外因素的交织纵横,冷兵器战争方式的出现,围猎活动开始逐渐衰退并退出了历史舞台,这种现象,在居于东北的满族中也概莫能外。

(三)冰嬉及其他冰雪(水上)体育活动

前文在谈到冰嬉时,已知冰嬉活动在清入关就已经存在,而《帝京岁时纪胜》《养吉斋丛录》等文献史料也都对清入关以后的冰嬉活动做了具体描写,从《满文老档》的记载中我们不难发现,"玩赏踢球之戏"与"等距离跑"这两种运动与清入关后的类似运动相比,其形式、内容与规模尚处于雏形阶段。此外,

---

① 《清实录·宣宗成皇帝实录》卷307,中华书局,1986,第789页。
② 《清实录·宣宗成皇帝实录》卷247,中华书局,1986,第718页。

清入关前的冰嬉运动，多与军事活动相关。按《帝京岁时纪胜》："金海上冰作蹵鞠之戏……将士用以习武。昔黄帝作蹵鞠之戏以练武，盖取遗意焉。"[1]又前引《养吉斋丛录》："冰嬉之制，所以习武行赏……旧制，八旗兵皆演冰鞋，分日阅看，按等行赏。"这些记载都说明，冰嬉运动是清代社会一种重要的练兵手段，是提高其军队战斗力的重要途径。

满族入关后，国家初定，顺、康两朝因忙于平定叛乱、稳固政权，文献中关于冰嬉活动的记载尚不多见，仅高士奇在《金鳌退食笔记》中有载："寒冬冰冻，以木作平板，下用二足，裹以铁条，一人在前引绳，可坐三四人，行冰如飞，名曰'拖床'。积雪残云，景更如画。又于冰上作掷毬之戏，每队数十人，各有统领，分伍而立，以皮作毬，掷于空中，俟其将堕，群起而争之，以得者为胜。或此队之人将得，则彼队之人蹴之令远。喧笑驰逐，以便捷勇敢为能。本朝用以习武。所著之履，皆有铁齿，行冰上不滑也。"[2]这是关于康熙时期冰嬉活动的直接记载，从项目上看，较前期增加了"拖床"活动；而对"掷毬之戏"的有关要求则更为具体。冰嬉在乾嘉时期的发展达到巅峰，乾隆帝对冰嬉活动的推崇是旷古未有的，他将冰嬉定为国之大典，为"国制所重"，并"岁奉孝圣皇后阅视于三海中"，形成定例，"岁以为常"。乾隆还通过词赋诗画对冰嬉的功能、性质、技术等进行了高度而理性的概括，其在最为著名的《冰嬉赋·序》中说："国俗有冰嬉者，护膝以苇，牢鞋以韦。或底含双齿，使啮（niè）凌而人不踣焉。或荐铁如刀，使践冰而步愈疾焉。"可见其对冰嬉活动有独到的见解和认识。现藏于北京故宫博物院的两幅《冰嬉图》，一幅为清廷画家金昆、程至道、福隆安绘制，另一幅是张为邦、姚文瀚合绘，均为乾隆御命所制，生动地展现了当时宫廷冰上表演的盛况。乾隆时期，冰嬉大典活动的内容已经十分丰富，而且表现了高超的技艺水平。从项目上看，"抢等""抢毬"仍是其重要竞技内容，但规则和形式更为具体和详尽；此外，增加了"转龙射毬"，这是一项将满族骑射技艺与冰上技艺融为一体的集体项目，场面尤为壮观，在《冰嬉图》中有所呈现。

我们通过相关文献史料和冰嬉图中的场景对乾隆时期的冰嬉项目进行了考证，具体内容如下。

1. 抢等。据《养吉斋丛录》记载："去上御之冰床二、三里外，树大纛（dào），

---

[1] （清）潘荣陛：《帝京岁时纪胜》，北京古籍出版社，1981，第38页。
[2] （清）高士奇：《金鳌退食笔记》，北京出版社，2018，第118~119页。

众宾咸列。驾既御冰床,鸣一炮,树纛处亦鸣一炮应之,于是众兵驰而至。御前侍卫立冰上,抢等者驰近御座,则牵而止之。至有先后,分头等、二等,赏各有差。"① 从形式上看,这较清入关前的"等距离跑"是有所不同的,"等距离跑"是大汗与福晋坐于冰场中央,众人从两边等距离奔向中央大汗处;而此时的抢等是在距离皇上二三里外集结,同向驰至御前。规则上则要先由皇上鸣炮示意,起点处亦鸣炮呼应方开始比赛,并有侍卫立于冰上控制比赛,可见,在仪礼和安全等方面都有了细致的安排。最为显著的区别在于,此时的"抢等"已穿冰鞋,是名副其实的滑冰运动了。参加抢等者所着冰鞋由内务府统一制造、提供,并负责赛后管理。可见,在管理上已经趋于完善。关于的激烈场面,乾隆帝在《冰嬉赋》中有详尽的描述:

尔其屯万人于中坚兮属堪舆以壁垒,奔八神以周卫兮招丁甲而发指。亘长绠以节止兮群总总而切儗,驿彩旌以传符兮看纵纵之立俟。心无别营,目不他视。遂乃朱旗飐,捷步腾,缇衣扬,轻武氅(qīng)。耸攉布濩,厖逐趰趍。踠沮波流,蜂轶焱惊。闪如曳电,疾若奔星。蹂蹈云衢,扬挥玉京……过骥群而骏足抢捍,上扶遥而鹏翼图南……奕六虬兮沛艾,御八风兮穆眣。②

全文生动地再现了参加抢等的将士们在冰面上行走如飞、飞奔疾驰的场景,似闪电、似流星、似大鹏、似劲风,场面激烈纵横、蔚为壮观,字里行间洋溢的是对冰嬉无比的热爱和豪情。

2. 抢球。前文与清入关前"玩赏踢球之戏"的对比中,已就《养吉斋丛录》中相关的记载做了陈述,而从《钦定四库全书、御制诗、腊日观冰嬉因冰冰床》的注解看:"树旗门,整编伍,士皆缇衣齿履,鹄立以俟。驾前分棚掷鞠,健步争先,意注手承。"③ 从这段记载中我们发现,在清入关前乃至康熙时期的"掷毬之戏"中,并未见有"旗门"出现,取胜的标志是"以便捷勇敢为能",而此时"树旗门"之目的应是在形式方面有了调整,参赛者应群起扑球争逐,得球者要突破对方队员的包围与夺抢,待机投向旗门以获取胜利。此外,在参赛

---

① (清)吴振棫:《养吉斋丛录》,中华书局,2005,第 191~192 页。
② (清)鄂尔泰、张廷玉等编纂《国朝宫史》,北京古籍出版社,1994,第 273 页。
③ (清)鄂尔泰、张廷玉等编纂《国朝宫史》,北京古籍出版社,1994,第 272 页。

者的行头、游戏的方式方法上也有了更为明确的表述。"抢毬"自康熙时期已明确记载"所著之履,皆有铁齿,行冰上不滑也",发展至乾嘉时期也需"士皆缇衣齿履",可见,这种带铁齿的冰鞋,应是为此项活动特制的。

3. 转龙射球。《养吉斋丛录》中对转龙射球有详细的记载,"走队时,按八旗之色,以一人执小旗前导,二人执弓矢随于后,凡执旗者一二百人,执弓矢者倍之,盘旋曲折行冰上。远望之,蜿蜒如龙。将近御座处,设旌门,上悬一毬,曰天毬,下悬一毬,曰地毬。转龙之队疾趋至,一射天毬,一射地毬。中者赏。复折而出,由原路盘曲而归其队。其最后执旗者一幼童,若以为龙尾也。"[①]从中我们可以看出,在"转龙射球陈伎"[②]的内容,"陈伎"应是在滑行过程中的各种表演,类似于今天的花样滑冰。这些花滑的动作也十分丰富,有金鸡独立、哪吒闹海、双飞燕、千斤坠、大蝎子等多种样式,表现了高超的技艺水平。《清宫词》有诗赞云:"冰莹点点放银光,箭镞闪闪似飞蝗,健儿猿臂献身手,彩球飞落报君王。"乾隆皇帝也在《冰嬉赋》中对"转龙射毬"的表演给予了高度评价:"怡情悦目,有如是哉。"

清代宫廷的冰嬉活动,到了嘉庆时期,虽然仍在举行,但规模渐小、水平渐低,已成衰微之势,至道光初年,即已废止。据《清朝野史大观·清廷遗闻》载:"旧制,八旗兵皆演冰鞋,分日阅看,按等行赏。道光初,惟命内务府三旗预备,后则三旗亦停止。仅给半赏之半而已。"可见,随着国力日衰,昔日盛极一时的冰嬉大典已无力维系,只能偃然败落了。

除宫廷冰嬉外,清代满族民间尚有很多与冰雪相关的民族、民俗体育活动,这是他们长期在冰雪覆盖的自然环境下,在生产形式、生活方式及军事战争、宗教信仰等活动中经验的积累和智慧的结晶,这些体育活动也使满族冰雪体育文化独具特色,为满族传统体育的发展注入了全新的活力。

1. 法喇。满语,在东北俗称"爬犁""扒犁""耙犁",是满族在长期的生产生活实践中发明的一种适合北方冬季冰雪道路的交通工具,后经不断演化,成为满族特色的竞技民俗体育活动。据清代学者高士奇在《扈从东巡日录》中记载:"扒犁也,车而无轮,犁而有箱,载不以盈,险不以倾,冰雪时利用焉。"[③]另据《黑龙江外记》记载:"扒犁,国语曰'法喇',制如凌床,而不施

---

① (清)吴振棫:《养吉斋丛录》,中华书局,2005,第192页。
② (清)官修:《钦定四库全书皇朝文献通考》卷175,上海古籍出版社,1995年影印本,第27页。
③ (清)高士奇:《扈从东巡日录》,载于金毓黻《辽海丛书》第1册,辽沈书社,1985,第233页。

铁条，屈木为辕，架二马，行雪上，疾如飞鸟。"可见，"法喇"一般为木制、形如床状，在冰雪上可以快速疾驰。据考证，形如"法喇"的交通工具在元明时期的东北就已存在，元代因用狗做牵引，故也称"狗车"，后来陆续出现马拉爬犁、鹿拉爬犁、牛拉爬犁等，皆是由于畜力不同而名称不同罢了。随着社会的发展和进步，"法喇"的体育文化功能渐次呈现出来，成为满族民间喜闻乐见的游戏和竞技体育活动，并世代相传。时至今日，在东北民间和冰雪旅游景区依然可以看到狗拉爬犁、马拉爬犁等，有的还有竞速表演。

2. 打滑挞。打滑挞类似于今天的冰滑梯，是中国最早的高坡滑冰活动。寒冬时期，人们用冰冻成高坡，自高处向下滑去。因场地易于形成、活动乐趣浓厚，打滑挞在清代宫廷和民间都有广泛的开展，《郎潜纪闻初笔二笔三笔》中载："禁中冬月，打滑挞。先汲水浇成冰山，高三四丈，莹滑无比。使勇健者着带毛猪皮履，其滑更甚，从顶上一直挺立而下。以到地不仆者为胜。"[①] 可见，为了加快滑行速度，增强打滑挞的刺激性和趣味性，一些勇敢者还会多垫一块猪毛皮垫，站着从高处滑下，而以平稳不倒地为胜利标准。这种活动看似简单，其实对于参加者的平衡能力、腿部力量、心理素质等都有很高的要求，与我们今日的高山滑雪有很多相似之处。

3. 恰尔奇克。满语，有"雪鞋""木马""踏板"之意，即为滑雪时使用的滑雪板。"恰尔奇克"是东北民族生产生活中的主要交通工具，主要用于雪上滑行。前文在室韦民族体育文化一节中即已谈到有"骑木而行"的记载，至满族女直时期，也有"有狗车、木马轻捷之便……木马形如弹弓，系足激行，可及奔马"的描述，可见，滑雪在满洲先民中开展得已十分普遍。满族作为世居东北的少数民族，熟悉滑雪技能自然不足为奇，在《黑龙江志稿》中有此记载："值雪深数尺，以木板长五尺，贴缚两足，手持长竿，如泊舟之状，划雪上，前进则板乘雪力，瞬息可出十余里。雪中乏食，则觅野兽往来求食之迹，捕而食之。凡逐捕貂鼠各物，十无一脱，运转自如，虽飞鸟有不及也。"[②] 可见，高超的滑雪技艺是冬季猎捕的重要手段，难怪东北民间有这样的歇后语，"蹬踏板撵狍子——大脚胜小脚"。关于"恰尔奇克"的使用和制作，上文中亦有记载："雪甚则拖踏板于足下，宽一二尺，长四五尺，底铺鹿皮或堪达犴皮，令毛尖

---

① （清）陈康祺：《郎潜纪闻初笔二笔三笔》，中华书局，1984，第254页。
② 张伯英：《黑龙江志稿》，黑龙江人民出版社，1992，第273页。

向后，以钉固之，持木篙撑行雪上不陷，上下尤速。"如若雪大，则在木板的底部贴一块动物毛皮，或鹿皮，或犴皮，或野猪皮，令毛朝下，会起到很好的滑行效果。

4. 雪地走。雪地走是满族传统体育项目，原指降雪后，妇女们穿着民族服装和"马蹄底"在雪地上竞速行走的活动，后经不断演化成为现代民运会女子体育项目。雪地走起源于古时满族妇女"走百病"的民俗活动。按满洲习俗，每到正月十六晚上，妇女于"日暮后，结伴至空地，步行一周，或至邻家小坐而回，名曰'走百病'"[1]。有的还要在雪上打几个滚，或互相扬雪，口中念念有词："轱辘轱辘冰，浑身都轻松，轱辘轱辘冰，腰腿都不疼。轱辘轱辘冰，一走去百病，身体多健壮，是个老寿星。"以此来祈求在新的一年，大家能摆脱晦气、祛除百病，这也是满族妇女因冰雪结缘而衍生的信仰文化。清人杨宾在《柳边纪略》中有诗云："销金罗帕粉花香，蟒福齐肩锦绣装。百病年年行走惯，阿谁打滚到沙场。"[2]生动地描写了满族妇女盛装粉黛、行走祛病的场景。现代雪地走竞赛有60米、100米和4×100米接力等项目，参赛者均为女性。参赛者必须身穿民族服饰，要戴旗头、穿旗袍、蹬旗鞋，尽显满族妇女矫健、美丽、勤劳、健壮的风姿和雍容华贵的民族风情。

5. 赛威呼。"威呼"是满语，汉语译为独木船，为满族早期水上生产和交通运输的主要工具。据《柳边纪略》记载："宁古塔船有二种，小者曰威弧，独木、锐首尾，古所谓刳木为舟者是也。可受三四人。"赛威呼是一项竞逐独木船形式的古老体育活动，源于满族长期的渔猎生产生活实践，在满族具有悠久的历史。据《柳边纪略》描述，清朝初年这一活动就在东北地区开展。生活在白山黑水间的满族及其先民，世代以渔猎为生，舟船驾驶及水上作业当是他们日常极为普及的生产技能，那么，在劳动之余或休闲时刻大家驾舟驰逐、切磋技能当是再自然不过的事情了，久而久之，便形成了独具民族特色的社会体育活动。

关于"威呼"的驾驶方式在史料中多有记载，《满洲源流考》曰：威呼，"刳巨木为舟……剡（yǎn）木两头为浆，一人持之，左右运棹，捷君飞行"[3]。《扈从东巡日录》中记载其为"刳木为舟，长可丈余，形如梭子。一人持两头浆，

---

[1] 周虹：《满族妇女生活与民俗文化研究》，中国社会科学出版社，2005，第234页。
[2] （清）杨宾：《柳边纪略·卷五》，载于金毓黻《辽海丛书》第1册，辽沈书社，1985年影印本，第217页。
[3] （清）阿桂等撰《满洲源流考》，辽宁民族出版社，1988，第375页。

左右棹之，乱流而渡"。另有"其俗刳木为舟，长可八尺，形如梭，曰'梭船'，上施一桨，止以捕鱼。至渡车，则方舟或三舟"[1]的描述。可见，驾驶"威呼"时，一人坐舟上，持双头桨左右划水，在湍急的河流中急速前进。古时赛威呼的竞赛形式与之相同，设定终点，以先划至终点为取胜标准，获胜者会赢得大家的崇拜和尊重，在民众中享有很高的威望。随着生产的发展和竞赛开展的需要，赛"威呼"后演变为陆地竞赛项目，即集体握杆赛跑，参加者按组分列，手持横杆模拟水中竞渡进行速跑比赛。活动中团队配合和协调指挥能力更为突出，比赛的观赏性、娱乐性和竞技性则更强。时至今日，赛威呼仍在蒙古族中流行并得到了很好的传承和发展，已被列为全国少数民族传统体育运动会表演项目。

（四）摔跤

清代摔跤分两种形式：一种叫"布库"，源自满族先民女真人的"拔里速戏"，并在此基础上发展演化而来；另一种叫"厄鲁特"，是受蒙古族摔跤影响形成的摔角形式。清代摔跤多承袭布库式的摔跤风格，具有鲜明的民族特色。

所谓"布库"，实为满语，意为"撩脚"，清人梁章钜在《归田琐记》中说："或问何为布库之戏，余谓布库是国语，译语则谓之撩脚。选十余岁健童，徒手相搏，而专赌脚力胜败，以仆地为定。"[2]赵翼的《簷曝杂记》亦载："布库，亦谓之撩脚，本徒手相搏，而专赌脚力，胜败以仆地为定。其人皆白布短衫，窄袖，而领及襟率用布七、八层密缝之，使坚韧不可碎。初则两两作势，各欲俟隙取胜；继则互相扭结，以足相掠，稍一失即拉然仆矣。既仆，则敛手退，胜者跪饮一卮而去。"[3]由这样两段史料我们可知，清代的"布库"之所以称为"撩脚"，是因为不但有"徒手相搏"的手上功夫，而且更加注重脚力，赛时双方扭结在一起，脚上则尽用绊、踩、蹬、蹶、跳等脚法，以将对手摔倒在地，并以此为比赛胜负的判定标准。摔跤时应着"跤衣"，样式为窄袖的白布短衫，衣领和衣襟都用七八层布密密地缝制而成，以使其结实耐拉。"布库"在形成的过程中，融合了汉代以来角抵、相扑的技术特点，尤其是角抵中上肢搏击的技法，改变了布库单一的脚法进攻方式，使布库发展到以臂、腰、脚相结合的

---

[1] 赵永春辑注《奉使辽金行程录》（增订本），商务印书馆，2017，第327页。
[2] （清）梁章钜：《归田琐记》卷5《鳌拜》，中华书局，1981，第81页。
[3] （清）赵翼：《簷曝杂记》，中华书局，1982，第13页。

全面摔跤方法，为中国近代摔跤运动的发展和成熟奠定了基础。

"布库"在清前期满族宫廷中有广泛的开展，顺治时就有"喀尔喀使者至，与近臣角抵"的记载，康熙帝更是通过训练小内监"布库"本领，智擒权臣鳌拜，为亲政后进一步巩固政权扫清了障碍。《归田琐记》记载："康熙初，用此收鳌拜，故至今宫中年节宴，必习演之。"可见，"布库"也常常作为表演内容在清朝的宫廷宴饮、节庆聚会中出现。北京故宫博物院收藏的《塞宴四事图》是一幅乾隆时期重要的写实画卷，图中描绘了乾隆皇帝在木兰行围狩猎时进行活动的场景。所谓"塞宴四事"，是指诈马（赛马）、什榜（蒙古乐曲）、布库、教駞（驯马套马）四项活动，是"木兰秋狝"的重要内容，而其中的"布库"，就是清廷的布库高手与蒙古摔跤高手间的竞赛。为加强"布库"选手的选拔和训练，清代设立了专门的摔跤组织——"善扑营"，据《啸亭杂录续录》记载，"定制，选八旗勇士之精练者为角牴之戏，名善扑营，凡大燕享皆呈其伎。或与外部蕃角抵者争较优劣，胜者赐茶缯以旌之。纯皇最喜其伎，其中最著名者为大五格、海秀，皆上所能呼名氏。有自士卒拔至大员者，盖以其勇挚有素也。"[①]这一组织犹如显达的国家队，将全国优秀的"布库"选手集合于此进行集训，专门进行对外竞赛，胜者不但有丰厚的奖励，而且还有可能平步青云，得到皇帝的提拔和重用。

"布库"在清朝民间十分盛行，史书所见多记载清入关后京城摔跤活动的开展情况，但我们据此推测，此种深得满族人民钟爱，并具有鲜明民族特色的体育活动，在关外东北的满族民间也应十分普遍。满族民间的摔跤称为"民跤"，在满族人聚居的地方一般都设有"跤场"，摔跤活动一般在跤场进行，这里为民间摔跤手提供了切磋技艺、拜师求教的舞台，有幸者甚至可以通过这个平台进入职业摔跤手的行列，即入选善扑营。清入关后，因满族酷爱摔跤，整个京城遍布跤场，俗称"摔窝子"，北京的天桥、天坛、日坛等地摔跤高手云集，许多业余选手甚至以此为生计，养家糊口。清代还有一种表演形式的摔跤，称"二贵摔跤"，之所以称为"贵"，是因为参加者中满族的八旗子弟为"贵人"，故而得名。这种摔跤形式与杂技、说书卖艺等混迹于民间市场，表演者在摔跤的同时，还有许多表演动作，如在服饰上，身背一木架，上面做两个不同服饰的"旗人"模型，双手、双脚套上靴子，并配合诙谐幽默的摔跤动作以取悦观众，其表演深得平民的喜爱。

---

① （清）昭梿：《啸亭杂录 续录》，上海古籍出版社，2012，第280页。

(五)满族乐舞的代表——莽式舞、秧歌舞

满族与其先世靺鞨、女真一样,是一个能歌善舞的民族,每逢节庆及宴饮之时必作乐歌舞以助酒兴。《钦定满洲源流考》记载:"国朝旧俗善起舞,宴乐每用之,谓之'玛克坤'。""玛克坤"是满语,汉译即为歌舞。明万历二十四年(1596),努尔哈赤设宴招待朝鲜使者申忠一,酒过数巡,乌拉部新降的夫者太(布占泰)首先起舞。努尔哈赤也"自弹琵琶、耸动其身。舞罢,优人八名各呈其才"。宴会欢歌时,"厅外吹打,厅内弹琵琶、吹洞箫、爬柳。其余都围绕站立,拍手唱曲,以助酒兴"。这是关于清入关前满族乐舞情况的一段记载,可见,此时乐舞在满族间已十分流行。康熙四十九年(1710)正月十六日,皇太后七旬大寿,57岁的康熙帝"亲舞称觞"为太后祝寿,足以反映满洲宴饮喜庆、作乐歌舞的风俗。满族的歌舞丰富多彩,特别是莽式(即"玛克坤")和秧歌尤为满族民众所喜爱,是世代广为流行的歌舞。

1. 莽式舞。满族人家,无论是平民百姓还是王公、贵族,每逢宴饮嘉宾、喜庆盛典、祝寿敬老、祭祀宗庙等场合必跳莽式舞。清人杨宾在《柳边纪略》载"满洲有大宴会,主家男女,必更迭起舞,大率举一袖于额,反一袖于背,盘旋作势,曰'莽势';中一人歌,众皆以'空齐'二字和之,谓之曰'空齐'。犹之汉人之歌舞,盖以此为寿也"。[①] 清人吴振臣《宁古塔纪略》亦载:"满洲人家歌舞,名曰'莽式'。有男莽式、女莽式。两人相对而舞,旁人拍手而歌。每行于新岁或喜庆之时。上于太庙中,用男莽式礼。"[②] 可见,莽式舞有男莽式、女莽式之分。跳舞时,两两相对,更迭起舞。一人主唱,在旁的众人拍手相和,作为拍节。据曾在清宫任职的满族舞蹈家梅崇阿保留的祖传手抄本《东海莽式》记载,莽式舞的舞者为八男八女,其舞姿有"九折十八式"。九折即9个舞蹈动作单元,十八式即18种舞蹈动作,包括手、脚、腰、转、飞各三式,肩二式,走一式。"九折十八式"在长期传承的过程中仍保留着满族民间莽式即兴而舞的基本舞姿,表现了满族人民在古老的渔猎生活、艰险的创业战斗中的风姿和对丰收、胜利的欢庆场景。

清入关以后,满洲统治者为了歌颂先辈们开疆拓土、建国立业的丰功伟

---

① (清)杨宾:《柳边纪略·卷二》,载于金毓黻《辽海丛书》第1册,辽沈书社,1985年影印本,第257页。

② (清)吴振臣:《宁古塔纪略》,载于《中国边疆研究文库》初编《东北边疆卷》,黑龙江教育出版社,2014,第147页。

绩，将民间的莽式舞加以发展和完善，形成了宫廷莽式舞，据《清史稿》载：莽式舞"所陈皆辽沈故事，作麾旌弢矢跃马泣阵之容，屈伸进反轻跻俯仰之节，歌辞异汉，不颁太常，所谓缵业垂统，前王不忘者欤"①，描述了莽式舞配乐仪容、舞步腾挪、剧情内容等诸多细节表现。满洲统治者规定，在皇宫举行的各种庆典筵宴中，都要跳莽式舞，由王公大臣们演出，有时皇帝也"亲舞称觞"，表现了对本民族传统舞蹈的衷爱。乾隆八年（1743），满族统治者将莽式舞更名为"庆隆舞"，包括武舞"扬烈舞"和文舞"喜起舞"两部分，使莽式舞更加宫廷化、舞台化。但民间的莽式舞仍以它古朴的风貌在民间流行。

2. 秧歌舞。秧歌是东北地区最为常见的民间乐舞形式，深为满族人民所喜爱，而且流传至今，经久不衰。每逢元旦、上元等盛节，满族必"扭秧歌"，载歌载舞，欢度佳节。秧歌舞具有悠久的发展历史，清人杨宾在《柳边纪略》中记载了康熙年间宁古塔地区的满族大众扭秧歌欢度上元节的情景："上元夜，好事者辄扮秧歌。秧歌者，以童子扮三、四妇女，又三、四人扮参军，各持尺许两圆木，戛击相对舞。而扮一持伞灯卖膏药者前导，傍以锣鼓和之，舞毕乃歌，歌毕更舞，达旦乃已。"②这里通宵达旦尽情歌舞，表现了满族人民"扭秧歌"的喜悦与欢乐。

满族秧歌与汉族秧歌虽互有融会，但满族秧歌有着十分显著的民族特点。杨宾《上元曲》诗云："夜半村姑著绮罗，嘈嘈社鼓唱秧歌。汉家装束边关少，几队口儿簇拥过。"其实，满族秧歌不仅服饰与"汉家装束"不同，舞姿、阵法以及表现的内容也都有区别。黑龙江省宁安县（即清代宁古塔）和辽宁省新宾县（即努尔哈赤后金国的都城赫图阿拉）的山村中，至今还保留着清代满族秧歌的古老风貌。秧歌队所有人都着旗装，并佩戴区分八旗的旗标，男下装多披彩带，女上装用彩绸等为裙。秧歌队走场也与汉族不同，以走大场为主，名曰"走阵"，走阵的阵形很多，如天门八卦阵、葫芦阵、六合阵等几十种阵法，借以表现八旗官兵当年英勇征战与欢庆胜利的场面。其舞姿多是大开大合大扭大摆，还有许多是模拟征战和狩猎的姿势，如丁字步、拉蹲步等都是显示出狩猎和战斗生活的色彩，动作奔放、粗犷，表现了尚武的民族精神。秧歌队中有仅穿皮坎肩、背绣"银牒天使"四字的丑角"槭子官"，扮演的是辽代契丹人派往女真诸部进行掠夺的官吏，他在女真族中欺凌妇女，每夜必有荐枕者。在

---

① 《清史稿》卷94《乐志》，中华书局，1977，第2732页。
② （清）杨宾：《柳边纪略·卷四》，载于金毓黻《辽海丛书》第1册，辽沈书社，1985年影印本，第258页

扭舞时，鞑子官用各种轻佻的舞姿挑逗女真村女，"老妈"手持棒槌遮护（即"持尺许两圆木"的参军）。满族秧歌中女真人斗鞑子官的风趣情节，不仅反映了满族秧歌的民族特点，也为深入研究秧歌的源流提供了宝贵的线索。[①]

三 满族体育文化的基本特征

通过对相关史料的分析和研究，在清晰地梳理清入关前、后满族体育文化的主要内容和形式基础上，不难发现其发展的基本特征。

第一，满族体育文化发展具有鲜明的地域性与民族性特征。作为一个北方民族，冰嬉运动在满族社会中的广泛开展，是满族发源地东北地区寒冷自然气候的直接产物，这是其地域性特征的表现。同时，满族也是一个特征鲜明的北方民族，其前身女真作为游牧民族的代表主要活跃于中国东北地区，骑射是其非常重要的生存与军事技能，因此以骑射、围猎为代表的体育活动在女真的继承者满族社会中就十分流行。这些与女真文化一脉相承的体育活动，较为鲜明地体现出满族民众粗犷、豪迈、坚韧不拔的民族性情，乃至成为其民族精神的象征，从而得到了清统治者有意识的推广。直到乾嘉时期，这些宫廷体育活动都没有衰落，承担起对本民族体育文化进行继承与发展的重任，进而作为"大清国俗"在民间保持着长久的生命。

第二，满族体育文化带有比较明显的军事化、政治化色彩。如前文所论，类似于冰嬉、骑射、围猎这种体育活动，其在清代社会前期开展往往有着特定的军事训练的目的。骑射是满族立军之本自不必待言，围猎主要是为了训练军队的配合与纪律，而冰嬉在某种程度上也是为了训练军队在冰雪气候条件下的作战能力。在《满文老档》的记载中，努尔哈赤、皇太极等清前期统治者，都不止一次强调这些活动对军事的重要性，并且这些活动经常以各种形式参与到满族的军事行动之中。因此，体育与军事相结合，追求体育活动的实用性，是清入关前满族体育文化的一个鲜明特征。而清入关后，继续推行"国语骑射"，并将其作为恒制予以广泛推广，一方面是其军事色彩的延续，另一方面也达到政治目的，尤其是"木兰秋狝"，其意直指北方蒙古，可谓武力震慑和威服戍边双管齐下。

第三，在清入关前，满族的社会文化并没有像入关以后一样与汉文化水乳

[①] 参见杨英杰《清代满族游艺风俗述略》，《辽宁师范大学学报》（社会科学版）1990年第6期。

交融，不分彼此，这一时期满族社会文化的发展特点是满文化占据绝对的主导地位，汉文化融于满族社会之中，其民族特色在内容和形式上都十分鲜明。包括力主学习汉文化的努尔哈赤，其政策的根本目的亦为改革本民族的陈规陋习，对于汉文化的很多内容，重在吸收与引进，而并非全盘接受。因此，清入关前的满族体育文化，从内容上来看，尽管其他民族的体育活动已经在满族社会中占有一定地位，但以骑射、围猎、冰嬉等为代表的民族体育，仍然是其体育文化的主流。而其他民族的体育文化，只能以百戏、乐舞的形式出现在宫廷享乐之中，仅供贵族赏乐之用，在社会地位上是远远不如其民族体育的。而清入关后，恰恰相反，康乾时期尚能坚守民族本色，嘉庆时期已是强弩之末，自道光初年开始则每况愈下，究其缘由，国力、统治者意志、外来文化侵袭、封建体制没落等都或多或少影响着进程和结果。

第八节 肃慎族系各民族体育文化发展的总体特征

　　古代东北肃慎族系各民族，究其渊源，都是渔猎民族，因此其社会体育文化发展自然与这种传统渔猎文化密不可分；又因这些民族的承继关系非常明确，所以其体育文化就呈现出线性发展的历史特征。

　　第一，古代东北肃慎族系各民族的体育文化发展，其文化承袭性非常明显，这在三大族系中是独一无二的。这些民族虽然名称不同，但究其本源，都是同一民族在不同时期的不同称呼，其民族根基皆可上溯至商周时期之肃慎族。肃慎族，在汉代称挹娄，魏晋南北朝称勿吉，隋唐称靺鞨，这是已为古今学界所公认的民族发展线索，因此，他们的民族体育文化，必然要明显地表现出对前代的承袭。这一文化特征最为突出的表现就是射箭活动。《逸周书》中所记载的肃慎"楛矢石砮"，直至隋唐时期的靺鞨时期，仍然是其民族最有代表性的体育活动，是其民族之象征。尤其是，从历代史书记载来看，这种弓箭在制作材料上历经一千多年都没有发生大的变化，以楛木为箭杆，以石为镞，是这些民族最有代表性的体育文化表现。而在"楛矢石砮"基础上发展起来的射箭活动，同样呈现出线性发展的特征。挹娄、勿吉时期，射箭多为步战；靺鞨时期，马匹开始作为骑乘工具使用，但不知是否与射箭结合，而至渤海时期，骑射已经成为其体育活动之代表。很显然的，由挹娄至靺鞨、渤海，射箭活动经历了逐渐与骑马活动相结合的历史进程，其历史线索在史料记载中是十分明晰的。可以推断，是勿吉在挹娄射箭活动的基础上有所发展，然后靺鞨在勿吉的基础上进一步演进，才有了隋唐时期肃慎族系骑射活动的繁荣发展。至女真和满族时期，骑射活动则日臻成熟和完善，发展水平也较前代有了明显的进步，已成为生产生活和军事战争中不可或缺的重要手段。

第二，古代东北肃慎族系各民族的体育文化发展，是这一时期东北三大族系中年代最晚的。秽貊族系各民族，自两汉时期即开始与中原文化的深入交流进程，其体育文化自汉代以来就已经比较发达。东胡族系各民族的体育文化是魏晋南北朝时期，在鲜卑南下与汉民族大规模融合开始后，其内涵开始大大丰富起来。而肃慎族系各民族，是隋唐时期粟末靺鞨建立渤海国后，其社会体育文化才出现了爆发式的演进。究其原因，肃慎族系各民族在隋唐以前的东北地区，都是距离中原地区地理位置遥远的民族，且中间常有其他民族阻隔，导致其与中原交流不畅，沟通不便，进而导致其文化整体性地发展滞后。而隋唐时期，黑水靺鞨、粟末靺鞨以及渤海国，其居地较之前要更为靠近中原，且与中原有了直接联系，因此中原文化得以迅速传入其社会中。在中原发达的体育文化影响之下，其民族体育文化在渤海国时期有了爆发式的演进就不足为奇了。

第三，古代东北肃慎族系各民族的体育文化，受外来文化的影响非常明显，文化的包容性和开放性尤为突出。这集中体现在渤海国体育文化上。通过前文梳理，我们可以发现，在肃慎系民族发展的过程中，其社会体育文化受到了多种外来文化因素的影响，契丹、高句丽、中原汉族乃至中亚粟特体育文化都对其有所影响。这种影响集中表现在隋唐时期渤海体育上，渤海体育之风貌，与其民族前身挹娄、勿吉相比较可以说是产生了翻天覆地之变化，这些外来文化对古代东北肃慎族系的改造与文化输入，乃至渤海人对这些外来文化的扬弃与再创造，是绝对不可忽视的。而满族体育文化，同样显示出满族文化作为一个共同体文化的包容性与多元性。满族的文化自始就是一种共同体文化，它并不是一种单一文化发展的产物，其前身女真民族是一个融合了汉、蒙古、高丽等民族并以其前身靺鞨为主体所构成的一个民族共同体，是肃慎系民族发展变迁的阶段性产物，因此其民族文化必然要带有多民族文化融合的特征。到了清朝，这种融合就越来越明显。清军入关前，努尔哈赤即开始主张满汉共处，迁徙大量的女真人进入辽东地区，学习汉族等先进民族的文化，从而加快了满汉融合的进程。同时，满族还征服了很多北方弱小民族，并将这些民族的文化也融入满族社会之中，从而使满族的社会文化更加的丰富多彩。因此，宫廷中备陈汉人百戏、高丽乐舞等活动无论从族源角度还是从政策角度分析都不足为奇。清入关后，虽然清统治者极力通过各种政策固守自己民族的传统，甚至企望通过"柳条边"来迟滞融合的进程，以保住东北"龙兴之地"的本色，但此时文化融合的潮流已不可阻挡，这种文化发展的包容性和多元性，是清朝满族体育文化的一大特点，同样也是肃慎族系民族体育文化的特征。

第四章

古代东北其他民族的体育文化发展

第一节 孤竹族的体育文化

孤竹，是先秦时期居住于中国东北地区的东夷族系分支，作为商代侯国，应该是殷商民族的同源民族。据《逸周书·王会解》："孤竹距虚。"孔晁注云："孤竹，东北夷。距虚，野兽，驴骡之属。"[1]孤竹在成周之会上，进献了"距虚"这样一种类似驴骡的动物。又按《山海经·海外北经》：北海有素兽，"状如马，名曰蛩蛩。"，郭璞注云："蛩蛩，距虚也。一走百里。"这说明"距虚"是先秦时期传说中存于北海附近的外形似马的一种奇兽，而孤竹居地应该盛产马匹，且奔跑迅速，故时人赞之为"距虚"。孤竹以马为民族特产，故有学者认为孤竹人是一个擅长骑马的民族，骑马应该是孤竹人比较重要的一种体育活动，然此只是推断，并非定论。

一般而言，学界传统上将孤竹视为一个游牧民族。如李学勤认为："孤竹虽有国君，其人民的社会情况仍以游牧为主……孤竹城只是其国君所居，或一部分华夏化的民众定居的地点。"[2]唐兰先生也认为孤竹人"还在游牧的情况下"[3]。如果这一结论正确的话，说明孤竹社会的体育文化活动，应该是以骑马活动为中心展开的，但现有的资料与研究都并不支持这一观点。孤竹在商代的居地应该是在今河北省卢龙地区[4]，从考古资料来看，孤竹显然不是一个游牧民

---

[1] 《逸周书》卷7《王会解》，齐鲁书社，2010，第83~84页。
[2] 李学勤：《试论孤竹》，《社会科学战线》1983年第2期。
[3] 唐兰：《从河南郑州出土的商代前期青铜器谈起》，《文物》1973年第7期。
[4] 参见李路、白军鹏《孤竹与古燕族、燕国关系考论》，《古籍整理研究学刊》2017年第1期。

族，而是一个以农耕经济和渔猎经济为主要社会生产方式的民族。例如，河北卢龙县东阚各庄遗址是一个高度疑似为孤竹遗址的考古遗存，其地层堆积分为耕土层和文化层，并出土有石制研磨器3件[①]，充分说明这一遗址是一个农耕文化遗址。此外，广泛分布于河北北部至辽西地区的夏家店下层文化，就其内涵来说是比较复杂的，一般认为，它并不是一个单一民族的文化，而应该是几个有着相同或相近文化渊源的民族所共同形成的文化，其族属问题目前学界争议较大。但无论如何，"如果要确定夏家店下层文化的族属，孤竹族是应该在其中的"[②]。而在目前发现的可以确认为夏家店下层文化的遗址中，出土有大量石斧、石犁、石刀、石镰、石铲、石镞等农业生产工具，说明夏家店下层文化是典型的早期农业文明遗存，而与夏家店下层文化共同分布的孤竹文化应该并不例外。与此同时，卢龙县东阚各庄遗址还发现有陶制网坠1件，石制网坠3件，骨制镞3件，又说明在该遗址生活的人们同时经营着渔猎经济。[③] 与东阚各庄遗址相似的是，辽宁喀左北洞村遗址以及有可能是孤竹遗存的天津蓟县张家园遗址、北京平谷县刘家河遗址等殷商遗址中，皆发现有类似的耕土层和渔猎生产工具[④]，这些都充分说明，孤竹文化并不是游牧文化，孤竹的社会经济显然是以农耕经济和渔猎经济为主的。因此，就体育文化而言，由于人类社会早期体育活动的开展一般都会与生产、生活紧密结合，因此在以农业、渔猎为主要经济活动的孤竹社会，其体育活动也必然要以此两种生产活动为中心开展。我们不能因为孤竹产马，就认为骑马是孤竹人主要的体育活动，但由于相关资料的匮乏，关于孤竹人体育文化的更多情况我们已经很难判断了。

第二节　古燕族的体育文化

燕族，是中国东北地区一个历史非常久远的古民族，在商代就已经出现

---

① 参见文启胆《河北卢龙县东阚各庄遗址》，《考古》1985年第11期。
② 李德山等：《中国东北古民族发展史》，中国社会科学出版社，2003，第273页。
③ 李德山等：《中国东北古民族发展史》，中国社会科学出版社，2003，第273页。
④ 见喀左县文化馆等《辽宁喀左县北洞村出土的殷周青铜器》，《考古》1974年第6期；李经汉《天津蓟县张家园遗址第二次发掘》，《考古》1984年第8期；纪烈敏等《天津蓟县张家园遗址第三次发掘》，《考古》1993年第4期；韩嘉谷等《蓟县张家园遗址青铜文化遗存综述》，《考古》1993年第4期；袁进京《北京市平谷县发现商代墓葬》，《文物》1977年第11期。

了，但并不称燕，甲骨卜辞中多记为"炎"，西周金文中记为"匽"，战国金文中则记为"郾"，是"炎"字的同音转写。其族源出自东夷，是殷商民族的一个分支。按《左传·昭公九年》载周景王语："及武王克商，肃慎、燕、亳，吾北土也。"武王克商之后，即宣称燕为其北土，说明燕在周代之前就已经居住在中国的北方地区，其居地应当与肃慎邻近。从考古文化分类的角度来看，目前学界一般认为，夏家店下层文化应该是包括肃慎在内的诸戎狄文化①，而从燕国的居地燕山地区来看，其无疑应该在夏家店下层文化的涵盖范围之内。因此，"商代时古燕族就已经进入到了东北的辽西地区"②，建立了古燕国，西周初年分封召公的燕国应该就是在这一古燕国的基础之上建立的，初始统治区域应该仅限于北京、天津一带。北京琉璃河曾出土西周初年匽侯克器③，铭文李学勤释为："令克侯于匽，旃羌兔𠭯雩驭微"④，此器当为记录成王为燕侯授土授民之器，说明西周早期燕国的活动核心就在今北京地区。又据《史记·十二诸侯年表》，"齐、晋、秦、楚其在成周微甚，封或百里或五十里"，⑤燕国早期封地当不出齐、晋、秦、楚之例，故而其实际控制范围应该并不大，就在今北京市周边地区。春秋时期，燕国疆域有所北迁。今辽宁省凌源县马厂沟曾出土"匽侯盂"，故而"燕国的北境至少已达到现今辽宁省的西部大凌河流域"⑥。另据《史记·齐太公世家》："（桓公）二十三年，山戎伐燕，燕告急于齐。齐桓公救燕，遂伐山戎，至于孤竹而还。"⑦齐国救燕而伐孤竹，说明此时燕国的北部疆域已经进入了辽西。至战国时期，据《战国策·燕策一·苏秦将为从北说燕文侯章》记载，其已经占有了"东有朝鲜、辽东，北有林胡、楼烦，西有云中、九原，南有呼沱、易水"⑧的广大地域，说明燕国疆域始终呈向北扩展之势。

古燕族的体育文化，文献中基本没有记载，但我们可以从考古资料中得到一些信息。目前可以确定，燕国墓中较有代表性的是 1965 年发掘的燕下都 23

---

① 见北京大学历史系考古教研室《商周考古》，文物出版社，1972，第 68 页。
② 李德山等：《中国东北古民族发展史》，中国社会科学出版社，2003，第 268 页。
③ 中国社会科学院考古研究所等：《北京琉璃河 1193 号大墓发掘简报》，《考古》1990 年第 1 期。
④ 《北京琉璃河出土西周有铭铜器座谈纪要》，《考古》1989 年第 10 期。
⑤ 《史记》卷 14《十二诸侯年表》，中华书局，1959，第 509 页。
⑥ 顾颉刚：《三监的结局》，《文史》第 30 辑，中华书局，1988，第 7 页。
⑦ 《史记》卷 32《齐太公世家》，中华书局，1959，第 1488 页。
⑧ 何建章注释：《战国策注释》卷 29《燕策一·苏秦将为从北说燕文侯章》，中华书局，1990，第 1081 页。

号遗址，该遗址曾出土108件青铜戈，许多戈上都刻有燕国君名号。① 又如燕下都九女台16号墓从葬墓，属战国前期。该墓出土有铁剑、铁戟等青铜武器。② 这些青铜兵器的出土，说明燕国社会中必然广泛存在军事体育文化。考虑到燕国与周王朝的关系，这种军事体育开展的方式应该与当时的中原地区大同小异，即以兵器为体育器械，以个体锻炼为士兵单兵素质的保障，以战阵协同为集体体育活动的表现。

除此之外，在涵盖古燕族的夏家店下层文化中，出土的陶器很多都刻有动物纹，说明古燕族应该广泛从事狩猎活动，而与狩猎密切相关的射箭、骑马等体育活动自然就在古燕族社会中出现了。

第三节 《逸周书》所见古代东北民族的体育文化

除上述民族外，先秦时期东北地区其他民族的资料很少，大多仅为只言片语，想要完整地总结出这些民族社会的体育文化发展状况，近乎难以完成。因此，我们选择在《逸周书·王会解》中参加了成周之会的东北古民族来进行考察，从相关记载中进行大略的推测。

据《逸周书·王会解》载："西面者正北方，稷慎大麈。秽人前儿。前儿若弥猴，立行，声似小儿。良夷在子，在子□身人首，脂其腹炙之霍，则鸣曰'在子'……俞人虽马。青丘狐九尾。周头煇（huī）羝，煇羝者羊也……北方台正东，高夷嗛羊。嗛羊者，羊而四角……不令支玄貘。不屠何青熊。东胡黄黑。"③

除肃慎等族外，这一记载中还出现了秽、良夷、俞人、青丘、周头、高夷、令支、屠何等民族。其中秽族进献了"前儿"，即鲵鱼，据《尔雅·释鱼》："鲵大者谓之鰕。"郭璞注云："今鲵鱼似鲇，四脚，前似猕猴，后似狗，声如小儿啼。"良夷进献了"在子"，即鳖类，古汉语"幣"通"鼈""鳖"，故"幣身人首"当为"鳖身人首"，即一种头部与人类相似的鳖类。俞人进献了"虽马"，孔晁注云："虽马，旧驾，一角，大者曰麟也。"青丘族进献了九尾狐。周头族进献了"煇羝"，高夷进献了"嗛羊"，令支进献了"玄貘"，即"黑色的狐狸"，

---

① 石永士：《燕下都第23号遗址出土一批铜戈》，《文物》1982年第8期。
② 河北省文化局文物工作队：《河北易县燕下都44号墓发掘报告》，《考古》1975年第4期。
③ 《逸周书》卷7《王会解》，齐鲁书社，2010，第82~83页。

屠何进献了"青熊"。

从这些民族进献的方物来看,虽然记载夸张,但基本都是各民族居地的特产猎物,说明这些民族的体育文化发展是与狩猎行为紧密联系在一起的,应该不外射箭、捕猎、渔猎等。至于这些民族体育活动的其他表现,由于资料的缺乏,我们就很难判断了。

总体而言,先秦时期东北民族的体育文化发展水平并不高,由于社会生产力发展的限制,这些民族的体育活动大多与生产活动紧密结合在一起,体育还没有作为一种独立发展的文化现象出现在他们的社会之中。

第五章

古代东北民族体育文化发展的总体特征

依据学界通行的族系划分方式，中国古代东北民族，主要分为三大族系：第一，东胡族系，包括东胡、鲜卑、乌桓、乌洛浑、奚族、契丹、室韦、蒙古等族。第二，秽貊族系，包括秽、貊、夫余、沃沮、豆莫娄等族。第三，肃慎族系，包括肃慎、挹娄、勿吉、靺鞨（粟末靺鞨、黑水靺鞨）、女真、满等族。[①]这些民族的体育文化，各具特色，即使就此三大族系各自进行整体性的考察，也皆有不尽相同的族系性特征。但是，将整个古代东北民族视为一个整体来进行体育文化层面的研究，我们可以发现，若干共性要素仍然会十分清晰地呈现在我们眼前。

第一节 古代东北民族体育文化的融合性和继承性

古代东北民族体育文化渊源复杂，表现多样，但在文化发展的趋势上却殊途同归，即倾向于与汉民族体育文化相融合和对本民族体育文化的继承。古代东北边疆地区，是一个多民族聚居的地区，其民族文化渊源与表现都十分复杂，这就必然造成各民族的体育文化在类型、内容与发展方向上出现差异。甚至于很多民族由于其文化类型的不同，其体育文化发展呈现平行发展、互不干涉的特征。如游牧文化的代表东胡族系与农耕文化的代表秽貊族系之间，其早期体育文化的外在表征截然不同，一个典型的例子是，两者都存在狩猎

---

① 本章未对华夏族系民族进行研究，前文已有说明。

体育活动，但东胡族系民族的狩猎活动由于其松散的游牧生活方式而倾向于个人耐力与勇武，而秽貊族系民族的狩猎则由于其群居式的农耕生活和复杂多样的生存环境更倾向于集体配合。这是同一类型的体育活动，在不同的民族文化环境中发展出了不同的形式的一个典型代表。但总体来说，其民族体育文化的融合性和继承性特征依然十分明显，这种融合性更多地表现为同时期东北边疆民族体育文化与汉文化的融合与发展；而继承性则体现在融合发展过程中，赋予本民族体育文化以全新的形式和内涵，虽多元融合，却固守本色。

一 古代东北民族体育文化的融合性

从历史上看，无论古代东北民族的体育文化如何发展，其文化渊源如何迥异，其整体发展方向却都呈现出向中原体育文化、汉民族体育文化靠拢的历史趋势。在这些民族的发展历程中，汉民族文化都对其产生了或多或少的影响，而体现在体育文化层面，就表现为古代东北民族对汉民族体育文化的学习、效仿及与本民族体育文化的融合与再创造。这方面，我们从大的文化背景分析古代东北民族文化，就有着十分明显的受汉文化深入影响的特征，经历了汉、唐两代盛世中原王朝对东北区域的悉心经营，又经历了魏晋南北朝时期的民族大融合，以中原文化为核心的汉文化在东北各民族社会中已经全面传播开来，即使辽、金两朝偏居东北一隅，也未能抵住中原文化"渗透压"的强大力量，至于入主中原建立政权的元、清两朝，虽然统治者通过各种手段和方法，固守和发展本民族的文化，在短时期内起到了直接的效果，但从长远来看，与中原文化的融合已势不可当。汉文化，或者说中原文化，作为历史上东亚地区的核心文化，其向周边地区民族的文化辐射效应十分显著。古代东北各民族，从生产方式的变革到社会经济的发展、从社会精神文化的建设乃至社会制度模式的建构等方方面面，对中原文化有着深入的借鉴与效仿是毫无疑问的。如契丹、夫余、靺鞨、女真等民族，其民族文化对汉文化的引入与学习都是非常彻底的；又如鲜卑族，更是将自己的民族文化与汉文化完全融为一体，不分彼此；即使是靠武力征服华夏而入主中原、建立政权的蒙古族和满族，也不得不依靠汉文化的力量来维系和巩固其统治地位。其他各民族也都是如此，皆不同程度地从汉文化中汲取养分，发展壮大。所以，古代东北民族文化，实际上应该被视作汉文化的一种亚文化。

体育文化层面，以鲜卑族的骑射运动为例，早期的鲜卑骑射活动，更多的是作为一种生存技能和生产方式而存在，其生产功能要大于文化功能。骑射是鲜卑族赖以生存的重要生产与生活方式，其文娱功能尚未得到充分发掘。但在与汉民族的频繁接触过程中，这种情况逐渐发生了变化，魏晋之际的鲜卑分支慕容鲜卑，就是其中最为典型的代表。我们知道，大约在汉末魏晋时期，鲜卑慕容氏由西拉木伦河上游南迁至大棘城（今辽宁省锦州市义县附近）以北生活，在汉末檀石槐所建立的鲜卑联盟瓦解之后，慕容氏这一迁徙实际上是在大乱形势下开辟新的生存区域的举措[1]，也在地理空间上使慕容氏开始与汉民族比邻。从考古资料来看，慕容氏在刚刚迁入辽西之时，游牧文化一直是其社会文化之主流。如朝阳市十二台营子乡砖厂鲜卑墓地，当为慕容氏早期首领莫护跋、木延、涉归时期的遗存，始于曹魏初年，止于公元289年。随葬品基本只有生活日用陶器、简单的生产工具、装饰品、兵器等，社会生产力发展与当时的辽西汉族相比显得十分落后。尤其是，这些墓葬中出土有若干与游牧生产生活密切相关的用具，但并无农业生产工具发现。[2] 最典型的代表是88M1墓，该墓地出土有骑装一套，另有马具如当卢、銮铃、马镫、马鞍等多件，以铜、铁质地居多，反映出慕容鲜卑迁居辽西时"保留本民族的传统较多……社会发展还处于较低阶段"[3]。在其他类型陪葬品零散琐碎的情况下却有完整的骑装出土，说明这一时期的慕容鲜卑对游牧生产的重视要远远超过其他生产方式。另外，朝阳十二台营子砖厂墓葬，从其形制与陪葬品内容来看，与今内蒙古通辽市科左后旗舍根发现的鲜卑墓基本保持一致，亦表明慕容氏迁居辽西前后在社会主要文化表现上并无变化。

而慕容氏迁居大棘城之后，其墓葬内容所体现的社会文化却出现了十分明显的变化。例如，今辽宁省北票县喇嘛洞遗址，其中M3、M4、M5、M6、M7、M8、M9可定为棘城时期[4]，即慕容氏迁居大棘城至慕容皝迁都龙城之间时段。

---

[1] 李海叶：《慕容鲜卑的汉化与五燕政权——十六国少数民族发展史的个案研究》，中国社会科学出版社，2015，第13页。

[2] 参见田立坤《三燕文化墓葬的类型与分期》，载《汉唐之间文化艺术的互动与交融》，文物出版社，2001，第215页。

[3] 张克举、田立坤、孙国平：《朝阳十二台乡砖厂88M1发掘简报》，《文物》1997年第11期。

[4] 田立坤：《三燕文化墓葬的类型与分期》，载《汉唐之间文化艺术的互动与交融》，文物出版社，2001，第217页。

就生产工具类型而言，喇嘛洞遗址中所发现的类型十分丰富，除慕容氏传统的甲骑具装及各类型金属马具之外，还发现了大量铁质农业生产工具，数目多达 70 余件，其中铁镢 2 件、铁锸 5 件、铁铲 8 件、铁犁镜 2 件、铁斧 6 件、铁铧 4 件、铁镰 10 件[①]，皆为魏晋时东北地区常见的农耕用具。此外，同为棘城时期的北票仓粮窖墓，房身 M1、M2、M3，朝阳甜草沟 M2 等及龙城时期的奉车都尉墓，甜草沟 M1，八宝 M1，袁台子壁画墓等鲜卑遗存，皆与喇嘛洞遗址的情况类似，铁质农具都有大量出土，说明铁质农具已成为此一时期慕容鲜卑社会的常见生产工具。另据针对喇嘛洞遗址中人骨进行的稳定同位素分析，喇嘛洞遗址居民的日常主食为糜子、粟米等谷类作物，与内蒙古呼伦贝尔市扎赉诺尔区及其他鲜卑遗存中主食为肉类的情况已大为不同，进而说明鲜卑社会的"粮食生产已能基本满足食物需求，农业生产已成为鲜卑主要的生活方式"[②]。慕容氏在迁居棘城前后的墓葬内容差别如此之大，充分说明慕容氏在迁居大棘城之后在其社会中已经迅速建立起农业生产秩序，而不再以游牧为其生存之根本。这种经济类型的变化，实际上是慕容鲜卑与汉族深入交流的结果，并必然导致社会文化的极大转型。事实上，汉族知识分子与鲜卑慕容氏进行了十分深入的文化交往活动，在生活于慕容鲜卑社会中的汉族知识分子推动之下，儒家文化在慕容鲜卑社会中彻底推行开来。慕容氏一直坚持广修学宫，立太学、小学、郡国学，设博士，祀孔子，行乡射之礼，积极地推进儒家文化发展，其社会文化氛围与中原内地几乎不分彼此，以致《晋书·慕容廆载记》记载其"路有颂声，礼让兴矣"。《魏书·礼志》亦记载其"明刑制礼，不失旧章"。这说明随着与汉民族交往的愈发深入，慕容鲜卑的社会文化已经从传统的游牧文化中脱离开来，从而向汉民族文化靠拢。

正是在这种情况下，才使得后世拓跋北魏时期，鲜卑族的骑射活动出现了如此之多的变化。无论是前文曾详细论述的射箭与儒家射礼相结合，还是讲武驰射活动的出现，都证明鲜卑骑射在这一时期已经摆脱了生产与日常生活的桎梏，其文娱性与竞技性开始受到空前的重视。除此之外，以登山畋游、围棋、投壶与击壤、樗蒲与握槊、跳绳以及百戏等为代表的中原体育活动，在十六国北朝时期的鲜卑社会中大放异彩，进一步证明了鲜卑民族在体育文化层面上与

---

① 参见辽宁省文物考古研究所等《辽宁北票喇嘛洞墓地 1998 年发掘报告》，《考古》2004 年第 2 期。
② 董豫等：《辽宁北票喇嘛洞遗址出土人骨稳定同位素分析》，《人类学学报》2007 年第 1 期。

汉文化的结合与交融，以及他们对汉民族文化的学习与借鉴。

除鲜卑外，从历史记载中我们还可以发现，在古代的东北地区，基本所有民族的体育文化发展都呈现这一特征。其直接表现，就是大量源自中原地区的体育活动传入东北边疆社会，并深受其民族的接纳和喜爱。如粟末靺鞨建立的渤海国，其民族的乐舞、马球以及军事体育，都明显地呈现出对唐朝体育活动的模仿特征；再如棋牌活动、叶子戏、双陆、樗蒲，这些中原体育活动在古代东北民族社会的传播，极大地改变了这些民族的体育文化表现，从根本上促进了体育从这些民族的生产活动中脱离出来，使体育作为一种相对独立的社会文化现象出现在人们的视野中，进而成为人们休闲娱乐、竞技驰逐、强身健体的手段，从而改变这些民族的生活方式与社会情趣。历史上的东北地区，是汉民族文化由中原向周边地区传播的重要区域，是"汉文化圈"在东亚地区构建过程的重要环节。汉民族文化深刻地改变着古代东北地区的社会形态与文化表现，古代东北民族对这一改变过程，不存在接受与否的问题，只存在时间早晚的问题。从东北地区历史上的变迁轨迹来看，这是一个不可逆的历史发展趋势，任何一个古代东北民族如果拒绝接受这一文化融合进程，甚至于对这一文化发展趋势反应迟缓，都会被淹没在历史的浪潮之中，对于体育文化而言也同样如此。

二 古代东北民族体育文化的继承性

在与汉民族体育文化深入融合的同时，古代东北地区的民族传统体育文化并没有就此消失，而是以全新的方式留存下来。我们可以发现，东胡族系民族的骑射体育文化、秽貊族系民族的狩猎体育文化和肃慎族系民族的射箭体育文化，是这三大族系各自最有代表性的民族体育活动，是他们民族体育文化的核心构成。而这些体育文化活动，在这些民族与汉民族文化的融合过程中，往往经过与中原地区相关体育活动的结合和演变，而以全新的方式出现在我们眼前。例如，鲜卑民族的骑射活动，通过与中原射礼的结合，而成为鲜卑社会体育文化的标志；靺鞨民族的射箭体育，通过与中原军制的结合，成为其国家军政的核心运转制度；金代和清代推崇备至的弓、马技术，通过与中原武举选拔方式的结合，成为国家人才教育和培养的重要途径和手段。这些民族的传统体育活动，在改头换面之后，继续扮演着这些民族体育文化的核心内容与民族文化传承的角色。

民族文化继承性表现在其民族性和传统性的继承，就民族传统体育文化而言，民族性意味着民族传统体育在内容、形式与文化内涵上具有独特性。它是民族传统文化的一种重要表达形式，往往体现了特定民族的独特文化，其具体的运动方式、规则、肢体语言、习俗乃至礼仪，往往都具有唯一性甚至不可再生性，而其所蕴含着的思想、情感、意识和价值观也往往是难以被模仿和再生的。所谓传统的，意味着民族传统体育文化往往有着比较明显的传承性，它作为某一民族的重要文化内容，是在长期的社会历史中被这一民族的成员自觉加以继承的，这是民族传统体育文化得以发展延续的内在依据。不同民族的传统体育，是各民族在其社会生活中的某些行为技艺的凝练，也是各民族传统社会文化在体能、智能表现形态中的结果。任何一个民族的体育项目，在发展中其行为模式和精神内涵得到人们的共识之后，就会作为一种传统文化现象，逐渐独立于其他的社会文化，成为一种特殊的文化形态得以存在和发展。因此，我们发现，民族传统体育文化往往带有鲜明的本民族历史背景，也往往有着固定的形式与内容，在一段历史时期内并不发生变化。一个我们不得不注意的问题就是，随着历史潮流和时代背景的不断变迁，如果某一民族的传统体育文化在变化了的时代背景之中却拒绝做出改变，其生存环境就会逐步趋向恶化，甚至走向衰亡。在改变的过程中，如果能够将其民族的和传统的精髓以一种新的方式和载体保存下来，则是对民族传统文化最理智的继承。这种理智就是要消除由其民族性而带来的地域性和排他性，也要消除由其传统性而带来的原始性和保守性。

通过对古代东北民族体育文化发展过程的梳理，我们发现，如鲜卑、契丹、蒙古、靺鞨、女真等民族，在历史上曾经比较好地解决了以下几个问题。

首先，我们清晰地看到，在这些民族体育文化发展的过程中，他们并没有固守所谓的民族骄傲，而拒绝对自己民族的传统体育形式做出改变；他们并没有顽固地将所谓的民族传统视为禁脔从而排斥其他民族的体育文化，而是以开放的心态去迎接、吸收汉族体育的优秀项目与理念，使其民族传统体育文化展现出全新的面貌。如鲜卑族骑射体育活动，在充分吸收汉族射艺的精华之后，在文化内涵与竞技性、娱乐性上都得到了显著的增强，流传也越来越广，社会参与度逐步提高，源于游牧文化的骑射活动非但没有在农耕文化的传入后逐渐衰退，反而更加流行了。北朝时期，骑射活动已经不仅仅是鲜卑人的专利，而是在整个北朝社会中推行开来，从而打破了地域的桎梏。再如女真族的乐舞体育文化在发展过程中同样在继承女真民族文化的同时，积极融合了中原儒家思想和宗教舞蹈表现形式。在具体内容上，既有与敦煌乐舞、印度舞十分相似的中原宫廷乐舞，也有全真道教形式的乐舞，从而呈现了兼收并蓄、多元并存的发展姿态；蒙古族的宫廷乐舞则既有"征用旧乐于西夏"的记载，也有"征金太常遗乐于燕京"的过程，同样融合了多种风格，可谓继承传统风俗，兼容仪礼典制，从而呈现了互纳包容的审美特征。还有摔跤活动，历史上女真族的"拔里速"、蒙古族的"搏克"、满族的"布库"，都具有非常鲜明的民族特点和传统风格，但这些活动无一不是吸收了中原角抵的技术风格而对本民族的体育文化加以改造，进而使民族体育文化大放异彩，这些都足以说明古代东北民族体育文化在融合中继承、在继承中发展的显著特点。

其次，通过与汉民族先进文化的深入接触，这些民族对于体育活动的文化意义开始重视起来，统治阶层迅速地转变了其对待体育活动的观念，开始自觉地、有意识地对其传统体育文化进行开拓与发展。在这种情况下，这些民族的传统体育活动从日常的生产、生活中被独立出来，成为一种承载了社会文化功能的竞技性活动，其娱乐性、竞技性也得到了极大的增强。也正因为如此，这些民族传统体育活动才愈加受到人们的欢迎，并最终打破了民族的界限。体育观念的转变，使这些民族的传统体育开始顺应当时历史发展和文化发展的潮流，将自身顺畅而从容地与当时的流行文化融合在了一起，在这一点上，鲜卑、契丹、渤海莫不如是。更为突出的表现则是到了后金社会和清王朝，在清入关以前，骑射、冰上活动等主要表现为军事和生产性质，是生活在冰天雪地、沃野林海的渔猎民族常见的生活方式，而当满族入主中原后，骑射和冰上活动非但没有因汉文化的介入而呈衰退势头，反倒被统治者作为大清国俗和国家恒制予以强力推行。其原因在于，当社会环境和经济生活趋于稳定和安逸，体育与政治、军事的联姻，赋予了体育以全新的社会价值和功能，从而使民族体育文化在进步的社会中扮演了更为重要的角色。而从民族体育文化本身而言，则获得了更为广阔的发展空间和更为顽强的生命力，内生了自身的建设和完善的动力。

最后，从更加先进的文化中汲取营养，学习、借鉴其他文化中的优秀内容，是这些民族体育文化继承发展得以成功的基本要素。民族传统体育文化作为一种民族文化的表现形态，其与周边其他文化体系是互相依存和互相作用的，它的发展与变迁始终依赖于民族文化的广阔背景。民族传统体育文化如果想要发展，就有必要积极地投身这种文化的交流过程中，从而促进自身造血机制的运行与进化过程的开展，进而成为一种与外界自由地进行物质和信息交流的文化开放系统。在这一过程中，民族传统体育在形式与内容上极有可能会发生一定的变化，但这种变化本身就是一个净化、扬弃与成熟的过程，正所谓取其精华，弃其糟粕。在这一点上，古今中外的体育文化发展，尤其是民族体育文化的发展，都要经历这样一个阵痛的过程，才得以蜕化、衍变、再生。从古代东北民族体育文化看，渤海国的乐舞、鲜卑的骑射、契丹的射柳、蒙古族的那达慕大会、满族的摔跤等都经历了这样的过程。而从世界体育文化的发展轨迹看，源自爱琴海文明的近代体育运动的发展，也同样经历了这样的蜕变，才最终为世界各国人民所接受。拒绝故步自封，投身于这场文化爆炸式发展的历史潮流中，正是这些民族体育文化发展过程为我们留下的宝贵财富。

在这种历史潮流中，我们不难发现，越是与汉民族文化融合深入的民族，其民族体育文化的承继性越好，发展的水平就越高，体现了融合和承继并存、传承与发展共生互进的态势。尤其是如鲜卑、渤海、女真、满族等民族，他们与汉民族文化的融合最为深入，从汉民族体育文化中汲取的养分也最多，从而他们的民族体育文化不仅没有逐渐消亡，反而随着其文娱性与竞技性的增强，以全新的面貌成为他们民族文化中具有代表性的文化景观。还有契丹族，在耶律阿保机建立辽朝后，契丹社会开始了其全面汉化的进程，随着与中原文化交流的不断深入，辽代契丹体育文化的发展，呈现出与鲜卑体育文化发展较为相似的特征，他们皆在受汉文化深入影响之后，开始了其体育文化转型的历史进程。始于遥辇氏部落联盟时期的"瑟瑟仪"，是契丹骑射与农业祭祀文化相结合的产物，这一传统习俗，在辽代时成为重要礼仪，并广为流传。时至今日，这一民俗活动仍为契丹族的后裔达斡尔族人所传承，在传统的"斡包节"之时，达斡尔族人会身着民族盛装来到嫩江边，感受古老仪式的庄重，享受节日里的欢乐时光。而如挹娄族、秽族、貊族、沃沮族等相对弱小的民族，其民族体育文化却往往保留着较为原始的形态，体现在文献记载中往往是只言片语的记述，或者我们只能从对其生产、生活的记录中进行间接观察。

第二节　古代东北民族体育文化的地域性

任何文化的产生、存在和发展都离不开特定的环境，而地域特征则是其环境内容的重要因素。古代东北民族体育文化总体上呈现出距离汉民族居地越近、与汉民族接触交流越频繁的民族，其体育文化发展程度越高；而距离汉民族居地较远、与汉民族接触交流相对较少的民族，则体育文化发展程度越低的发展态势。此外，东北地区地处北部，自然环境特殊，常年积雪覆盖，冰冻期长；境内地理环境则呈现大森林、大湖泊、大草原、大湿地、大界江的地貌特征。而且，古代的东北地区，由于民族众多、族源复杂，部落和城邦间为争夺生产资料和生活空间常年战事不断。这些都成为古代东北地区体育文化孕育、产生、发展的基础和条件，也构成了古代东北民族体育文化发展独特的地域性特征。

一　与汉民族的居地位置反映的古代东北民族体育文化发展

从居地的地理位置看，两汉时期，在汉郡地区的北部分布着鲜卑、乌桓等族，东北部有挹娄等族，东部和东南部有夫余、沃沮等族。魏晋南北朝时期，鲜卑族各部开始南下进入辽西，勿吉与靺鞨各部作为肃慎、挹娄之后裔，亦从今黑龙江地区向南开始发展。至唐代，渤海国则基本占据唐王朝府州之外大部地区，"属于当时天下一体内的边境民族地区的地方政权"[1]。辽、金两朝与宋朝分庭抗礼，但随着其政权的建立和实力的增强，其领土不断南移，与汉民族接触日密，汉化现象也愈发明显。北方崛起的民族蒙古和满族在入主中原后，开始与汉民族有了较为深入的接触，此二民族在历史发展上属于特例，故此单论。这些古代东北民族基本都是围绕中原王朝在东北地区设置的郡县、府州周边范围分布发展的，从而呈现出"周边民族围绕汉族居住"[2]的民族聚居特征。

从社会的发展水平看，两汉时期，与汉民族最为靠近、交流最为深入的夫余族，其社会发展程度就汉代东北边疆各民族而言是较高的。反之，如挹娄、

---

[1] 张博泉、魏存成：《东北古代民族·考古与疆域》，吉林大学出版社，1998，第82页。
[2] 薛成城、李德山：《汉代中原人口向东北地区的迁移及其影响》，《学习与探索》2014年第6期。

沃沮、西汉时期的鲜卑等民族，则社会发展显得相对滞后。尤为值得一提的是鲜卑族，鲜卑族在西汉时期与汉民族并无直接接触，其社会发展基本还处于较为原始的游牧部落社会，社会文化相对落后。到了东汉时期，随着其与汉民族的交往愈加频繁，其势力开始发展壮大，并取代匈奴成为汉王朝北方大患。至魏晋时期，鲜卑民族与汉民族开始其深入而彻底的民族与文化融合进程，鲜卑族随即成为北方最为强大的民族政权与势力，进而统一北方建立北魏，并最终整体性地融入汉民族之中，形成了所谓的"鲜汉民族共同体"。类似的例子，还有粟末靺鞨建立的渤海国。隋唐时期，随着居地的南迁和领地面积的扩大，渤海国与唐王朝接触日益频繁和便利，靺鞨族在与汉民族的交流中迅速发展壮大，逐渐成为当时东北亚地区的经济、文化与政治中心，享誉"海东盛国"。由两汉至隋唐，此种东北边疆民族由衰转盛的例子比比皆是，我们不能不说这与他们居地位置和与汉民族的密切交往有关系。

我们再从体育文化的发展程度看，鲜卑、契丹、渤海、女真恰恰是古代东北民族三大族系中体育文化发展水平较高的几个民族，正是因为与汉民族在地缘上的优势，这几个民族能够与汉民族频繁交流，其社会文化的发展带动了体育文化的繁荣，许多源于中原地区的体育活动得以在这些民族中广泛地开展，并深为人们喜爱。中原体育活动还与这些民族的传统体育相结合，产生了新的体育形式和内容，提高了体育的发展水平，推动了体育向更高层次的发展。而鲜卑体育文化的转型，则更从时间节点上，印证了体育文化发展和与汉民族居地关系这一地域特征。早期的鲜卑体育，表现为"游牧经济下的狩猎骑射"，其骑射体育的发展水平还处于生产方式和军事技能层面，直至东汉中后期，这种情况仍未得到根本改变。到了十六国时期，随着鲜卑族生活地域的逐渐南迁，其社会也不断地进步和发展，骑射体育开始以一种全新的姿态呈现出来，讲武驰射上升为国家战略层面并为统治阶层所推广，直至后来与儒家射礼相结合，具备了更多、更深入的文化内涵。至北魏孝文帝时，当鲜卑族开始全面汉化的进程时，鲜卑体育活动也不再局限于骑射、武术、乐舞等传统内容，登山畋游、投壶、击壤等许多中原体育项目开始在鲜卑社会广泛流传。由此，我们不能不说是地域的优势推动了鲜卑体育的发展。在这一点上，女真民族的体育文化发展也有明显的体现，金朝的建立者女真族，其先民黑水靺鞨长期生活在今长白山麓、朝鲜半岛北部，以及黑龙江、松花江流域，为靺鞨七部中经济社会发展比较落后的部分。至公元11世纪，黑水靺鞨中的先进部分即生女真部才逐渐崛起，但此时其体育文化的发展仍显得原始而落后。女真民族的体育文化大发展是在金熙宗改制之后，随着政治中心不断南移，大部分的女真人口离开了世居的白山黑水地区，大规模迁徙到黄淮河流域等中原地区，此后，东北民族与中原汉族有了广泛而深入的接触，从而促进了体育文化的融合和发展。东北地区的社会风貌也同金朝的其他统治区域一样，有了很大的改善和进步。留居下来的女真族与汉族、渤海等其他民族相互交融与影响，使东北地区的体育文化乃至社会发展又呈现了全新的变化。这同样是由于居地南迁而刺激了文化的进步和繁荣。一些距离汉民族居地较远的民族，其体育的发展则显得相对落后和迟缓，例如前文谈到肃慎族系民族的整体发展较同时期其他两个族系民族是迟滞和落后的，也是由于居地位置与中原汉地相对较远所致。

有一个不容忽视的问题是，由地理位置所表现出来的地域性特征在古代东北民族体育文化的发展上，还分化为局限性和不彻底性。东北地区，无论从指向意义来说，还是从文化中心论角度来看，都是非核心、非主流的，这在信息科学尚不发达的古代，体现得尤为明显，其政治、经济、文化、教育等诸多方面并不具备"近水楼台"优势，那么其发展程度固然要落后于中原地区，即使是同一民族，在不同的区域亦呈现不同的发展水平。我们以蒙古族的体育文化发展为例，蒙元政权建立后，东北地区文明的进步其实并不明显，原因是辽、金两朝时东北是国家政治、经济、文化的中心，而元朝建立后国都南移，东北只是以辽阳行省的形式接受中央政权的管理，失去了昔日优渥和尊崇的区位优势，自然也失去了发展的一切利好条件。所以，我们发现，在元朝，中原的体育活动如蹴鞠、马球虽在蒙古族间有所流行，但多是在中原的蒙古贵族开展，而蒙古族的平民百姓并未有幸得以体验。同样的现象在后世的清政权下，也是如此。因此，相比较而言，这种地域性特征也导致了中原体育文化在东北地区发展的不彻底、不充分。

二 自然环境和边疆战事等反映的古代东北民族体育文化发展

地理环境、气候条件、民族性情为古代东北民族体育文化的发展注入了相同或相近的特质。东北地处边疆，东临大海，西接草原，境内山川纵横，河网密布，林木覆盖，严酷的自然环境铸就了东北古民族剽悍、勇敢、豪放、刚健的民族性格。为了获取生活资料，他们往往需要穿越林海、驰骋草原、跋山涉水，甚至在冰天雪地里"穴居"、凿冰捕鱼，他们需要不断地提高自己的身体素质和技能以战胜恶劣的自然环境，掌握生存本领和生产技术。因此，无论是以狩猎、游牧为主要生产方式的东胡族系，以农业为主要生产方式兼具渔猎、狩猎的秽貊族系，还是以渔猎文化为代表的肃慎系民族，都有骑射、狩猎体育的共同印记，体现了北方游牧民族的共同特质，只是从史料来看，各民族骑射体育文化出现的时间有先有后。

东北地区，气候寒冷，常年冰雪覆盖，这一独特的气候特征也为冰雪体育的开展创造了得天独厚的条件，因此，我们看到，无论是鞑靼、挹娄、乌桓、女真、满族都或多或少出现了冰雪体育的踪影，而室韦则在史料上有"骑木而行"的记载，满族的冰上活动则愈加丰富多彩，宫廷、民间皆有冰雪类体育活动和游戏的出现。至于其他民族，虽无史料佐证，但从自然环境和生产方式推测，我们仍笃信冰雪体育是东北民族共有的体育文化。

从气候、地理与民族性格的关系看，法国著名启蒙思想家孟德斯鸠在其所著《孟德斯鸠法意》一书中说："热带之民如老夫，其于行也，常长虑而却顾；寒带之民如少年，其入世也，每喜事而有为。"[①] 按照孟德斯鸠的说法，生活在热带的人，就像老人一样，其行为举止表现为多虑，一般是不轻举妄动的；而生活在寒带的人，则犹如刚刚涉世的少年，每有喜事必有所作为。东北地处寒地，其民族性情正如孟德斯鸠所言，粗犷、豪放、奔放、热烈，诚如一个"初出茅庐"的少年。由此我们来理解古代东北民族对中原体育文化的接纳和学习，除民间层面体育文化的交流外，鲜卑、契丹、渤海、蒙古、女真等民族更是从统治阶层对中原体育文化自上而下地推行，甚至不惜改变本民族体育固有的形式和内容，毫无芥蒂地兼收并蓄。这也正是东北民族开放、包容性格的体现，使中原体育文化以一种具有共同特质的外来文化姿态在古代东北民族中广泛地传播。但东北作为边疆地区，远离中原儒家仪礼文化的教化，加之游牧文明和渔猎文明下的生产生活方式，所以民族性情相较中原显得原始和野蛮、简单而直接，也是毋庸置疑的。在体育文化的表现形式上也是如此，骑射、摔跤、马球、射柳这样的竞技性、对抗性较强的体育活动多为人们接受和喜爱，即便是

---

① 〔法〕孟德斯鸠：《孟德斯鸠法意》，严复译，商务印书馆，1981，第308页。

乐舞，也多呈战斗之容。如靺鞨族的舞蹈即有"曲折多战斗之容"的描述；而满族秧歌舞，其舞姿大开大合大扭大摆，还有许多是模拟征战和狩猎的姿势，动作奔放、粗犷，颇具尚武风格。

此外，东北边疆，不似中原生活物质富裕，另兼族源复杂、矛盾丛生、政权更迭频繁，因此在东北民族之间以及东北民族和中原王朝之间为争夺土地和政权的战争时有发生，纷繁的战事也使军事体育在东北各古代民族间成为共同的重要体育内容，如：沃沮人"性质直强勇，便持矛步战"，契丹人"儿童能走马，妇女亦腰弓"，满族"弓马之利，以定天下"，军事体育内容几乎成为古代东北民族日常生活的一部分，有的民族几乎达到全民皆兵的程度。从世界体育史的范围看，这种情况几乎完全可与源于古希腊的斯巴达军事体育的发展程度相媲美了。由于军事体育文化的拉动和刺激，许多与军事相关的内容，如骑射、围猎、讲武、摔跤等，自然就成为古代东北民族无论是在战时还是和平环境下军事训练、游艺竞逐的手段和方式，并影响着这一地区古老民族的生活方式。

第三节 古代东北民族体育文化的互动性

文化的交流从来都是双向的、互动的，以汉文化亦即儒家文化为主体的中原体育文化对古代东北民族体育文化的发展产生了强大的辐射和影响，与此同时，这一时期东北体育文化同样也影响了中原体育文化，这种文化之间的相互交流是这一时期东北民族体育文化发展的重要特征。此外，这一时期东北诸民族间体育文化的交流和互动亦非常频繁，同样是古代东北民族体育文化互动性的重要体现。

一 古代东北民族体育文化与中原体育文化的互动

古代东北民族体育相较中原体育文化而言，我们更多的理解和认识是后者影响前者，主流文化影响非主流文化，但文化的交流和影响从来都是双向的、互动的，我们并不刻意拔高汉文化的先进性及其在古代东北地区的影响和作用。我们仍以鲜卑体育文化为例，在鲜卑民族与汉民族文化交流的过程中，汉文化作为一种高势位文化，极大地改变了鲜卑社会的文化形态，至北魏末年，鲜卑民族已经基本转变为一个农业民族，其社会文化也基本与汉文化水乳交融，不分彼此。就体育文化而言，汉族传统的投壶、击壤、围棋、百戏等体育活动的引入，使鲜卑体育的内容范围得到了极大扩展，内涵也变得愈加丰富，社会体育活动的竞技性与文娱性都得到了加强，而鲜卑民众的体育文化生活也变得更加丰富多彩。特别需要指出的是，随着这种文化交流的深入，鲜卑民族的体育观念发生了翻天覆地的变化，体育从一种"无意识"的社会活动，变成了一种"有意识"的竞技与文化行为，这对于鲜卑民族传统体育的繁荣发展，有着决定性的意义。

但相应的，在这一过程中，汉文化在改变着鲜卑文化的同时，鲜卑文化也为汉文化带来了全新的风气，随着文化融合的不断深入，鲜卑人剽悍的民族性情为汉民族增添了不少勇武之气，以武术与骑射为代表的游牧文化在汉民族中的文化地位得到了强化，并在其后的隋唐盛世乃至更为长久的岁月里持续表现出其独有的魅力。在这场民族融合、文化互动的历史潮流之中，鲜卑民族虽然逐渐消失在历史长河之中，但他们的体育文化，却以另外一种方式，对汉民族的社会生活施加着影响。追古论今，类似的交流和互动，自古即有，历史上著名的"胡服骑射"在春秋战国时期即树立了中原与边疆民族文化互动交流的成功典范。

再如渤海国，渤海国在建国之初就对繁盛的中原文化心之向往，其在政治上，效仿唐制，实行三省六部制；经济和文化上，在大祚荣时期，就奏请唐王朝"就市交易，入寺礼拜"；在大祚荣接受了唐王朝的册封，成为唐朝的地方政权后，渤海与唐更是达到"车书本一家"的关系，如此文化交流推力和拉力的共同作用，使盛唐文化在各个方面影响和感召着渤海文化，体育文化位列其中，自然也不例外，例如：渤海国的马球运动之盛行就是典型的事例。但与此同时，渤海国也将富有民族特色的乐舞和骑射对外输出，不但与唐王朝互动频繁，甚至还远传日本，《日本续记》中关于隋唐时期渤海人擅射的记载有多处，可见渤日之间此方面的交流是十分频繁的。隋朝时，渤海国遣使向朝廷进贡，并让随行使团演奏渤海乐舞，隋文帝观后，叹为观止，这种"曲折多战斗之容"的靺鞨民族舞，被隋文帝誉为"天地间乃有此物，常作用兵意，何其甚也"。此后，这种乐舞，曾在长安地区与康衢戏、百戏等中原地区民间盛行的乐舞共同演出，经相互交流、影响，加工成新形式乐舞。按照金毓黻先生的研究，时至今日，日本社会流行之新靺鞨乐和新靺鞨舞，即有渤海乐舞之遗风，足见其影响之深远。

所以，古代东北地区的文化同样也影响了中原地区，这样的史实和现象，我们是有着比较充分的认识的。只不过影响的力度和时间无法与汉文化对东北地区的影响相比而已。

二　古代东北诸民族间体育文化的交流和互动

古代东北民族体育文化的互动性除表现为与汉民族体育文化的互动关系外，还表现在这一时期东北诸民族间体育文化的交流和互动。

从纵向看，肃慎系民族的体育文化发展，由于其民族的发展即呈现线性发展的特征，因此，从挹娄到勿吉到黑水靺鞨到粟末靺鞨到女真和满族，其体育文化承继性非常明显，纵深发展的特征十分显著。在具体的体育内容上，几乎都有水上或冰上、射术等活动，是典型的渔猎文化的代表；因"穴居"这种共同的生活方式，攀爬绳梯、登山等技能成为这一族系体育活动的独有特点。在体育文化的发展水平上，肃慎系民族也是不断进步提高的，随着各民族的更替演变，其体育文化无论内容还是形式上都有了长足的进步，至粟末靺鞨渤海国时更是达到了巅峰。有明确史料显示，渤海国时骑术和射箭已经以骑射活动的形式呈现，并具有非常高的水平，甚至在唐渤交流、渤日交流中扮演重要角色，民族舞蹈、军事体育等更是渤海国闪亮的体育名片，成为"海东盛国"综合实力的体现。

从横向上看，古代东北各民族间虽然为争夺土地和政权矛盾频生、战争不断，而且由于地广人稀、居地分散，使政治、经济、文化方面的交流显得迟滞而落后，但通过史料记载和文化表现形式，我们仍然认为，古代东北各民族间的体育文化交流是存在的，甚至在某些民族间是频繁的。如汉代的鲜卑和乌桓，汉初时，鲜卑"远窜辽东塞外，与乌桓相接"，"其言语习俗与乌丸同"，说明这两个民族在文化发展上有诸多相似之处，而在体育文化的内容上，早期的鲜卑与乌桓几乎无异，因此无论从地缘上还是文化的表现形式上，都说明两个民族间定然存在体育文化层面的交流和互动。再如渤海国体育，他们在发展靺鞨民族传统的射箭活动同时，也广泛地从高句丽、契丹乃至粟特等民族体育文化中汲取养分，从而使其社会体育文化无论是在内容丰富性还是文化内涵性上都有了全新的突破，这在前文中我们已经详细论述了。而契丹和奚族，本"异种同类"，皆为鲜卑之不同部落，在北魏道武帝登国三年（388）时，因道武帝拓跋珪率军北征，这两个民族均遭受打击，"遂逃迸"才分背而行，自此走上了各自发展的道路。从生产方式看，这两个民族在隋之前基本都过着"逐水草而居"的游牧生活，善射猎，好寇盗，因此在体育文化的表现形式上，狩猎、骑射是两个民族主要的体育内容。隋末唐初，契丹和奚族结成军事同盟，并在武则天时起兵叛唐，主动联合，号称"两蕃"，牢牢占据辽西地区。在史料中关于两个民族军事联合共同与外民族进行军事战争的记载还有多处，由此我们也可断定，两个民族在军事领域的交流和合作必然十分频繁，这种协同作战、互通有无，共同提高军事实力的合作，客观上也促进了两个民族间军事体育的交流和互动。

　　古代东北诸民族间体育文化的交流和互动应该还有很多，我们仅从地缘关系、族属渊源以及中原王朝对边疆民族的羁縻政策等方面分析，这种互动必然存在，无论是直接的还是间接的。只是由于史料不足，我们还无法在具体形式、内容包括制度规则等方面进行更深入的探究，在进一步的研究中，笔者将会继续关注此方面问题的研究进展。

结　语

古代东北民族体育文化，是东北民族文化、东北地方文化的重要组成部分，也是中国民族史、体育史研究的重要构成。一方面，东北民族体育文化，是东北民族文化最有特色的具体表现之一，是构成东北区域文化地域性特征的重要元素。另一方面，历史上的古代东北民族，作为中华民族共同体的重要组成部分，他们的体育文化发展，自然就是中华民族体育文化发展的缩影。古代东北民族，在中国的东北地区世代繁衍、生生不息，他们与汉民族共同创造了灿烂的东北文化和东北文明。从文化与历史发展脉络来看，我们选取古代东北这一时期和地域来观察与研究民族传统体育文化的发展状况，毫无疑问，这对中国历史上东北地区体育文化的渊源、属性乃至其与其他民族体育文化的交流、融合、互进等问题的研究都是有益的。

由于东北地区自然环境的复杂与各民族发展程度的差异，他们的民族体育文化发展各有其本民族特色。但与此同时，我们也不能忽视很多民族之间体育文化的相互联系与协同发展，其个性之上的共性特征一目了然。因此，我们以族系划分为依据，可以层次化地对古代东北民族体育文化这一复杂区域文化类型进行考察，也有助于我们对"个体—族系—区域"这一东北区域体育文化构建脉络进行微观与宏观的双重分析。

依据学界传统的族系划分，古代东北民族主要来源于三大族系：东胡族系、秽貊族系、肃慎族系。

东胡族系的体育文化，经历了由以传统骑射体育为主，到其与中原体育文化深入融合的过程。其背后体现的是游牧文化背景下的体育文化，与农耕文化背景下的体育文化之间的交互与共生。

秽貊族系的体育文化，经历了由以传统狩猎体育为主，到其对中原体育文化的吸收与接受的过程。其背后体现的是农耕文明之间天然的亲近与互相涵容。

肃慎族系的体育文化，则经历了以传统射箭体育为主，到其对中原体育文化厚积薄发式的学习与模仿过程。其背后体现的是文化传播过程中，先进文化对相对原始文化的渗透与改造。

进而，我们发现，在古代东北这一多民族、多文化类型的地区，多种文化与多种民族在其本身具有本民族传统与文化传承的情况下，最终殊途同归走上了与中原体育文化紧密结合并共同发展的道路。这种文化演进过程，仅就体育文化这一层面的研究来看，当然具有特殊的学术价值与现实意义，而就中华文化作为一种共同体文化的形成这一问题来看，古代东北诸民族与汉民族在体育文化上表现的这种一体趋势，是在同一地域内、多种文化类型与汉族文化进行民族聚生与文化整合的一个典型案例。

在这一文化演进过程中，我们不能忽视古代东北民族体育文化发展内在需求所产生的拉力作用，也同样不能忽视汉族体育文化在构建东北地区"汉文化圈"过程中所产生的推力作用。从这个角度来看，文化与文化之间的交流，其作用力是相互的，古代东北地区，正是在这种相互影响的体育文化交流进程中，逐渐形成了一种"你中有我，我中有你"的文化一体格局。

参考文献

国内参考文献

1. 古代文献

1-1 正史类

（汉）司马迁.史记[M].北京：中华书局，1959.

（汉）班固.汉书[M].北京：中华书局，1962.

（南朝宋）范晔.后汉书[M].北京：中华书局，1965.

（晋）陈寿.三国志[M].北京：中华书局，1959.

（唐）房玄龄.晋书[M].北京：中华书局，1974.

（北齐）魏收.魏书[M].北京：中华书局，1974.

（南朝梁）沈约.宋书[M].北京：中华书局，1974.

（唐）姚思廉.陈书[M].北京：中华书局，1972.

（唐）姚思廉.梁书[M].北京：中华书局，1973.

（唐）令狐德棻.周书[M].北京：中华书局，1971.

（唐）李延寿.南史[M].北京：中华书局，1975.

（唐）李延寿.北史[M].北京：中华书局，1974.

（南朝梁）萧子显.南齐书[M].北京：中华书局，1972.

（唐）李百药.北齐书[M].北京：中华书局，1972.

（唐）魏徵、令狐德棻撰.隋书[M].北京：中华书局，1973.

（宋）欧阳修.新五代史[M].北京：中华书局，1974.

（宋）欧阳修.新唐书[M].北京：中华书局，1975.

（后晋）刘昫等.旧唐书[M].北京：中华书局，1975.

（宋）薛居正.旧五代史[M].北京：中华书局，1976.

（元）脱脱.宋史[M].北京：中华书局，1977.

（元）脱脱.辽史[M].北京：中华书局，1974.

（元）脱脱.金史[M].北京：中华书局，1975.

（明）宋濂.元史[M].北京：中华书局，1976.

（清）赵尔巽.清史稿[M].北京：中华书局，1977.

1-2 其他古代文献

（春秋战国）佚名著.逸周书[M].济南：齐鲁书社，2010。

杨伯峻编著.春秋左传注[M].北京：中华书局，1990.

（清）朱石曾辑，（民国）王国维校补.古本竹书纪年辑校，（民国）王国维撰.今本竹书纪年疏证，黄永年校点[M].沈阳：辽宁教育出版社，1997.

（春秋战国）左丘明著.国语[M].济南：齐鲁书社，2005.

（三国魏）王弼注，楼宇烈校释.老子道德经注校释[M].新编诸子集成本，北京：中华书局，2008.

（春秋战国）佚名著，方韬译注.山海经[M].北京：中华书局，2011。

（春秋战国）吕不韦编，许维遹撰.吕氏春秋集释[M].新编诸子集成本，北京：中华书局，2009.

（汉）何休.春秋公羊经传解诂[M].宋淳熙抚州公使库刻绍熙四年重修本.

（汉）郑玄注.仪礼注疏[M].北京：北京大学出版社，1999.

（汉）许慎.说文解字[M].北京：中华书局，2004.

（汉）刘向辑.战国策[M].济南：齐鲁书社，2005.

（汉）荀悦.前汉纪[M].长春：吉林出版集团，2005.

（汉）扬雄著，华学诚汇证.扬雄方言校释汇证[M].北京：中华书局，2006.

（汉）刘珍等撰、吴树平校注.东观汉记校注[M].北京：中华书局，2008.

（汉）刘歆等著.西京杂记（外五种）[M].上海：上海古籍出版社，2012.

（晋）杜预注，（唐）孔颖达疏.春秋左传注疏[M].文渊阁四库全书本.

（晋）崔豹.古今注[M].沈阳：辽宁教育出版社，1998.

（晋）袁宏撰.后汉纪[M].长春：吉林出版集团，2005.

（北魏）崔鸿撰，（清）汤球辑补.十六国春秋辑补[M].二十五别史本，济南：齐鲁书社，2000.

（北魏）郦道元撰，陈桥驿校证.水经注校证[M].北京：中华书局，2007.

（唐）李泰编，贺次军辑校.括地志辑校[M].北京：中华书局，1980.

（唐）欧阳询编.艺文类聚[M].上海：上海古籍出版社，1982.

（唐）韩愈撰.顺宗实录[M].北京：中华书局，1985.

（唐）李林甫.唐六典[M].北京：中华书局，1992.

（唐）杜佑.通典[M].北京：中华书局，1996.

（唐）李吉甫.元和郡县图志[M].北京：中华书局，2005.

（唐）释玄应著，徐时仪等注释.一切经音义三种校本合刊索引[M].上海：上海古籍出版社，2012.

（宋）洪皓.松漠纪闻[M].文渊阁四库全书影印本.

（宋）陈元靓.新编纂图增类群书类要事林广记[M].续修四库全书.

（宋）司马光.资治通鉴[M].北京：中华书局，1956.

（宋）王钦若等.册府元龟[M].北京：中华书局，1960.

（宋）李昉等.太平御览[M].北京：中华书局，1966.

（宋）赵珙.蒙鞑备录[M].王国维遗书本，上海：上海古籍书店，1983.

（宋）赵明诚.金石录[M].济南：齐鲁书社，1970.

（宋）郭茂倩编.乐府诗集[M].北京：中华书局，1979.

（宋）高承.事物纪原[M].北京：中华书局，1989.

（宋）洪遵等.谱双[M].北京：中华书局，1991.

（宋）郑樵.通志二十略[M].北京：中华书局，1995.

（宋）李焘.续资治通鉴长编[M].北京：中华书局，2004.

（宋）乐史.太平寰宇记[M].北京：中华书局，2007.

（宋）洪兴祖.楚辞补注[M].北京：中华书局，2009.

（宋）叶隆礼.契丹国志[M].北京：中华书局，2014.

（宋、元）马端临.文献通考[M].北京：中华书局，2006.

（金）元好问.元好问全集[M].太原：山西人民出版社，1990.

（金）李俊民.庄靖集[M].太原：山西古籍出版社，2006.

（元）熊梦祥.析津志辑佚[M].北京：北京古籍出版社，1983.

（元）刘祁.元明史料笔记丛刊：归潜志[M].北京：中华书局，1983.

（元）柯九思.辽金元宫词[M].北京：北京古籍出版社，1988.

（元）官修.大元一统志，辽海丛书[M].沈阳：辽海出版社，2006.

（元）王恽撰《玉堂嘉话》，杨晓春点校，（元）杨瑀撰《山居新语》，余大钧点校，中华书局，2006.

（元）陶宗仪.南村辍耕录[M].上海：上海古籍出版社，2012.

（明）毕恭等.辽东志,辽海丛书[M].沈阳：辽沈出版社，1985.

（明）凌濛初.二刻拍案惊奇[M].呼和浩特：远方出版社，2001.

（明）陶宗仪等编.说郛三种[M].上海：上海古籍出版社，2012.

（清）穆彰阿等.嘉庆重修一统志[M].文渊阁四库全书影印本.

（清）惠栋.九经总义[M].文渊阁四库全书影印本.

（清）张穆.蒙古游牧记[M].日本早稻田大学藏同治八年刻本.

（清）王锡祺辑.小方壶斋舆地丛钞[M].清光绪十七年（1891）上海著易堂铅印本.

（清）皮锡瑞.尚书大传疏证[M].清光绪二十二年（1896）狮伏堂丛书本.

（清）杨守敬.历代舆地沿革险要图[M].清光绪三十二年（1906）观海堂本.

（清）曹廷杰.东三省舆地图说[M].湖北省图书馆藏清光绪著易堂铅印本.

（清）丁谦.浙江图书馆丛书[M].民国4年（1915）浙江图书馆校刊本.

（清）昭梿.啸亭杂录[M].北京：中华书局，1980.

（清）潘荣陛.帝京岁时纪胜[M].北京：北京古籍出版社，1981.

（清）震钧.天咫偶闻[M].北京：北京古籍出版社，1982.

（清）陈述辑校：全辽文[M].北京：中华书局，1982.

（清）赵翼.簷曝杂记[M].北京：中华书局，1982.

（清）赵翼著，王树民校证.廿二史札记校证[M].北京：中华书局，1984.

（清）陈康祺.郎潜纪闻初笔[M].中华书局，1984.

（清）官修.清实录[M].北京：中华书局，1985～1987.

（清）长顺.吉林通志[M].长春：吉林文史出版社，1986.

（清）高士奇.扈从东巡日录[M].长春：吉林文史出版社，1986.

（清）萨英额.长白山丛书之吉林外记[M].长春：吉林文史出版社，1986.

（清）徐珂.清稗类钞[M].北京：中华书局，1986.

（清）鄂尔泰、张廷玉编纂，国朝宫史[M].北京：北京古籍出版社，1994.

（清）顾嗣立.元诗选[M].北京：中华书局，1987.

（清）阿桂.满洲源流考[M].沈阳：辽宁民族出版社，1988.

（清）孙希旦集解，沈啸寰等点校.礼记集解[M].十三经清人注疏本，北京：

中华书局，1989.

（清）王利器.颜氏家训集解[M].北京：中华书局，1993.

（清）钦定四库全书[M].上海：上海古籍出版社，1995.

（清）朱彬.礼记训纂[M].北京：中华书局，1996.

（清）王国维.古史新证[M].王国维文集本，北京：中国文史出版社，1997.

（清）孙星衍撰.尚书今古文注疏[M].十三经清人注疏本，北京：中华书局，2004.

（清）王鸣盛.十七史商榷[M].上海：上海书店出版社，2005.

（清）吴振棫.养吉斋丛录[M].北京：中华书局，2005.

（清）阿桂等编.盛京通志[M].沈阳：辽海出版社，2007.

（清）穆彰阿.大清一统志[M].上海：上海古籍出版社，2008.

（清）严可均辑.全上古三代秦汉三国六朝文[M].北京：中华书局，2009.

（清）王国维.观堂集林[M].北京：中华书局，2010.

（清）孙星衍等辑.汉官六种[M].北京：中华书局，2012.

（清）昭梿.啸亭杂录 续录[M].上海：上海古籍出版社，2012.

（清）孙诒让.周礼正义[M].北京：中华书局，2013.

（清）高士奇.金鳌退食笔记[M].北京：北京出版社，2018.

2. 近现代文献

临川花楞.内蒙古纪要[M].北京：共和印刷局，1917.

陈玉甲.绥蒙辑要[M].北京：共和印刷局，1917.

杜亚泉.博史：附乐客戏谱[M].上海：杜海生1933年.

金毓黻.渤海国志长编[M].辽阳：辽阳金氏千华山馆，1934年铅印本.

彭大雅.黑鞑事略[M].长沙：商务印书馆，1937.

道润梯步译著.新译简注〈蒙古秘史〉[M].呼和浩特：内蒙古人民出版社，1979.

金毓黻.东北通史[M].《社会科学战线》杂志社1980年翻印本.

张博泉等.东北历代疆域史[M].长春：吉林人民出版社，1981.

南阳市博物馆.南阳汉代画像石刻[M].上海：上海人民美术出版社，1981.

全国体育学院教材委员会《体育理论》编写组.体育理论[M].北京：人民体育出版社，1981.

谭其骧主编.中国历史地图集[M].北京：中国地图出版社，1982.

刘义棠.中国边疆民族史[M].台北：台北中华书局，1982.

傅朗云等.东北民族史略[M].长春：吉林人民出版社，1983.

孙进己.东北民族源流[M].哈尔滨：黑龙江人民出版社，1983.

刘学铫.鲜卑史论[M].台北：南天书局，1983.

王健群.好太王碑研究[M].长春：吉林人民出版社，1984.

王承礼.渤海简史[M].哈尔滨：黑龙江人民出版社，1984.

朱国忱等.渤海史稿[M].哈尔滨：黑龙江文物出版编辑室，1984.

张博泉.东北地方史稿[M].长春：吉林大学出版社，1985.

黄维翰.渤海国记[M].辽海从书本，辽沈书社1985年影印本.

李健才.东北史地考略[M].长春：吉林文史出版社，1986.

体育理论教材编写组.体育理论[M].北京：高等教育出版社，1986.

干志耿，孙秀仁.黑龙江古代民族史纲[M].哈尔滨：黑龙江人民出版社，1986.

蔡美彪等.中国历史大辞典·辽夏金元史史卷[M].上海：上海辞书出版社，1986.

黄烈.中国古代民族史研究[M].北京：人民出版社，1987.

李殿福.渤海国[M].北京：文物出版社，1987.

孙进己.女真史[M].长春：吉林文史出版社，1987.

吴文衔.黑龙江古代简史[J].哈尔滨：北方文物出版社，1987.

庄锡昌等译.多维视野中的文化理论[M].杭州：浙江人民出版社，1987.

孙淼.夏商史稿[M].北京：文物出版社，1987.

武恩莲.世界体育史[M].沈阳：沈阳体育学院教务处编写组，1987.

谭其骧主编.中国历史地图集[M].释文汇编·东北卷，北京：中央民族学院出版社，1988.

孙进己等编.契丹史论著汇编[M].辽宁省社会科学院历史研究所，1988.

杨保隆.肃慎挹娄合考[M].北京：中国社会科学出版社，1989.

孙进己等.东北历史地理[M].哈尔滨：黑龙江人民出版社，1989.

王景义.东北地方简史[M].哈尔滨：哈尔滨工业大学出版社，1989.

费孝通.中华民族多元一体格局[M].北京：中央民族学院出版社，1989.

郑振坤著.中国古代体育思想史纲要[M].北京：人民体育出版社，1989.

胡晓风.大体育观[M].成都：四川教育出版社，1989.

全国体育学院教材委员会.体育史[M].北京：人民体育出版社，1989.

松儒布，斯钦毕力格编著.阿拉善风俗志[M].呼和浩特：内蒙古人民出版社，1989.

中国第一历史档案馆.清初内国史院满文档案译编（上）天聪朝[M].北京：光明日报出版社，1989.

何建章注释.战国策注解[M].北京：中华书局，1990.

胡朴安编.中华全国风俗志[M].郑州：中州古籍出版社，1990.

江应樑.中国民族史[M].北京：民族出版社，1990.

王绵厚等，东北古代交通[M].沈阳：沈阳出版社，1990.

英藏敦煌文献[M].成都：四川人民出版社，1990.

杨志军、郝思德、李陈奇.平洋墓葬[M].北京：文物出版社，1990.

中国第一历史档案馆编.清代档案史料丛编（第14辑）[M].北京：中华书局，1990.

吉林省地方志编纂委员会.吉林省志[M].长春：吉林人民出版社，1991.

薛虹等.中国东北通史[M].长春：吉林文史出版社，1991.

王承礼.渤海国的历史与文化[M].延吉：延边人民出版社，1991.

贾敬颜.东北古代民族古代地理丛考[M].北京：中国社会科学出版社，1991.

大平，宁导编.中国"那达慕"[M].呼和浩特：内蒙古大学出版社，1991.

张伯英.黑龙江志稿[M].哈尔滨：黑龙江人民出版社，1992.

孙进己.东北各民族文化交流史[M].沈阳：春风文艺出版社，1992.

高青山.东北古文化[M].沈阳：春风文艺出版社，1992.

李治.东北艺术史[M].沈阳：辽宁春风文艺出版社，1992.

马清福.东北文学史[M].沈阳：春风文艺出版社，1992.

郑晓云.文化认同论[M].北京：中国社会科学出版社，1992.

中国考古学会.中国考古学年鉴[M].北京：文物出版社，1992.

孙玉良.渤海史料全编[M].长春：吉林文史出版社，1992.

富荣嘎，拉·阿木尔门德编著.乌珠穆沁风俗志[M].呼和浩特：内蒙古人民出版社，1992.

萨克斯.世界舞蹈史[M].上海：上海音乐出版社，1992.

蒋秀松等.东北民族史纲[M].沈阳：辽宁教育出版社，1993.

文史知识编辑部编撰.中国古代民族志[M].北京：中华书局，1993.

郭希汾.中国体育史（影印本）[M].上海：上海文艺出版社，1993.

孙进己.东北民族史研究[M].郑州：中州古籍出版社，1994.

魏国忠.东北民族史研究[M].郑州：中州古籍出版社，1994.

王钟翰.中国民族史[M].北京：中国社会科学出版社，1994.

王绵厚.秦汉东北史[M].沈阳：辽宁人民出版社，1994.

黑龙江省地方志编纂委员会.黑龙江省志[M].哈尔滨：黑龙江人民出版社，1994.

李殿福.东北考古研究（二）[M].郑州：中州古籍出版社，1994.

耿铁华.好太王碑新考[M].长春：吉林人民出版社，1994.

林幹等.东胡乌桓鲜卑研究与附论[M].呼和浩特：内蒙古大学出版社，1995.

傅乐淑.元宫词百章笺注[M].北京：书目文献出版社，1995.

谢和耐等.中国社会史[M].南京：江苏人民出版社，1995.

薄松年.中国艺术史[M].台北：联经出版事业股份有限公司，1995.

蒙汉词典（增订本）[M].内蒙古大学出版社，1996.

杨文轩、林笑峰.体育学原理论著选读[M].广州：广东高等教育出版社，1996.

项春松.辽代历史与考古[M].内蒙古人民出版社，1996.

额尔德尼.蒙古查玛[M].北京：民族出版社，1997.

胡适.中国哲学史大纲[M].上海：上海古籍出版社，1997.

孙进己.高句丽渤海研究集成[M].哈尔滨：哈尔滨出版社，1997.

赵世良等.中国地方志民俗资料汇编：东北卷[M].北京：书目文献出版社，1997.

国家体委武术研究院编.中国武术史[M].北京：人民体育出版社，1997.

孙进己、冯永谦、苏天钧主编.中国考古集成·东北卷[M].北京：北京出版社，1997.

蒙古语辞典[M].内蒙古人民出版社，1997.

张博泉、魏存成.东北古代民族·考古与疆域[M].长春：吉林大学出版社，1998.

易剑东.体育文化学概论[M].台北：文津出版社有限公司，1998.

翦伯赞.秦汉史[M].北京：北京大学出版社，1999.

张荫麟．中国史纲 [M]．上海：上海人民出版社，1999．

乌丙安．中国民俗学 [M]．沈阳：辽宁大学出版社，2000．

杨向东．中国古代体育文化史 [M]．天津：天津人民出版社，2000．

张碧波等．中国古代北方民族文化史 [M]．哈尔滨：黑龙江人民出版社，2000．

周桂钿．秦汉思想史 [M]．石家庄：河北人民出版社，2000．

刘晓东等点校．二十五别史 [M]．济南：齐鲁书社，2000．

马大正等．古代中国高句丽历史丛论 [M]．哈尔滨：黑龙江教育出版社，2001．

柳诒徵．中国文化史 [M]．上海：上海古籍出版社，2001．

李德山等主编．东北民族与疆域研究 [M]．长春：时代文艺出版社，2001．

张德福．中国古代体育史话 [M]．北京：北京师范大学出版社，2001．

法藏敦煌文献 [M]．上海：上海古籍出版社，2001．

程妮娜．东北史 [M]．长春：吉林大学出版社，2001．

巫鸿主编．汉唐之间文化艺术的互动与交融 [M]．北京：文物出版社，2001．

耿铁华．中国高句丽史 [M]．长春：吉林人民出版社，2002．

朱国忱．渤海遗迹 [M]．北京：文物出版社，2002．

彭卫、杨振红．中国风俗通史·秦汉卷 [M]．上海：上海文艺出版社，2002．

罗春政．辽代绘画与壁画 [M]．沈阳：辽宁画报出版社，2002．

周伟良主编．中国武术史 [M]．北京：高等教育出版社，2003．

李治亭．东北通史 [M]．郑州：中州古籍出版社，2003．

李德山．中国东北古民族发展史 [M]．北京：中国社会科学出版社，2003．

张高等．渤海国管窥 [M]．北京：中国社会科学出版社，2003．

林剑鸣．秦汉史 [M]．上海：上海人民出版社，2003．

中国考古学会．中国考古学年鉴 [M]．北京：文物出版社，2003．

卢元镇主编．体育人文社会学概论高级教程 [M]．北京：高等教育出版社，2003．

程大力．体育文化历史论稿 [M]．成都：四川大学出版社，2004．

沈从文．中国服饰史 [M]．西安：陕西师范大学出版社，2004．

钱穆．古史地理论丛 [M]．北京：生活·读书·新知三联书店，2004．

葛兆光．中国思想史 [M]．上海：复旦大学出版社，2004．

张岱年等主编．中国文化概论 [M]．北京：北京师范大学出版社，2004．

北京大学哲学系中国哲学教研室主编．中国哲学史 [M]．北京：北京大学出版社，2004.

王绵厚. 高句丽与涉貊研究 [M]. 哈尔滨：哈尔滨出版社，2004.

黄伟. 中国古代体育习俗 [M]. 西安：陕西人民出版社，2004.

劳思光. 新编中国哲学史 [M]. 桂林：广西师范大学出版社，2005.

钱穆. 秦汉史 [M]. 北京：生活·读书·新知三联书店，2005.

吕思勉. 读史札记 [M]. 上海：上海古籍出版社，2005.

王逢春. 厉声编. 中国边疆研究文库 [M]. 哈尔滨：黑龙江教育出版社，2014.

吕思勉. 秦汉史 [M]. 上海：上海古籍出版社，2005.

全国体育学院教材委员会. 体育概论 [M]. 北京：人民体育出版社，2005.

牛亚莉. 体育文化论 [M]. 兰州：甘肃人民出版社，2005.

周虹. 满族妇女生活与民俗文化研究 [M]. 北京：中国社会科学出版社，2005.

佟冬主编. 中国东北史 [M]. 长春：吉林文史出版社，2006.

魏国忠. 渤海国史 [M]. 北京：中国社会科学出版社，2006.

马长寿. 乌桓与鲜卑 [M]. 桂林：广西师范大学出版社，2006.

易剑东. 体育文化学 [M]. 北京：北京体育大学出版社，2006.

郝勤主编. 体育史 [M]. 北京：人民体育出版社，2006.

颜绍泸主编. 竞技体育史 [M]. 北京：人民体育出版社，2006.

史仲文. 中国艺术史 [M]. 石家庄：河北人民出版社，2006.

饶远等. 体育人类学 [M]. 昆明：云南大学出版社，2006.

于志钧. 中国传统武术史 [M]. 北京：中国人民大学出版社，2006.

巴景侃. 辽代乐舞 [M]. 沈阳：万卷出版公司，2006.

顾奎相主编. 东北古代民族研究论纲 [M]. 北京：中国社会科学出版社，2007.

罗贤佑. 中国历代民族史 [M]. 北京：社会科学文献出版社，2007.

冯天瑜. 中国文化史纲 [M]. 北京：北京语言大学出版社，2007.

林幹. 中国古代北方民族史新论 [M]. 呼和浩特：内蒙古人民出版社，2007.

林幹. 中国古代北方民族通论 [M]. 呼和浩特：内蒙古人民出版社，2007.

雷虹霁. 秦汉历史地理与文化分区研究 [M]. 北京：中央民族大学出版社，2007.

熊铁基. 秦汉文化史 [M]. 上海：东方出版中心，2007.

额尔德木图. 东胡人的历史与文化 [M]. 呼和浩特：内蒙古文化出版社，2007.

林幹. 东胡史 [M]. 呼和浩特：内蒙古人民出版社，2007.

吕思勉. 中国社会史 [M]. 上海：上海古籍出版社，2007.

孙危.鲜卑考古学文化研究[M].北京：科学出版社，2007.

邴正、邵汉明主编.秽貊族起源与发展[M].长春：吉林文史出版社，2007.

周西宽主编.体育基本理论[M].北京：人民体育出版社，2007.

张选惠主编.民族传统体育概论[M].北京：人民体育出版社，2007.

崔乐泉.图说中国古代体育[M].西安：世界图书出版西安公司，2007.

王培新.乐浪文化：以墓葬为中心的考古学研究[M].北京：科学出版社，2007.

刘秉果.中国古代体育史话[M].成都：四川人民出版社，2007.

王岗.体育的文化真实[M].北京：北京体育大学出版社，2007.

田继周.中国历代民族史——秦汉民族史[M].北京：社会科学文献出版社，2007.

姚大力.北方民族史十论[M].桂林：广西师范大学出版社，2007.

张洪潭.体育基本理论研究——修订与拓展[M].桂林：广西师范大学出版社，2007.

孟广耀主编.蒙古民族通史[M].呼和浩特：内蒙古大学出版社，2007.

那沁双和尔.科尔沁安代文化[M].呼和浩特：内蒙古人民出版社，2007.

绥远通志馆.绥远通志稿[M].呼和浩特：内蒙古人民出版社，2007.

吕思勉.中国民族史两种[M].上海：上海古籍出版社，2008.

孙机.汉代物质文化资料图说[M].上海：上海古籍出版社，2008.

崔乐泉主编.中国体育通史[M].北京：人民体育出版社，2008.

李泽厚.中国古代思想史论[M].北京：三联书店，2008.

田昌五、安作璋.秦汉史[M].北京：人民出版社，2008.

崔乐泉等.中国体育思想史（古代）[M].北京：首都师范大学出版社，2008.

邱丕相主编.中国武术史[M].北京：高等教育出版社，2008.

黄聪.中国古代北方民族体育史考[M].北京：人民出版社，2009.

饶远.中国少数民族体育文化通论[M].北京：人民出版社，2009.

谭华主编.体育史[M].北京：高等教育出版社，2009.

中国大百科全书总编委会.大百科全书·音乐舞蹈[M].北京：中国大百科全书出版社，2009.

王俊奇.宋代体育文化史[M].北京：北京体育大学出版社，2009.

王景志.中国蒙古族舞蹈艺术论[M].内蒙古大学出版社，2009.

余大钧、蔡志纯译.普兰·迦儿宾行纪[M].内蒙古大学出版社，2009.

孙进己.契丹民族史[M].桂林：广西师范大学出版社，2010.

崔凤祥.原始体育形态岩画[M].北京：人民体育出版社，2010.

孙进己等.女真民族史[M].桂林：广西师范大学出版社，2010.

王俊奇.唐代体育文化史[M].北京：北京体育大学出版社，2010.

周振鹤.中国历代行政区域的变迁[M].北京：中国国际广播出版社，2010.

刘秉果.中国古代体育简史[M].北京：中华书局，2010.

王景泽、李德山主编.中国东北边疆史[M].长春：吉林文史出版社，2011.

傅斯年.东北史纲（初稿）[M].长沙：岳麓书社，2011.

杨军.夫余史研究[M].兰州：兰州大学出版社，2011.

程妮娜.古代中国东北民族地区建置史[M].北京：中华书局，2011.

陈苏镇.《春秋》与"汉道"——两汉政治与政治文化研究[M].北京：中华书局，2011.

林惠祥.中国民族史[M].上海：上海书店，2011.

田余庆.秦汉史[M].北京：中国大百科全书出版社，2011.

王俊奇.魏晋南北朝体育文化史[M].北京：北京体育大学出版社，2010.

王俊奇.辽夏金元体育文化史[M].北京：人民出版社，2011.

谷世权.体育理论与体育史论丛[M].北京：当代中国出版社，2011.

任海.中国古代体育[M].北京：中国国际广播出版社，2011.

葛剑雄.中国历代疆域的变迁[M].北京：商务印书馆，2012.

王俊奇.秦汉三国体育文化史[M].北京：北京体育大学出版社，2012.

王京龙.战国百家争鸣与中华传统体育精神构架[M].北京：人民出版社，2012.

刘旻航等.中国民俗体育的现代功能及社会文化价值研究[M].济南：山东人民出版社，2012.

范恩实.夫余兴亡史[M].北京：社会科学文献出版社，2013.

郝勤.体育赛事简史[M].北京：人民体育出版社，2013.

孙大光主编.体育文化概论[M].高等教育出版社，2013.

金光辉.思考体育[M].上海：上海世界图书出版公司，2013.

张选惠等编.民族传统体育概论[M].成都：电子科技大学出版社，2013.

国家体育总局体育文化发展中心等编.体育非物质文化遗产研究[M].青岛：青岛出版社，2013.

王俊奇.先秦体育文化史[M].北京：北京体育大学出版社，2013.
傅斯年.民族与古代中国史[M].上海：上海人民出版社，2014.
冯承钧译.马可波罗行纪[M].上海：上海古籍出版社，2014.
王永平.从"天下"到"世界"：汉唐时期的中国与世界[M].北京：中国社会科学出版社，2015.
李海叶.慕容鲜卑的汉化与五燕政权——十六国少数民族发展史的个案研究[M].北京：中国社会科学出版社，2015.
王俊奇.明朝体育文化史[M].北京：北京体育大学出版社，2015.
颜下里.棋牌博弈志[M].北京：北京体育大学出版社，2015.
陈康等编著.体育考古学导论[M].北京：中国社会科学出版社，2016.
陈立华.满族体育文化论纲[M].北京：民族出版社，2016.
赵永春.奉使辽金行程录（增订本）[M].北京：商务印书馆，2017.

3. 研究论文

冯家昇.豆末娄国考[J].禹贡，第七卷，第1、2期合集.
佟柱臣.中国历史上对黑龙江流域的管辖和其他[J].文物，1976.（7）.
金启孮.中国式摔跤源出契丹、蒙古考[J].内蒙古大学学报（哲学社会科学版），1979.（Z2）.
徐秉琨.横箭箙与射柳仪[J].社会科学辑刊，1980.（4）.
匡瑜.战国至两汉的北沃沮文化[J].黑龙江民族丛刊，1982.（1）.
王玲.辽代奚族考略[J].民族研究，1983.（2）.
国忠.渤海马球考略[J].黑龙江文物丛刊，1983.（4）.
冯继钦.有关奚族族源的两个问题[J].求是学刊，1984.（1）.
林沄.西岔沟古墓群族属问题浅析[J].黑龙江文物丛刊，1984.（1）.
景爱.契丹的起源与族属[J].史学集刊，1984.（2）.
林幹.乌桓社会制度新探[J].社会科学战线，1986.（1）.
董安生.体育一词的由来和中国用于的状况[J].山西大学学报（哲学社会科学版），1987.（2）.
熊志冲.中国古代射柳活动综考[J].成都体育学院学报，1987.（3）.
王德厚.乌罗浑与乌罗护辨析[J].民族研究，1987.（4）.
李德山.挹娄族考略[J].黑河学刊，1988.（4）.

波·少布.鹿棋溯源[J].民俗研究，1989.（1）.

李德山.奚族增考[J].民族研究，1989.（5）.

袁杰.张为邦、姚文翰合绘的〈冰嬉图〉[J].紫禁城，1990（3）.

《仁智要录·高丽曲》译谱选刊[J].音乐艺术，1990.（4）.

杨英杰.清代满族游艺风俗述略[J].辽宁师范大学学报（社会科学版），1990.（6）.

冯继钦.契丹的几项体育活动[J].求是学刊，1991.（4）.

纳古单夫.蒙古族"那达慕"文化考[J].内蒙古社会科学，1992.（2）.

李德山.试论鲜卑史研究中的几个问题[J].社会科学战线，1993.（2）.

王庆宪.早期乌桓社会经济述略[J].内蒙古大学学报（人文社会科学版），1997.（3）.

李德山.貊族的族源及其发展演变[J].社会科学战线，1998.（1）.

李德山.东北古民族与东夷渊源关系考论[J].黑龙江民族丛刊，1998.（3）.

王开文.中外古代石战[J].军事历史，2001.（1）.

孟凌云.渤海国的体育游戏[N].吉林日报，2001-12-11（B02）.

更堆.浅谈西藏"密芒"围棋的发现和相关传统藏棋种类.西藏大学学报，2003.（3）.

王菲菲.两宋间歌舞初探[D].福建师范大学2003年硕士学位论文.

杨军.秽国考[J].黑龙江民族丛刊，2004.（1）.

韩丹.中国古代东北民族的射柳活动考[J].哈尔滨体育学院学报，2004.（1）.

熊斗寅."体育"概念的整体性与本土化思考——兼与韩丹等同志商榷[J].体育与科学，2004.（2）.

朴刚等.东北少数民族传统体育的传承及其发展研究[J].天津体育学院学报，2004.（2）.

姜楠."射礼"源流考[J].北京理工大学学报（社会科学版），2004（3）.

李钟洙.夫余文化研究[D].吉林大学2004年博士学位论文.

甘少杰.古代室韦、蒙古族体育活动的特点及影响[J].渤海大学学报（哲学社会科学版），2005.（3）.

母宗健.安代舞 蒙古族舞蹈的活化石[J].中国民族，2006.（4）.

栾凡.秽貊系民族的习俗、文化与民族性格[J].社会科学战线，2006.（5）.

张碧波.渤海国与中亚粟特文明考述[J].黑龙江民族丛刊，2006.（5）.

李德山.黑水靺鞨史论[J].史学月刊，2006.（5）.

赵忠伟等.东北地区少数民族传统体育的发展现状及其未来发展趋势[J].武汉体育学院学报，2006.（9）.

张宏宇、李小兰.论少数民族传统体育的抢救与保护[J].北京体育大学学报，2006.（10）.

王善军.辽代渤海世家大族考述[J].民族研究，2006.（3）.

李德山.六至九世纪东北边疆民族与中央王朝关系史研究[D].东北师范大学2006年博士学位论文.

高原.唐代马球运动考[D].兰州大学2006年硕士学位论文.

董豫等.辽宁北票喇嘛洞遗址出土人骨稳定同位素分析[J].人类学学报，2007.（1）.

白歌乐.话说蒙古象棋源流[J].西部资源，2007.（2）.

白红梅.文化传承与教育视野中的蒙古族那达慕[D].中央民族大学2008年博士学位论文.

姜雪婷.魏晋南北朝射箭文化及其社会性[J].体育文化导刊，2009.（1）.

赵红梅.夫余与玄菟郡关系考略[J].满族研究，2009.（2）.

李明志.北方少数民族传统体育发展现状及未来发展趋势[J].赤峰学院学报（自然科学版），2009.（5）.

赵欣.夫余与高句丽的关系探略[J].东北史地，2009.（6）.

王勇.渤海上京出土的马球与渤海人的马球运动[J].北方文物，2010.（3）.

刘彦臣.清代"国语骑射"政策研究[D].东北师范大学2010年博士学位论文.

王定勇.全真教与金代乐舞[J].求索，2010.（9）.

刘晓东."渤海乐"性质的文献学考察[J].北方文物，2011.（2）.

丛密林.鹿棋考[J].体育文化导刊，2011.（8）.

周俊伟.两晋南北朝时期的体育发展特色研究[J].科教新报，2011.（8）.

包鸿梅.渤海国与日本的文化交流研究[D].黑龙江大学2011年硕士学位论文.

康建国等.契丹人与渤海人关系探微[J].辽宁师范大学学报（社会科学版），2012.（6）.

薛新刚等.中国古代休闲体育及社会之对待——以六朝之樗蒲为例[J].体育科学，2012.（10）.

王宽.唐代军事体育运动研究[J].兰台世界,2012.(30).

闫兴潘.论金代的"诸色人"——金代民族歧视制度化趋势及其影响[J].山西师范大学(社会科学版),2012.(4).

李德山.加强东北史研究中的信息搜集和研究方法更新工作[J].东北史地,2013.(2).

巴·苏合.蒙古族民间歌舞"安代"名称考[J].中央民族大学学报,2013.(6).

闫丽伟.渤海国音体文化现存史料整理[D].东北师范大学2013年硕士学位论文.

杨绍华.汉唐时期河洛地区体育文化研究[D].河南大学2013年博士学位论文.

王雪萍、吴树国.辽代东北路统军思考[J].中国边疆史地研究,2014.(1).

薛成城、李德山.汉代中原人口向东北地区的迁移及其影响[J].学习与探索,2014.(6).

孙炜冉等.粟特人在渤海国的政治影响力探悉[J].中国边疆史地研究,2014.(3).

李路.汉代东北边疆民族文化与汉文化交流研究[D].东北师范大学2014年博士学位论文.

陈琳琳.中国蒙古族小型舞蹈作品创作流变及其审美范式研究[D].中国艺术研究院2016年博士论文.

丛密林.辽代击鞠考略[J].体育文化导刊,2016.(1).

佟立等.蒙古象棋[N].民族画报(汉文版),2016.(12).

郝延省.蒙古族围猎变迁考[J].内蒙古社会科学(汉文版),2017.(2).

叶帅.金代博弈活动的初步研究——以考古材料为中心[J].黑龙江民族丛刊,2018.(4).

4.考古资料

康家兴.吉林江北土城子附近古文化遗址及石棺墓[J].考古通讯,1955.(1).

康家兴.吉林江北土城子古文化遗址及石棺墓[J].考古学报,1955.(1).

沈欣.辽阳唐户屯一带的汉墓[J].考古通讯,1955.(4).

阎万章.渤海"贞惠公主墓碑"的研究[J].考古学报,1956.(2).

李文信.辽阳三道壕西汉村落遗址[J].考古学报,1957.(1).

王亚洲等.吉林农安田家坨子遗址的发现与初步调查[J].吉林大学人文科学学报,1958.(3).

陈大为.桓仁县考古调查发掘简报[J].考古,1960.(1).

雁羽.锦西西孤山辽萧孝忠墓清理简报[J].考古,1960.(2).

黑龙江省博物馆.黑龙江宁安牛场新石器时代遗址清理[J].考古,1960.(4).

金殿士.辽宁省喀左县三台子乡发现西汉墓葬[J].文物,1960.(10).

王亚洲.吉林省汪清县百草沟遗址发掘简报[J].考古,1961.(8).

郑隆.内蒙古扎赉诺尔古墓群发掘简报[J].考古,1961.(12).

刘谦.辽宁义县保安寺发现的古代墓葬[J].考古,1963.(1).

佟柱臣.吉林西团山石棺墓发掘报告[J].考古学报,1964.(1).

王增新.辽宁抚顺市莲花堡遗址发掘简报[J].考古,1964.(6).

赵善桐.黑龙江官地遗址发现的墓葬[J].考古,1965.(1).

李作智.内蒙古陈巴尔虎旗完工古墓清理简报[J].考古,1965.(6).

李云铎.吉林珲春南团山、一松亭遗址调查[J].文物,1973.(8).

马王堆汉墓帛书整理小组.马王堆汉墓帛书(壹)[M].北京:文物出版社,1974.

中国科学院考古研究所内蒙古工作队.宁城南山根遗址发掘报告[J].考古学报,1975.(1).

朱国忱等.东康原始社会遗址发掘报告[J].考古,1975.(3).

吉林省博物馆文物队、吉林大学历史系考古专业.吉林大安渔场古代墓地[J].考古,1975.(6).

辽宁省博物馆、辽宁铁岭地区博物馆.法库县叶茂台辽墓纪略[J].文物,1975.(12).

李恭笃.辽宁宁城县黑城古城王莽钱范作坊遗址的发现[J].文物,1977.(12).

敖汉博物馆.敖汉旗白塔子辽墓[J].考古,1978.(2).

徐光冀.赤峰蜘蛛山遗址的发掘[J].北方文物,1979.(2).

黑龙江省文物工作队、吉林大学历史系考古专业.东宁团结遗址发掘报告[C].见:1979年吉林省考古学会第一次年会资料.

北京市文物工作队.北京大葆台金代遗址发掘简报[J].考古,1980.(5).

张太湘等.黑龙江宁安县莺歌岭遗址[J].考古,1981.(6).

董学增等.吉林永吉县学古东山遗址试掘简报[J].考古,1981.(6).

吉林大学历史系考古专业、吉林省博物馆考古队.大安汉书遗址发掘的主要收获[C].见：东北考古与历史（第一辑）.北京：文物出版社，1982.

中澍等.通榆县兴隆山鲜卑墓清理简报[J].黑龙江文物丛刊，1982.（3）.

冯永谦、邓宝学.辽宁建昌普查中发现的重要文物[J].文物1983.（9）.

哲里木盟博物馆.内蒙古霍林河矿区金代界壕边堡发掘报告[J].考古1984.（2）.

孙进己等.肃慎和挹娄的考古文化[J].学习与探索，1984.（5）.

李士良.金代象棋[J].学习与探索，1985.（1）.

张英等.吉林榆树县老河深鲜卑墓群部分墓葬发掘简报[J].文物，1985.（2）.

刘景文等.吉林榆树老河深墓葬群族属探讨[J].北方文物，1986.（1）.

林沄.肃慎、挹娄和沃沮[J].辽海文物学刊，1986.（1）.

冯永谦.建国以来辽代考古的的主要发现[C].见：辽金史论集，第一辑，上海：上海古籍出版社，1987.

靳枫毅.夏家店上层文化及其族属问题[J].考古学报，1987.（2）.

吉林省博物馆、农安县文管所.金林农安金代窖藏文物[J].文物，1988.（7）.

贾伟明等.论挹娄的考古学文化[J].北方文物，1989.（3）

云瑶.黑龙江省肇东八里城发现的金代文物[J].北方文物，1989.（4）

邵国田.辽代马球考——兼述皮匠沟1号辽墓壁画中的马球图[C].见：内蒙古自治区考古博物馆学会会议论文集，北京：海洋出版社，1990.

刘景文.古夫余农牧业探索[J].农业考古，1991.（3）.

徐良玉等.江苏邗江县甘泉老虎墩汉墓[J].文物，1991.（10）.

景李虎等.金代乐舞杂剧石刻的新发现[J].文物，1991.（12）.

李文信.李文信考古文集[C].沈阳：辽宁人民出版社，1992.

邵国田.敖汉旗娘娘庙辽代壁画墓[J].内蒙古文物考古，1994.（1）.

郑溧明.体育史的新资料——契丹幼儿跳绳图考证[J].文物春秋，1995.（3）.

张克举、田立坤、孙国平.朝阳十二台乡砖厂88M1发掘简报[J].文物1997.（11）.

张松柏.辽代的摔跤运动——从敖汉旗娘娘庙辽墓摔跤壁画谈起[J].内蒙古文物考古，1997.（1）.

内蒙古赤峰市敖汉旗博物馆.内蒙古敖汉旗皮匠沟1、2号辽墓[J].文物，1998.（9）.

刘恒武.陕西蒲城洞耳村元墓壁画[J].收藏家，1999.（2）.

辽宁省文物考古研究所、岫岩满族博物馆.辽宁岫岩县长兴辽金遗址发掘简报.考古，1999.（6）.

陈全家.白金宝遗址（1986年）出土的动物遗存研究[J].北方文物，2004.（4）.

辽宁省文物考古研究所等.辽宁北票喇嘛洞墓地1998年发掘报告[J].考古，2004.（2）.

杨虎.黑龙江省绥滨县蜿蜒河遗址发掘报告[J].北方文物，2006.（4）.

赵宾福.汉书二期文化研究——遗址材料和墓葬材料的分析与整合[C].见：边疆考古研究，第8辑，北京：科学出版社，2009.

刘庆柱、白云翔主编.中国考古学·秦汉卷[M].北京：中国社会科学出版社，2010.

辽宁省文物考古研究所、沈阳市文物考古研究所.辽宁法库县叶茂台23号辽墓发掘简报[J].考古，2010.（1）.

万大勇.横山墓群八面乐舞浮雕石幢简析[J].剧作家，2011.（2）.

王敏英.河南焦作元代散乐杂剧砖雕[J].中原文物，2012.（2）.

范恩实.论西岔沟古墓群的族属——兼及乌桓、鲜卑考古文化的探索问题[J].社会科学战线，2012.（4）.

幺乃亮.法库叶茂台辽墓出土漆木双陆考述[J].辽金历史与考古，2013年.第四辑.

赵里萌、孟庆旭等.记城四家子古城流散文物[J].辽金历史与考古，2017（2）.

域外参考文献

1. 古典文献

〔王氏高丽〕金富轼.三国史记[M].长春：吉林文史出版社，2003.

〔王氏高丽〕一然.三国遗事[M].长春：吉林文史出版社，2003.

〔李氏朝鲜〕郑麟趾.高丽史[M].韩国首尔大学藏万历四十一年太白山史库本钞本.

〔李氏朝鲜〕李晬光.芝峰类说[M].朝鲜群书大系（续），第21、22辑，朝鲜古书刊行会1915年铅印版.

〔日〕阿阇梨皇圆.扶桑略纪[M].日本国史大系本，日本吉川弘文馆，1937.

〔日〕坂本太郎等.日本书纪[M].岩波书店，1994.

〔日〕鸭佑之.日本逸史[M].日本国史大系本，日本吉川弘文馆，1999.

〔日〕续日本纪[M].东京经济杂志社，明治三十年（1897）.

2.研究专著

〔日〕那珂通世.支那通史[M].上海东文书社1901年石印本.

〔日〕滨田耕作.东亚考古学研究[M].日本：图书院，1930.

〔日〕白鸟库吉著，方壮猷译.东胡民族考[M].北京：商务印书馆，1934.

〔日〕那珂通世.支那史研究[M].日本：春秋社，1939.

〔日〕池内宏.通沟[M].日满文化协会刊，1940.

〔日〕菅原道真.类聚国史[M].东京：吉川弘文馆，1979.

〔日〕滨田耕策.渤海国兴亡史[M].东京：吉川弘文馆，2001.

〔日〕爱宕松男.契丹古代史研究[M].呼和浩特：内蒙古人民出版社，2014.

〔苏联〕辛尼岑编，赵息黄等译.苏联体育史[M].北京：人民体育出版社，1957.

〔苏联〕奥克拉德尼科夫著，莫润先等译.滨海地区遥远的过去[M].北京：商务印书馆，1982.

〔苏联〕杰列维扬科著，林树山等译.黑龙江沿岸的部落[M].长春：吉林文史出版社，1987.

〔苏联〕瓦西里·扬著，李飞等译.拔都汗[M].北京：东方出版社，2013.

〔美〕魏特夫著，冯家升.中国社会史——辽（907~1125）[M].台北：鼎文书局，1974.

〔希〕塞莫斯·古里奥尼斯著，沈健译.原生态奥林匹克运动[M].上海：上海人民出版社，2008.

〔美〕许倬云.汉代农业[M].南京：江苏人民出版社，2012.

〔英〕崔瑞德，（英）鲁唯一主编，杨品泉等译.剑桥中国秦汉史[M].北京：中国社会科学出版社，1992.

〔法〕孟德斯鸠著，严复译，孟德斯鸠法意[M].北京：商务印书馆，1981.

〔法〕卢梭著，李平沤译.爱弥儿[M].北京：商务印书馆，1982.

〔瑞典〕多桑著，冯承钧译.多桑蒙古史[M].北京：中华书局，2004.

〔伊朗〕志费尼著，何高济译.世界征服者史[M].呼和浩特：内蒙古人民出版社，1992.

3. 研究论文

〔日〕白鸟库吉. 汉代的朝鲜 [C]. 见：满洲历史地理，东京：丸善株式会社，1940.

〔日〕和田清著，凌水南译. 玄菟郡考 [J]. 东北亚历史与考古信息，2005.（1）.

〔日〕末松保和. 朝鲜古代国家的军事组织 [J]. 古代史讲座，1962.（5）.

〔日〕酒寄雅志著，李凤英等译. 跨越海洋的渤海乐 [J]. 北方文物，2010.（2）.

〔苏〕A. Л. 奥克拉德尼科夫. 从最近考古成就看苏联的远东地区 [J]. 历史问题，1964.（1）.

〔苏〕C. Л. 涅斯捷罗夫等. 帽儿山墓地——阿穆尔河中游的中世纪时代遗存 [J]. 东北亚历史与考古信息，1992.（1）.

4. 考古资料

〔日〕関野贞、谷井济一等. 乐浪郡时代の遗迹（第3编）[C]. 见：古迹调查特别报告（第4册）. 朝鲜：朝鲜总督府，1925.

〔日〕梅原末治、（日）藤田亮策. 朝鲜古文化综鑑（第一卷）[M]. 日本：养德社，1947.

〔韩〕金廷鹤. 韩国の考古学 [M]. 东京：河出书房新社，1982.

〔朝〕朝鲜社会科学院考古研究所编著，李云铎译. 朝鲜考古学概要 [M]. 哈尔滨：黑龙江省文物出版编辑室，1983.

〔韩〕国立中央博物馆. 乐浪 [M]. 首尔：sol 出版社，2001.

附　录

附录一　古代东北鲜卑族体育文化活动列表

发展阶段	项目	内容	史料来源	阶段特征
早期的鲜卑体育文化	骑射	即骑马射箭，是狩猎、军事体育的重要内容。骑射工具有"角端弓"等	《三国志·魏书·乌丸鲜卑东夷传·鲜卑》《后汉书·乌桓传》	早期鲜卑体育表现为游牧经济下的狩猎骑射，更重视体育活动的生产与生活功能，文娱化程度较低
	武术	即早期的武艺，是军事体育的重要内容，含军事技击、武器操练、搏斗技能等	《三国志·魏书·乌丸鲜卑东夷传·鲜卑》	
	狩猎	一项集骑马、射箭、围捕等内容的猎捕野兽活动，是鲜卑民族重要的生产方式和食物来源	内蒙古扎赉诺尔鲜卑墓出土绘制射猎图像的骨饰板和羊形饰牌	
	乐舞	具体形式不可考，仅史料记载："以季春月大会于饶乐水上，饮宴毕，然后配合。"	《后汉书·乌桓鲜卑传·鲜卑》	
魏晋南北朝时期的鲜卑体育文化	讲武驰射	骑射体育的新发展，相当于我们今天的军事检阅和操练。是国家层面举办的官方骑射与武术训练活动，鲜卑社会定期举行的集会和训练模式	《魏书·序纪》	骑射活动得到进一步发展，形式多样，娱乐性、竞技性提高，具有更深入的文化内涵
	朋射、单射	与儒家射礼相结合而产生的射箭竞赛活动，朋射为团体射箭，单射为单人射箭	《北史·拓跋顺传》《魏书·拓跋浑传》	

续表

发展阶段	项目	内容	史料来源	阶段特征
十六国北朝时期的鲜卑体育文化	登山畋游	即爬山田猎活动，深受鲜卑统治阶层喜爱，此类活动常带有一定政治目的	《魏书·世宗宣武帝纪》	受汉文化影响，鲜卑体育文化发生历史转型，其休闲化、文娱化程度提高，更加注重体育的竞技功能；鲜卑人开始自觉地、有意识地在其社会中推动体育文化的发展
	围棋	棋类活动，由中原地区传入，在鲜卑社会中十分流行	《魏书·古弼传》《魏书·甄琛传》	
	投壶	按照一定的规则，分宾主将手中四支无镞之矢投入壶中，以为礼仪、娱嬉，是先秦射礼活动更为温和的表现形式与替代活动	《颜氏家训集解》	
	击壤	中国古代一种投击土块类型的游戏，相传尧舜时就已经出现，有劝民教化作用	《魏书·宣武帝纪》	
	樗蒲	亦作摴蒲、摴蒱，是中国古代博戏的一种，因博具中用于掷采的骰子最初用樗木所制而得	《晋书·慕容垂载记》《魏书·张烈传附张僧皓传》	
	握槊	一种类似于双陆棋的博戏，是一种棋盘游戏，以掷骰子的点数决定棋子的移动步数，首先把所有棋子移离棋盘者即可获得胜利	《魏书·术艺传》	
	跳绳	"两手持绳，拂地而却上"的活动	《北齐书·幼主纪》	
	百戏	中原地区汉族民间表演、杂技艺术的泛称，鲜卑百戏的内容有角抵、仙人、长蛇、白象、白虎及诸畏兽、鱼龙、辟邪、鹿马仙车、高絙百尺、长趫、缘橦、跳丸、五案等，基本上都是源自中原地区	《魏书·乐志》	

附录二　古代东北东胡、乌桓、乌洛浑、奚族体育文化活动列表

民族	项目	内容	史料来源	阶段特征
东胡	狩猎、武艺	畜牧和狩猎业发达，有青铜兵器出现，故此推测	《逸周书·王会解》；夏家店上层文化遗址出土文物	体育文化的发展尚处于雏形阶段，多是生产生活方式和生存技能，体育并未独立之外
	骑射	擅长狩猎，甚至可以捕猎熊一类的大型凶猛动物，富有特色的马具出土，故此推测	《后汉书·乌桓鲜卑传》；夏家店上层文化出土文物	
乌桓	骑射	即骑马射箭，此活动对于乌桓有着不可替代的生产和军事意义	《后汉书·乌桓鲜卑传·乌桓》	骑射是重要的生产技能和军事技能，体现了游牧民族文化的普遍特点
	武艺	武器使用技术及军事技击术，是乌桓日常争斗和军事体育的重要内容	《后汉书》	
	乐舞	具体形式无明文记载，"至葬则歌舞相送"，从其社会发展状况与日常习俗来看，应该不外露天群舞之类	《后汉书·乌桓传》	
乌洛浑	骑射	即骑马射箭，形式及功能与乌桓相似	《魏书·乌洛侯传》《旧唐书·靺鞨传》	与乌桓基本一致，擅长骑射
	狩猎	以骑射为主要内容的猎捕野生动物的行为，为基本生产生活的方式	《魏书·乌洛侯传》	
	冰雪活动	具体内容、形式无明文记载		
奚族	骑射	即骑马射箭，是奚族狩猎、游牧生活的重要内容，也是军事能力的保障	《魏书·库莫奚传》《新唐书·奚传》	骑射是奚族人生产生活的重要内容，也是奚族军事能力的保障，关乎其安身立命之根本
	军事训练	以游骑为主，包含骑术训练、武术训练等战争技能训练		

附录三 古代东北契丹族体育文化活动列表

发展阶段	项目	内容	史料来源	阶段特征
古八部时期的契丹体育文化	骑射	即骑马射箭,多为射猎和军事斗争方式,也是契丹人精于骑术的表现	《新唐书·契丹传》《旧唐书·契丹传》	依托骑射技术的射猎和"寇盗"是契丹社会中一种非常重要的粮食来源与经济补充;八部契丹时期骑射活动,可能已经与祭祀联系在一起
	射猎	一项集骑术、射箭、围捕等内容的猎捕野兽活动,是契丹民族重要的食物来源和经济补充	《新唐书·契丹传》《旧唐书·契丹传》	
	蹛林	一种围绕树木骑驰的带有祭祀色彩的体育活动	《史记·匈奴传》	
大贺氏部落联盟时期的契丹体育文化	以骑射为基础的军事体育活动	以军事技能为核心的军队训练,含骑射、个人武艺、军阵变化和战术演练	《新五代史·四夷附录·契丹》	契丹的军事体育出现了全新的内容与形式,更为注重部队相互之间的配合与协调互动;个人武艺的作用已经不仅仅作为一种强身健体与军事技能而存在,更是具有了相当的政治色彩
遥辇氏部落联盟时期的契丹体育文化	瑟瑟仪——射柳	契丹族祭祀祈雨仪式中的一项射箭体育活动	《辽史·国语解》	农业的发展,促使契丹的社会生活方式发生根本性的变化,给契丹族民族体育带来了深刻影响
	狩猎	一项集骑马、射箭、围捕等内容的猎捕野兽活动	《辽史·后妃传》	
辽朝契丹族的体育文化	马球	骑在马背上,用球杖击球的体育活动	《辽史·耶律辖底传》;《全辽文》卷4《与兄涛书》;《旧五代史》卷112《太祖本纪》	是契丹与中原王朝频繁交流的体现,在宫廷和民间均有广泛开展,常与狩猎、宴饮活动一起举行,具有较强的军事和政治目的
	围棋	源自中原、现于先秦的棋类活动,因"以子围而相杀"而得名	《契丹国志·渔猎时候》;辽张文藻墓《三老对弈图》;辽萧潇孝忠墓出土围棋子等	源自中原的棋牌类活动在辽代上层社会和民间都有开展,并且深得民众之喜爱。北方民间亦流行简单弈棋形式。辽代社会生活趋于衰弱
	双陆	中原汉地流行的博戏,以游戏所行棋数定名,也称"双六"	《辽史·圣宗三》《辽史·伶官传》;法库叶茂台出土实物等	

续表

发展阶段	项目	内容	史料来源	阶段特征
辽朝契丹族的体育文化	叶格	也称叶子戏、叶子格，纸牌类游戏的类别	《辽史·穆宗下》	源自中原的棋牌类活动在辽代上层社会和民间都有开展，并且深得民众之喜爱。北方民间亦流行简单弈棋形式。辽代社会生活趋于衰弱
	其他棋类活动	疑似"五道""九连""整死牛"的民间棋类活动	王宝营子辽墓出土石棋盘	
	乐舞	萨满教乐舞：在祭天、祭山、拜日祭祀活动中的"跳神"，"鹰舞"是其代表。宫廷乐舞：主要形式是大乐和散乐。大乐用于宫廷仪礼，散乐源于汉代"百戏"。其他民间乐舞："臻蓬蓬歌"、彩带舞等	内蒙古巴林左旗前召开化寺出土辽代浮雕舞蹈图；《卓歇图卷》等	与中原体育文化交流频繁，中原体育活动在契丹社会有广泛开展
	百戏	与汉地的百戏如出一辙，其内容也应十分丰富	《辽史·礼志五》	
	角抵	存在两种形式，一种与中原相扑相似，赤裸上身，其运动方式和规则也应与相扑极为相似；北方民族的一种角抵形式，上身蔽乳或着衣，并以倒地为负，类似今日蒙古式摔跤	《辽史》；敖汉旗金厂沟梁镇娘娘庙村的辽墓壁画；辽东京故城遗址中出土白色陶罐绘图	
	登高	即登山，与射猎结合于一体，与"四时捺钵"制度有很大关系	《辽史》卷10《圣宗一》《契丹国志》	
	跳绳	以两手持绳，拂地而却上，跳且唱高末	《北齐书·后主传》；河北宣化张匡正墓出土壁画	
	妇女体育	精于骑射、军事技艺；擅围棋、双陆	辽宁法库县叶茂台辽墓出土实物	体现了契丹妇女强烈的民族意识和优秀的军事才能

附录四　古代东北室韦体育文化活动列表

发展阶段	项目	内容	史料来源	阶段特征
北魏至隋朝时期	骑射	即骑马射箭，室韦族以兽角为弓，箭尤为细长	《魏书·失韦传》	社会发展水平相对落后，社会协作程度不高。体育活动更多表现为生产生活方式，弓、箭等器材的制作还处于相对原始和低级的阶段
	狩猎	以貂为主要猎取对象的射猎、围捕活动	《魏书·失韦传》《隋书·室韦传》	
	划船	木船和皮舟的驾驶技术	《隋书·室韦传》	
	骑术	季节性迁徙中以牛、马为主要交通运输工具，不频繁骑乘	《隋书·室韦传》	
	滑冰、滑雪	"骑木而行"，以木板置于冰雪之上载人滑行，大抵为一种滑冰、滑雪活动	《隋书·室韦传》	
	冬季渔猎	冬季进行的一种"凿冰"捕鱼活动，对渔猎者的体能、技能要求较高	《隋书·室韦传》	
唐代	弋猎	弋射狩猎的方式，弋射是中国古代射术的一种，也称"缴射""矰缴"，指用弓发射带绳的箭矢。常用于捕获飞禽	《旧唐书·室韦传》《新唐书·室韦传》	
	乐舞	具体形式不详，是唐代室韦人婚嫁时的庆祝活动	《新唐书·室韦传》	

附录五　古代东北蒙古族体育文化活动列表

发展阶段	项目	内容	史料来源	阶段特征
蒙古	三项竞技	赛马、摔跤、射箭，蒙古草原体育文明的产物。在发展过程不断演化为多种形式：如射天狼、射草狗、套马（诈马）、跳马等	《蒙鞑备录》《内蒙古纪要》《多桑蒙古史》《元史》等	具有鲜明的民族特点，游牧文明滋生下的骑马、射箭、摔跤等活动在蒙古族得到充分的认同和发展，并向更高的层次——那达慕大会形式进步
	那达慕大会	传统集会形式，一般在庆典、祭祀、征战前后举行，前期多是射箭、赛马、摔跤的单项比赛，后发展为"三项竞技"为统一内容的那达慕盛会	《北房风情》《成吉思汗碑铭》等	
	乐舞	典型的有萨满舞、查玛、安代舞，另有一些宫廷舞蹈、自娱性舞蹈	《多桑蒙古史》《蒙鞑备录·燕聚舞乐》《元史》等	

续表

发展阶段	项目	内容	史料来源	阶段特征
蒙古	蒙古象棋	蒙古族民间盛行的棋类活动，起源待考，与中国象棋有异	《口北三厅志》《小方壶斋舆地丛钞》《绥远通志稿》等	蒙古民族的乐舞、棋类体育文化也体现了浓郁的民族风情，将宗教信仰、图腾崇拜和军事活动等元素都融入其中
	鹿棋	也称鹿连儿，蒙古族民众喜爱的棋类活动	内蒙古霍林河矿区金代界壕边堡发掘文物；窝阔台汗宫发掘文物等	
	蹴鞠	基本延用了宋代蹴鞠的形式，花样繁多，有鸳鸯拐、云外飘、当面绕等形式，应以表现技巧的"白打"为主	《逞风流王焕百花亭》《事林广记》等	
	马球	一般在端午和重阳等重大节庆活动举行，选上等骏马，"系以雉尾、璎珞"，用皮制球，且球杖是长藤柄	《蒙鞑备录》《析津志辑佚·风俗》	
	贵由赤	意为快跑者，为选拔和训练禁军，每年定期开展的长跑比赛，由朝廷组织、皇帝嘉奖、卫军参加，逐渐规范并演变为官方举办的全国性重大体育赛事	《元史》《山居新语》《南村辍耕录》等	中原体育文化在蒙古族并未得到充分的认可，虽然蹴鞠、马球等活动也在文献中有记载，但开展的阶层限于中原的元代贵族
	沙阿、古尔游戏	古代蒙古族传统的体育游戏，"沙阿"是指利用羊、鹿等踝骨进行的一种游戏，有抓、击两种玩法；"古尔"是用牛髋骨进行击打的一种游戏，有掷远、掷准两种玩法	《黑鞑事略》《元朝秘史》	

附录六　古代东北夫余体育文化活动列表

民族	项目	内容	史料来源	阶段特征
夫余	射箭	借助弓的弹力射出箭的体育活动，夫余族军事体育的重要内容	《三国志·魏书·东夷传·夫余》《后汉书·东夷传·夫余》	夫余社会的军事体育发达，军事类型体育是夫余体育文化最为重要的组成部分；体育往往并不具有文娱功能而是更为偏重生产功能；乐舞的文娱化程度较高，并与祭祀活动相联系
	武术	弓矢刀矛的使用技术及操练，军事技击，夫余族日常军事训练的主要内容	《后汉书·东夷传·夫余》	

续表

民族	项目	内容	史料来源	阶段特征
夫余	军事训练	集射箭、武术和弓矢刀矛等兵器使用的军事体育活动，同时兼有军阵的协作配合等	吉林大安汉书发掘遗址	夫余社会的军事体育发达，军事类型体育是夫余体育文化最为重要的组成部分；体育往往并不具备文娱功能而是更为偏重生产功能；乐舞的文娱化程度较高，并与祭祀活动相联系
	狩猎、渔猎活动	一项集射箭、捕捞、围猎等内容的猎获野兽和水产品活动，是夫余族重要的食物来源和生活工具获取方式	吉林大安渔场古代墓地考古资料	
	骑术	骑乘马匹及驭马技术	《三国志·魏书·东夷传·夫余》	
	乐舞	是夫余族祭祀及"大会"之时的庆祝方式，也是日常重要的文娱活动	《三国志·魏书·东夷传·夫余》《后汉书·东夷传·夫余》	

附录七　古代东北沃沮、豆莫娄体育文化活动列表

民族	项目	内容	史料来源	阶段特征
沃沮	水上渔猎活动	舟船驾驶及渔猎捕捞活动	《三国志·魏书·东夷传·东沃沮》《三国志·魏书·东夷传·挹娄》	社会发展程度比较落后，体育文化多表现为生产和生活的基本方式
	武术	持矛等武器的军事技艺，是沃沮人重要的战斗方式	《三国志·魏书·东夷传·东沃沮》	
	狩猎	猎捕野兽活动	百草沟遗址和一松亭遗址文物	
	登山	攀越山林	《后汉书·东夷传·沃沮》载其居地环境考证	
豆莫娄	射箭、骑马、歌舞、狩猎等，可能还有骑射	与夫余族高度相似，并兼有东胡系的内容	《魏书·豆莫娄传》《魏书·失韦传》	完整地继承了夫余文化，因此其体育文化与夫余族保持高度一致，并与东胡族系交往密切，对体育文化可能产生一定影响

附录八　古代东北肃慎、挹娄、勿吉族体育文化活动列表

民族	项目	内容	史料来源	阶段特征
肃慎	射箭	"楛矢石砮"，即用楛木制作而成的箭杆，用青石制作而成的箭头	《逸周书》《国语》	没有脱离原始社会渔猎文明的基本形态，与社会经济生产活动紧密结合，是体育文化发展的早期表现
	渔猎相关体育活动	推测在捕猎鱼类时，掌握了如划船、游泳等水上活动	黑龙江省宁安县镜泊湖附近的莺歌岭遗址出土文物	
挹娄	射箭	借助弓的弹力射出箭的体育活动。挹娄族弓力强健，力道如弩，弓长三尺五寸，习惯在箭头上涂抹毒药。经常与渔猎活动相结合	《后汉书·东夷传·挹娄》《三国志·魏书·东夷传·挹娄》《晋书·挹娄传》	射箭多为步战技术，并不以骑射方式体现，体育活动与生产生活紧密相连，并具有明显地域性
	攀爬绳梯	借助绳梯的攀爬，是其日常进行的生活化的体育活动之一	《后汉书·东夷传·挹娄》	
	冰雪活动	具体内容不详，从其生活自然条件考证	《后汉书·东夷传·挹娄》《三国志·魏书·东夷传·沃沮》	
	水上运动	舟船驾驶和游泳	《三国志·魏书·东夷传·沃沮》	
勿吉	爬梯	"以梯出入"的生活方式	《魏书·勿吉传》	与挹娄族体育文化高度相似，也具有明显地域特征
	射箭	与挹娄族相似，弓长三尺，箭长二寸，以石为镞，并涂抹毒药	《魏书·勿吉传》	
	水上运动	舟船驾驶和游泳	《魏书·勿吉传》	
	登山	攀越山林，受地理环境影响而进行的日常活动	《魏书·勿吉传》	

附录九　古代东北黑水靺鞨体育文化活动列表

民族	项目	内容	史料来源	阶段特征
黑水靺鞨	射箭	弓箭样式保存了肃慎以来"楛矢石砮"的传统，有角弓出现	《新唐书·黑水靺鞨传》《旧唐书·靺鞨传》	继承了肃慎系民族文化的核心，射箭器材等有所改进，马匹的骑乘作用得以发挥，军事体育有了较大发展
	骑术	马匹不仅仅是财产，其骑乘作用得以发挥	《新唐书·黑水靺鞨传》《旧唐书·靺鞨传》	

续表

民族	项目	内容	史料来源	阶段特征
黑水靺鞨	狩猎	日常狩猎活动频繁，猎物种类繁多，数量已较为客观	《新唐书·黑水靺鞨传》	继承了肃慎系民族文化的核心，射箭器材等有所改进，马匹的骑乘作用得以发挥，军事体育有了较大发展
	军事体育活动	含武术、骑马、射箭、军阵配合等活动的军事训练，其手段受唐王朝影响，日趋正规和先进	《新唐书·黑水靺鞨传》《旧唐书·靺鞨传》	
	乐舞	舞蹈动作与武术相结合，多模仿战斗场面，是靺鞨族不屈意志和勇武品格的体现	《隋书·靺鞨传》	
	登山	"以山水掘地为穴"，故登山是其日常生活重要内容	《新唐书·黑水靺鞨传》《旧唐书·靺鞨传》	
	冰雪活动	具体内容不可考，从其居地自然环境推断	《新唐书·黑水靺鞨传》《旧唐书·靺鞨传》	

附录十　古代东北粟末靺鞨与渤海国体育文化活动列表

民族	项目	内容	史料来源	阶段特征
粟末靺鞨与渤海国	骑射	骑马射箭，是骑术与射术的有效结合，军事体育和狩猎活动的重要内容	《辽史》《渤海考·君考·震国公》《渤海国考》《日本续记》等	渤海国的体育文化非常善于吸收其他民族体育文化的优秀成分，善于创作富有全新内涵的体育活动形式，并可以使之借助体育活动进行文化输出
	狩猎活动	猎捕虎、豹、熊等大型凶猛动物以及鹿、鹰等奔跑速度很快的动物		
	军事体育活动	模仿唐王朝军队建制和训练手段，可能包括蹴鞠、投跋距、舞剑浑脱、角抵、拔河、赛跑、田猎等体育活动	《契丹国志·渤海国传》《新唐书·渤海传》《文献通考·乐考二十》	
	乐舞体育	在宫廷宴飨及政治活动时进行的配乐舞蹈，又常与礼仪、祭祀活动联系在一起。"踏锤"舞是其典型代表	《隋书·靺鞨传》《续日本纪》	
	马球	因渤海国与唐王朝关系之密切，文化渊源之深厚，渤海马球基本情况，大体与唐代中原地区相类似	《辽史·耶律辖底传》《经国集》	
	围棋、投壶、蹴鞠、百戏、冰雪活动等	具体内容、形式不可考，可能有之		

附录十一　古代东北女真与金国体育文化活动列表

民族	项目	内容	史料来源	阶段特征
女真及金国	骑射	骑马射箭，军事体育和狩猎活动的重要内容	《大金国志》《金史》	一方面深受辽朝契丹体育文化的影响，保持了东北边疆民族独有的个性和特征；另一方面，由于大批汉民移入东北地区，在文化领域呈现了前所未有的交流和融合，使得中原的体育文化在女真民族中得到了再次的发展和繁荣
	射柳	大型节庆活动的重要内容之一，其目的多是拜天或竞技娱乐，程式方面较为规范，体现了尊卑等级的礼仪观念，器材为无羽横镞箭	《金史》《庬庭事实》；辽宁北票扣卜营子辽墓的考古发现	
	马球	骑马者持鞠杖，其杖长数尺，形状类似偃月，并分为两队，共争击一球。与军事武备结合在一起，在拜天祭祀活动中多有出现	《金史》	
	乐舞	宫廷乐舞：在中原汉族乐舞文化的基础上逐渐完备起来，还借鉴渤海等其他民族的传统乐舞；宗教祭祀性乐舞：萨满教、全真教乐舞形式；狩猎生产性乐舞：多有呼鹿、刺虎、射兽等与野兽搏击的肢体表现。另有其他中原乐舞形式	《金史》；《庬庭事实》；《三朝北盟会编》；山西高平西里门村发现金人乐舞石刻等	
	摔跤	亦称"跋里速"戏，是中国式摔跤的前身；另有一种中原角抵，用作宴饮助兴	《金史》	
	棋牌	有双陆、围棋、象棋、骰子和骨牌等，源于中原的的文娱体育活动	《松漠纪闻》《金史》《大金国志》	
	武举制	是朝廷为选拔武略人才而设的考核制度，女真族建立的金代是第一个建立武举制度的少数民族政权。具体测试内容武艺实践方面有射贴、远射、射卧鹿、驰刺诸项；还有军事理论	《金史》	

附录十二　古代东北满族体育文化活动列表

发展阶段	项目	内容	史料来源	阶段特征
清入关前满族体育文化	骑射	骑马射箭，是满族生产生活的重要组成手段和内容，也是清初体现军队作战能力的重要军事技能	《满洲实录》《满洲源流考》《满文老档》等	骑射作为一种传统而实用的军事体育活动，在清入关前广泛流行。狩猎活动可以解决军中粮食短缺的问题，亦有因袭祖制和军事训练目的。此时的冰嬉发展尚处于萌芽时期
	围猎渔猎	集体的、组织严密的狩猎活动，是一种意义重大的军事体育训练。渔猎活动以捕鱼为主	《满文老档》	

续表

发展阶段	项目	内容	史料来源	阶段特征
清入关前满族体育文化	冰嬉	清朝前期的一项重要冰上竞技、娱乐体育活动，有冰上蹴鞠和冰上赛跑等形式	《满文老档》《帝京岁时纪胜》《养吉斋丛录》等	骑射作为一种传统而实用的军事体育活动，在清入关前广泛流行。狩猎活动可以解决军中粮食短缺的问题，亦有因袭祖制和军事训练的目的。此时的冰嬉发展尚处于萌芽时期
	百戏乐舞	乐舞、杂技表演的总称，是筵宴群臣、宫中畅饮之时的一种演出活动	《满文老档》《清代档案史料丛编》等	
清入关后至1840年满族体育文化	骑射	骑马射箭，上升为国家战略层面加以推行，并成为满族人才选拔标准	《天咫偶闻》《宁古塔记略》《清史稿》等	富有军事色彩的民族传统体育活动得到统治者自上而下地推行；许多源自中原地区的体育活动，在满族宫廷乃至民间开展日趋广泛；摔跤、冰嬉、乐舞等活动的内容和形式日益完善
	狩猎	出于武备思想和民族精神而得到统治阶层加以倡导和躬行，并已然形成规模和常态，有"南苑行围"和"木兰秋狝"等代表行式	《清实录》《清史稿》《啸亭杂录》等	
	冰嬉等冰雪体育活动	冰上体育活动发展成熟，有抢等、抢球、转龙射球等形式；其他冰雪体育活动有法喇、打滑挞、玩"恰尔奇克"、雪地走等形式	《清实录》《帝京岁时纪胜》《金鳌退食笔记》等	
	摔跤	"布库"，亦称"撩跤"，源自满族先民女真人的"拔里速戏"，并在此基础上发展演化而来	《归田琐记》《柳边纪略》等	
	莽式舞、秧歌舞	莽式舞：有男女两式，跳舞时，两两相对，更迭起舞。一人主唱，在旁的众人拍手相和，作为拍节。秧歌舞：一种集体乐舞，大开大合大扭摆，还有许多是模拟征战和狩猎的姿势，动作奔放、粗犷，有尚武风格	《柳边纪略》《清史稿》《钦定满洲源流考》	

附录十三　古代东北其他民族体育文化活动列表

民族	项目	内容	史料来源	阶段特征
孤竹族	骑马	以"距虚"为民族特产,推测骑马应该是孤竹人比较重要的一种体育活动	《山海经·海外北经》《逸周书》	体育文化发展水平不高,体育活动大多与生产活动紧密结合在一起,体育还未作为一种独立发展的文化现象出现在社会之中
	渔猎相关体育活动	从考古史料分析存在渔猎生产方式	辽宁喀左县北洞村出土的殷周文物	
古燕族	军事体育活动	以兵器为体育器械,以个体锻炼作为士兵单兵素质的保障,以战阵协同为集体体育活动的表现	燕下都23号遗址出土青铜武器	
	狩猎体育活动	出土的陶器很多都刻有动物纹,推测应存在与狩猎密切相关的射箭、骑马等体育活动	夏家店下层文化出土陶器	
其他民族	射箭捕猎	与狩猎行为紧密联系在一起的,应该不外乎射箭、捕猎等活动	《逸周书》	

后　记

拙作即将封笔之际，百感交集，回想历时四载的科研之路，几近一年的成果撰写过程，个中滋味确实一言难表。寒来暑往的挥汗如雨，净手焚香的夜耕不辍，异国他乡的案牍劳形，几近苛求的精工细刻，我虽驽钝不才，但笃信勤能补拙，为此书穷尽个人之所学、倾注全部之心血，不求达闻于业界，只求无愧于国家社科之重任、个人经年不懈求索，无悔于母校数载抚育、亲人无私之扶持。

四年前，怀着对学术的敬畏和景仰之心，怀着对国家社科基金项目的崇敬和憧憬，我战战兢兢、内心忐忑而充满期待地申报了国家社科基金的青年项目，并有幸获得批准和立项。这对于我这样一个年轻学者而言，是莫大的荣耀和鼓舞。四年来，我无时无刻不在告诫自己、鼓励自己，甚至逼迫自己，目的只有一个，就是要全力以赴完成该课题的研究任务。每每青灯展卷、冥思苦想之时，每每用时恨书少、自艾不成才之时，每每疲倦懈怠、裹足不前之时，这份沉甸甸的荣耀和鼓舞都会活化为不竭的动力而支持我奋进，让我执着前行、踏实进取，让我茅塞顿开、幡然领悟，让我持之以恒、善始善终。拙笔著就此书，是我对全国哲学社会科学工作办公室和黑龙江省哲学社会科学工作办公室交出的一份答卷，亦是对自己四载学术生活的一点慰藉，更恳请学界前辈的检验与指正。

《文心雕龙·神思》曰："观山则情满于山，观海则情溢于海。"回顾此书，如同回顾自己漫漫科研路，一路辛勤汗水铸就足印踏实稳固，一路不曾孤往，源于师友、同志倾情助力。在此纸短情长，谨以数语试言难以言尽之感恩感怀。

感谢全国哲学社会科学工作办公室和黑龙江省哲学社会科学工作办公室、哈尔滨师范大学科研处的同仁们的信任、支持和帮助，你们不厌其烦的指导和耐心细致的工作是我完成此著作最强大的助力，尤其对于我这样一个科研上刚刚起步的青涩小生。

感谢于我有知遇之恩的哈尔滨师范大学体育科学学院院长王韶峰教授、东北师范大学古籍整理研究所所长李德山教授、俄罗斯远东联邦大学历史文化学院院长助理孔南丘克教授、福建师范大学体育科学学院院长方千华教授，四位先生从硕士、博士到访学、博士后研究，分别为我的硕导、博导和合作导师，四载研途、一路相伴，学术之启蒙自你们而始，事业之起步因你们而兴，如父如兄，亦师亦友，真诚希望在今后的共事与相处中，向你们求教更多，与你们并肩前行。

感谢吉林体育学院张瑞林教授、温搏教授，国家体育总局崔乐泉研究员，北京体育大学张晓义教授，华南师范大学丛密林教授，通化师范学院耿铁华教授、李乐营教授，长春师范大学姜维公教授，你们热忱地为我提供无数第一手资料，无私地奉上真知灼见，从开题到中期以至论证过程中对我的启迪和引导，让我学有所得、思有所悟，不断精进、方得始终。

感谢我的研究团队，是你们让我在科研路上从容前行，是你们让我无惧论辩与探讨、乐享百家之争鸣，更是你们让我收获了值得一生骄傲的真挚友情。你们是我完成此书最坚强的后方阵地和最强大的知识储备。

感谢我的研究生们，你们倾心哈师大、不辞辛劳，让我的著作精益求精、字斟句酌，更让我时刻不忘为人师者当言传身教，故在学术研究的道路上不敢有丝毫懈怠，愿我们在今后的日子里教学相长，共同提高。

最后还要感谢我最可爱的亲人们，感谢双亲含辛抚育，今两鬓染霜儿不曾为报；感谢贤妻一路扶持、默默付出，不曾抱怨分毫；感谢女儿爱戴崇敬，承欢膝下，虽陪伴无多却爱父情深。为子为夫为父，近年付出甚少、疏于照料，唯有书经研读，望有所成，不负家人万分理解体恤之深情。

"藏书如山积，读书如水流。山形有限度，水流无时休。"四载的研究以此书作结，暂告一段落，然研究尚有许多不足，且学术之路有始无终，漫漫修远，我亦刚刚起步，必不懈上下而求索，方不悖恩师教诲、亲友厚望，方不负无悔青春，似水流年。

作者 2020 年立春日于哈尔滨

图书在版编目(CIP)数据

中国古代东北民族体育文化研究 / 隋东旭著 . -- 北京：社会科学文献出版社，2021.5
 ISBN 978 - 7 - 5201 - 8144 - 0

Ⅰ.①中… Ⅱ.①隋… Ⅲ.①民族形式体育 - 体育文化 - 研究 - 东北地区 - 古代　Ⅳ.①G852.9

中国版本图书馆 CIP 数据核字（2021）第 050667 号

中国古代东北民族体育文化研究

著　　者 / 隋东旭

出 版 人 / 王利民
组稿编辑 / 宋月华
责任编辑 / 周志静
文稿编辑 / 孙以年

出　　版 / 社会科学文献出版社·人文分社（010）59367215
　　　　　 地址：北京市北三环中路甲 29 号院华龙大厦　邮编：100029
　　　　　 网址：www.ssap.com.cn
发　　行 / 市场营销中心（010）59367081　59367083
印　　装 / 三河市尚艺印装有限公司

规　　格 / 开　本：787mm × 1092mm　1/16
　　　　　 印　张：16.75　字　数：289 千字
版　　次 / 2021 年 5 月第 1 版　2021 年 5 月第 1 次印刷
书　　号 / ISBN 978 - 7 - 5201 - 8144 - 0
定　　价 / 98.00 元

本书如有印装质量问题，请与读者服务中心（010 - 59367028）联系

▲ 版权所有 翻印必究